北京师范大学史学探索丛书
唐宋城市社会空间与经济结构研究丛书

唐代城市乐人研究

欧燕　著

商務印書館
创于1897 The Commercial Press
2016年·北京

图书在版编目（CIP）数据

唐代城市乐人研究 / 欧燕著. — 北京：商务印书馆，2016
（唐宋城市社会空间与经济结构研究）
ISBN 978－7－100－12825－4

Ⅰ. ①唐… Ⅱ. ①欧… Ⅲ. ①音乐家－人物研究－中国－唐代 Ⅳ. ①K825.76

中国版本图书馆CIP数据核字（2016）第309390号

唐宋城市社会空间与经济结构研究

唐代城市乐人研究

欧 燕 著

商 务 印 书 馆 出 版
（北京王府井大街36号 邮政编码 100710）
商 务 印 书 馆 发 行
三河市尚艺印装有限公司印刷
ISBN 978－7－100－12825－4

2016年12月第1版 开本 710×1000 1/16
2016年12月北京第1次印刷 印张 17 3/4

定价：56.00元

北京师范大学史学探索丛书

北京师范大学史学探索丛书总序

在北京师范大学的百余年发展历程中，历史学科始终占有重要地位。经过几代人的不懈努力，今天的北京师范大学历史学院业已成为史学研究的重要基地，是国家“211”和“985”工程重点建设单位，首批博士学位一级学科授予权单位；拥有国家重点学科、博士后流动站、教育部人文社会科学重点研究基地等一系列学术平台，综合实力居全国高校历史学科前列。教学上，历史学院在课程改革、教材编纂、教书育人等方面，都取得了显著的成绩，曾荣获国家教学改革成果一等奖。在学术研究方面，同样取得了令人瞩目的成就。在出版了由白寿彝教授任总主编，被学术界誉为“20世纪中国史学的压轴之作”的多卷本《中国通史》后，一批底蕴深厚、质量高超的学术论著相继问世，如十卷本《中国文化发展史》、二十卷本《中国古代社会与政治研究丛书》、三卷本《清代理学史》、五卷本《历史文化认同与统一多民族国家的发展》、二十三卷本《陈垣全集》以及《中西古代历史、史学与理论比较研究》、《历史视野下的中华民族精神研究》、《上博简〈诗论〉研究》等巨著。这些著作皆声誉卓著，在学界产生较大影响，得到同行普遍好评。

除上述著作外，历史学院的教师们潜心学术，以探索精神攻关，又陆续完成了众多具有原创性的成果，在历史学各分支学科的研究上连创佳绩，始终处在学科前沿。特别是崭露头角的部分中青年学者，他们的作品已在学术界引起较大反响。为了集中展示历史学院的这些探索性成果，也为了给中青年学者的后续发展创造更好条件，我们组编了这套“北京师范大学史学探索丛书”，希冀在促进北京师范大学历史学科更好发展的同时，为学术界和全社会贡献一批真正立得住的学术力作。这些作品或为专题著作，或为论文结集，但内在的探索精神始终如一。

当然，作为探索丛书，特别是以中青年学者作品为主的学术丛书，不成熟乃至疏漏之处在所难免，还望学界同仁不吝赐教。

北京师范大学历史学院
北京师范大学史学理论与史学史研究中心
北京师范大学史学探索丛书编辑委员会
2016年12月25日

唐宋城市社会空间与经济结构研究丛书
总序

唐宋时期是中国历史上具有划分时代意义的时期，也是中国传统社会由前期向后期过渡的关键转型期。只有完整地考察唐宋，才能更清楚地勾勒出这一时期的历史变化过程和意义，这一变化对中国社会历史的影响和作用也才能得到整体体现。城市社会及城市空间是近年学界关注的领域。在中国古代社会，城市是引领社会发展的龙头，其发展演变具有导向性与典型性。对中国古代城市的研究自20世纪80年代以来形成热点，至今热度不减，深度和广度都有明显发展。近年来，城市研究中引起热议和不能回避的五个问题为：一是如何认识唐宋变革说；二是对各种“空间”的认识与探讨；三是城市制度及社会阶层变迁研究；四是推进城市研究的新材料的利用；五是对不同类型城市（如沿海、地方政权）的新探索等。随着国家“丝绸之路经济带和21世纪海上丝绸之路”（“一带一路”）战略构想的实施和推进，具有龙头意义和枢纽地位的历史文化名城，包括唐宋时期具有深厚积淀的内陆都城和新兴的沿海城市，又有了新的战略研究的重大价值和意义。

唐宋城市社会空间与经济结构研究丛书正是在这一大环境下围绕上述问题的展开和延伸研讨。研究唐宋时期城市化进程中的诸多变化及其原因、发展趋势，对探索当今及此后现代化过程中城市的发展变化和面临的新问题都有借鉴意义。

一、国内外相关研究

（一）如何认识和把握由唐到宋城市社会的变化

在20世纪20年代内藤湖南提出的“唐宋变革说”的引领下，以社会经济为突破点和核心，众多中外学者就如何认识唐宋城市社会从封闭走向开放的历史过程，如何把握城市社会变化的诸多层面，展开了广泛和深入的探讨。

日本学者宫崎市定对宋代所呈现出的近世社会特征进行的论证，加藤繁对唐宋城市经济的系列研究，以及此后，日野开三郎、佐藤武敏、斯波义信、梅原郁等人涉及唐宋时期的市坊制度、邸店、商业、行会组织等的研究，都是围绕着城市社会经济进行的剖析。斯波义信对城市研究的量化工作，以及对商业发展潮流与唐宋变革内在联系的分析，指出了唐宋变革时期“商业繁荣”的一个明显特点是显著的城市化现象。可以说，立足于唐宋变革视野的城市研究，最先取得突破性进展的是与城市社会经济相关的研究。

中国学界较早对中古城市经济问题进行探讨的是被称作“食货派”的一批学者。以20世纪30年代中国社会史问题论战为契机，形成以陶希圣为主要代表的“以中国古代社会经济史为研究旨趣的学术团体”。其中全汉昇、鞠清远等对唐宋时代市镇等的研究对引起现代中国史学界对城市变革问题的关注有筚路蓝缕之功。

（二）对唐宋社会结构、阶级、阶层和群体的研究

陈寅恪、杨志玖、韩国磐、胡如雷等在有关论著中涉及到了阶级、阶层、等级问题。唐代的士庶界限，士人的转型，科举考试带来的社会变化，行会的发展；唐朝中后期中小商人的成长，社会等级的再编制，依附关系的变化等，也引起众多学者的关注。城市类型、城市居民、城市经济结构的研究，是集中于城市社会的深层研究，着眼点放在城市社会群体，张泽咸、王曾瑜、郭正忠、杜文玉及日本学者妹尾达彦等对此都有很深入的研究。此外在探讨城市组织的产生、发展和演变方面，全

汉昇和加藤繁有开拓之功。

（三）城市历史地理研究的厚重与发展

谭其骧、史念海等分别从沿革地理、古都制度、城市与自然地理环境等方面进行了探讨，侯仁之明确了历史城市地理研究的内容，包括城址的起源和演变、城市职能的形成及演变、城市面貌的形成及特征、城市位置的转移及其规律、地区开发和城市兴衰的地理因素等几个方面。

近些年来，历史城市地理研究领域涌现出诸多论著，比较重要的如李孝聪的《历史城市地理》，马正林的《中国城市历史地理》，杨宽的《中国古代都城制度史研究》，成一农的《古代城市形态研究方法新探》、《空间与形态——三至七世纪中国历史城市地理研究》等，这些都推动了城市及城市历史地理研究的进一步深入。

（四）唐、五代、宋城市研究的新进展

21 世纪以来，与唐宋城市有关的研究有几个关注点：一是对中国古代城市社会阶层的研究受到重视。由于中国改革进程的加速，当代社会面临着社会转型和新社会阶层生成的现实问题，当代社会阶层的划分和界定成为近年讨论和研究的热点，有专家学者将当代中国社会归纳为五大社会等级、十大社会阶层。这也促使我们回头思考，唐宋时期社会转型的过程中，城市社会阶层的构成是否发生了变化，我们有必要重新审视社会阶层的重组和分化，尤其是中下层的变化。二是城市研究中“空间”概念使用的频率越来越高。随着全球史观视野下环境史的兴起，人们正重新认识社会历史发展与环境变迁的关系，因此，也涉及如何在这一大空间的视野下，考察城市的发展与变化。三是对城市空间的定义，随着政治学、社会学等的介入，已不仅仅局限于地理空间的范畴，政治空间、文化空间、经济空间、精神空间、礼仪空间、信息空间、环境与自然空间、冥界空间等虚实空间逐渐成为热议的对象，由此引出如何把握历史学的城市研究“空间”问题。回归社会空间的主体或核心——人，应该是我们研究的重点。

（五）还可开拓的研究

就迄今的成果来看，城市社会群体的分层分类，城市各类空间，不同类型城市的发展道路，对沿海城市的再认识，中古走向近世时期中外城市比较研究，传世文献、新出史料如敦煌吐鲁番文书、天圣令，以及陆续发现的墓志和石刻资料对古代城市研究的新价值，笔记小说、诗歌中的城市社会信息等多领域、多角度的研究，仍然具有进一步开拓性研究的空间。

（六）新视野下陆路和海上丝绸之路沿线城市兴衰的重新审视

考古学在丝路沿线新的发掘及研究的新成果，很多以往废弃的城市以及与曾经兴盛的城市有关的新材料给人以日新月异的感觉。西北内陆城市与东南沿海城市，中国古代城市与日本、中亚、西亚乃至欧洲中世纪城市的比较研究，都是目前国际学术界日益关注的话题，也成为国际间交流与合作在“一带一路”新视野下正在探索和实践的新领域。以国内学者为主的多支考察团队已经取得了很多收获。

二、本套丛书的主要内容

丛书围绕的主题都是作者长期关注和研讨的领域，我们选择了考虑比较成熟和有扎实研究基础的城市变化的“革命性”与“渐进性”、城市多重空间及坊市新说、城市经济空间及其运作、笔记小说与城市社会、城市中下阶层、城居士族与政治、区域中心城市与地方政权及其格局、丝路变迁与沿海城市的崛起、盛衰转折时期的中心城市等主题作为研究的重点，另将多年整理的宋人笔记小说中的隋唐五代史史料进行了整理汇编。丛书共有十本，即十个主题，以下是各主题研究的基本内容。

（一）唐宋城市变化的“革命性”与“渐进性”

立足于唐代城市历史地理和城市形态史的研究，但在某些问题的研究上，为了把握变化的全貌，在研究时段上将超出唐代。最终的目的是指出唐代（也可以包括五代和宋初）的城市确实存在一些变化，廓清“革命性”与“渐进性”的关系，并从城市历史地理的角度探讨坊里空间的关系、城市形态诸要素的变化。

（二）唐代城市空间与经济运作

以城市景观建设与经济功能的研究为线索，其中宅第建筑、衙署、仓廪、市场等为重点关注点，进而探讨城市建设与管理、城市税收等相关问题。对《天圣令》中《营缮令》的研究与利用，为本课题研究增加了城市建设中立法与管理等新资料，拓展了城市研究新领域。在制度的确立与变迁的审视分析中，还探讨了律令制度与城市制度演变嬗替之轨迹及规律，进而远瞻其对中国社会历史的影响和作用。

（三）文人笔下的城市社会

主要探讨文人笔下的人物群像和真幻相间的场景所构成的鲜活的唐宋城市画卷。与文学注重故事情节、人物形象性格、创作手法等不同，从历史学的角度，探讨笔记小说中的社会历史信息。还涉及了城市空间与政争的关系，商人沉浮与城市兴衰的关系，城市公共信息传播的渠道与社会影响，流动人口与城市化等诸多问题。

（四）盛衰中的都城变迁——以安史之乱后的洛阳为中心

洛阳在整个中古时期的政治和经济格局变动过程中都尤为重要。唐宋之际政治中心的东移和经济中心的东南移都以洛阳为支点，洛阳在这一历史过程中具有重要的意义。主要探讨安史之乱后（唐后期）北方中心城市——洛阳的发展与变迁。安史之乱后，洛阳在两京政治轴心体系中走向边缘。在“焚埃略尽、百曹榛荒”的表象背后，我们看到唐王朝在战乱后重塑东都形象的努力；洛阳在中央与周边藩镇的抗衡中扮演的重要角色。审视唐后期洛阳的城市变迁及其背后深层次的历史动因，探究这一系列变动对洛阳城市性格形成所带来的影响，以及洛阳在唐宋之际政治中心东移和经济重心东南移过程中的重要意义。

（五）士族与中古时期的“城市化”

对具有典型意义的中古世家大族京兆韦氏等家族历史变迁进行系统考察，探讨中古士族在社会转型期的盛衰起伏。如韦氏虽然支系繁多，但南迁北归或一直留居北方的京兆韦氏则凭借宗族乡里基础与北朝隋唐政权重新结合，成为延续至唐初的军功新贵或皇亲国戚，武质特征明显。随着唐代中央集权的加强，科举制的实施和城市商品经济的复兴，京兆韦氏精英分子被吸收到两京，成为寄生官僚，武质丧失殆尽，文质凸显，家族重心逐渐从乡里杜陵转移至城市两京。安史之乱后，随着中央集权的衰落，经济重心的南移，文化学术的下移，原来世家大族所仅有的也是最为依恃的文化优势逐渐丧失，京兆韦氏也走向衰落。进一步思考宋代以后的大家族为何呈现出完全不同的历史面貌。

（六）社会转型中的城市贱民阶层

在唐宋社会转型期，大部分的城市中下阶层的社会政治地位及生活实态都发生了很大变化。如数量众多的分散于唐代京城及地方的乐人（乐户），他们的身份低于平民，但随着社会转型和制度变迁，唐代官府乐户制度逐渐松弛，原隶属于太常的乐户身份也在向平民化方向转化，至宋代则完成了这一过程。乐户由半自由的依附民转化为平民身份与中古时期人身依附关系的变化相一致，反映了人户身份制色彩逐渐弱化的历史趋势。

（七）未完成的中兴：中唐前期的长安政局

中唐——代宗到德宗时期，在长安政治空间中发生了一系列关乎此后政局走向的重大事件，如何在社会变革视野下考察这一时期的朝廷动向与基本国策，具有瞻前顾后的重要意义。

（八）诸强环伺——荆南政权的生存之道

中国历史上出现过不少地方政权，五代时期以江陵（荆州）为统治中心的荆南政权具有典型意义，可作为个案研究的对象。五代荆南只有三州之地，虽地狭兵弱，但当南北要冲，在五代十国时期诸强环视的环境下得以存活和发展，其政权必有别于其他九国的特殊之处。对五代荆南政权首府的城市建设与城市布局、经济、对外交往、文化等方面进行考察和分析，可以凸显五代时期的江陵对荆南政权，乃至五代十国政治格局和经济发展的影响。

（九）沿海城市发展的历史图景

随着时代的发展和历史环境的变化，以及陆上丝绸之路与海上丝绸之路的此伏彼起，中国沿海城市在唐宋时期的发展呈跌宕起伏之势，并与内陆城市呈现不同的发展态势。

唐宋时期沿海的自然情况与前代发生较大变化，比较显著地体现在海岸线的盈缩对沿海城市的区位产生重大影响。综合运用历史地理学和经济史的研究视角，对唐宋时期的沿海城市进行研究，通过分析城市的地理位置、周围地貌特征、地理环境、交通区位，研究其兴起或衰落的机制。并通过梳理城市政治、经济与文化的发展历程，详述了具体城市的发展脉络，揭示了这一类型城市在唐宋时期发展的总体历史图景。

（十）宋人笔记中的隋唐五代史料

笔记小说的史学价值，堪与出土文书、石刻碑志鼎足而立。陈寅恪“以诗证史”的代表作《元白诗笺证稿》，也是以笔记小说证史的经典之作，从而使史学界重新审视笔记小说及其史学价值。唐宋两朝时代相隔不远，宋人著作中涉及很多唐代“故事”，唐代的史实、人物、典故都是宋人津津乐道的内容，但目前由于没人进行过专门的搜集、整理，对唐宋史研究还是很大的缺憾。希望我们的努力能够弥补这一缺憾，进一步推动研究工作的开展。

本套丛书属于研究系列的一部分，上述的主题研究，并非准确的各卷书名。根据研究的进展，可能还会有调整和补充。此后还将陆续围绕相关主题展开研讨，将成熟的作品陆续呈现给读者。

本套丛书被列入北京师范大学史学探索丛书，并得到出版资助。特此致谢！

宁欣

2016 年 10 月 18 日于北京

目 录

绪 论

第一节 问题提出

城市史的研究伴随着现代城市的发展而兴起，城市的研究在纵向上包括城市的形成发展、脉络的阶段性；横向上注意研究城市环境、城市生活、城市人口、城市阶级和阶层等。[①] 城市的发展变化是由多种因素促进的，深入了解某一历史时段城市发展的各个方面，对于从宏观上认识中国城市历史的发展变化十分必要。在中国古代城市发展史上，唐代是一个重要时期，城市结构由封闭式向宋代开放式转向。城市的发展归根到底是人类活动的结果，城市集中较多的人口从而促使经济的发展，经济的繁荣又进一步吸引更多的人口到城市，不同阶层、不同职业的群体对城市的发展分别起着不同的作用。在唐代城市人口构成中，有一类从事乐舞百戏为他人提供乐艺表演的职业人群，即乐人群体。

乐人是指从事与“乐”相关活动的人。“乐”出现甚早，先秦典籍《尚书·舜典》载上古五帝之一的舜帝命夔掌管“乐”，“帝曰：夔，命汝典乐，教胄子”[②]。上古时期的“乐”所指十分宽泛，包括音乐、舞蹈、诗歌等。后世往往把从事与“乐”有关的活动的人称为乐人，如瞽，乐

---

① 朱政惠：《历史城市学的崛起——当代中国史学趋势之二》，《华东师范大学学报》（哲学社会科学版）1995年第5期。

② （汉）孔安国传，（唐）孔颖达疏：《尚书正义》卷三《舜典》，《十三经注疏》，北京大学出版社2000年版，第93页。

人也；[1]倡，乐人也；[2]优孟者，故楚之乐人也。[3]因此，乐人只是一种泛称。隋唐五代时期的乐人包括了从事乐舞百戏之人，对他们的称呼除乐人外，还有乐工、伶人、音声人、乐伎、倡优等等，不一而足。但他们都归入到“乐”的范围内，构成了具有自己职业特点的、为数众多的乐人群体。

乐人是从一开始便与城市关系密切的一类人群。“乐”在上古时期与国家政权密切结合，“乐”是礼乐刑政中的一环，“礼以道其志，乐以和其声，政以一其行，刑以防其奸。礼、乐、刑、政，其极一也，所以同民心而出治道也”[4]。乐是国家政治中的一部分，上古三代时期都十分注重乐教，所以帝舜命夔典乐教胄子。从乐师到乐人都由官府管理，担负着教育培训贵族子弟和各种祭祀典礼用乐事宜，因此从事“乐”的乐师乐工的活动范围在作为政治中心的城邑之中。秦汉以降，早期的礼乐体制虽不复成为国家政治的中心内容，但礼乐的仪式却仍是国家祭祀和典礼所需。在儒家思想的主导下，礼乐甚至被历朝历代作为继承正统的重要标志。礼乐中乐的实施所依靠的是乐的承载者乐人，因此历代王朝的礼乐机构中都必须掌控着一支相当数量的乐人，以保证礼仪用乐的正常进行。乐人成为城市人口的一部分一方面与礼乐制度有关，另一方面也与春秋战国以来，乐由娱神向娱人转变，娱乐性的世俗之乐开始兴盛有关。这一类娱乐性乐艺的主要消费群体是居于城邑之中的宫廷以及权贵豪富。乐人依凭他们的乐艺才能做礼仪性的或世俗娱乐性的音乐表演，决定了他们职业的依附性质。他们依附于能够给予他们物质供养的宫廷或权贵富豪，这是乐人集中于城邑的重要因素，从而使之成为城市人口构成的一部分。隋唐以来城市的发展不仅体现在城市规划、城市管理等方面的发展变化，也体现在城市文化娱乐方面的兴盛。为城市普通民众提供精神文化需求的大众娱乐性乐艺消费开始出现，这便为乐人在

---

① （汉）郑玄注，（唐）贾公彦疏：《周礼注疏》卷二二《春官宗伯下》，《十三经注疏》，北京大学出版社 2000 年版，第 675 页。

② （汉）史游：《急就篇》卷三，岳麓书社 1989 年版，第 199 页。

③ 《史记》卷一二六《滑稽列传》，中华书局 1959 年版，第 3200 页。

④ （汉）郑玄注，（唐）孔颖达疏：《礼记正义》卷三七《乐记》，《十三经注疏》，北京大学出版社 2000 年版，第 1253 页。

城市的活动提供了更大的发展空间。

唐代以乐舞百戏为职业的乐人数量众多，在唐朝兴盛时，仅国家礼乐机构太常寺所属的乐人就有数万人之多，“唐之盛时，凡乐人、音声人，太常杂户子弟隶太常及鼓吹署，皆番上，总号音声人，至数万人”[①]。此外，尚有籍属教坊和梨园的乐人，以及民间从事乐舞百戏的各类乐人。这是盛唐时期聚集于京城的乐人，地方城市的乐人在唐前期虽较少见于记载，却是京城乐人的补充来源。唐中期随着地方城市的兴起，地方城市乐人也开始凸显。唐前期乐人以系于官府的乐户、音声人为主，但随着社会对乐艺的消费需求增加，使得城市中涌现出乐户、音声人之外更多的乐艺人员，他们和原来的乐户、音声人构成了唐代城市乐人群体。这一类人群主要生活于城市之中，他们与城市社会的关系如何？在唐代城市社会文化发展过程中扮演着什么样的角色？他们同时也是唐代社会阶层的一部分，在整个社会结构变化中他们是否也受到影响而出现变化？这些都是值得探究的问题。

唐代乐人是城市中十分活跃的群体，与其他的城市社会群体不同之处，在于他们从事乐舞百戏的表演，他们活跃了城市的文化生活并促使了唐代乐舞的繁荣与兴盛。乐舞百戏在唐以前多为上层社会所拥有，乐人的服务对象也主要是宫廷以及权贵富豪。但随着唐代城市社会的发展，城市普通民众的文化娱乐的需求也在增加，乐舞百戏逐渐成为城市中的普通民众所喜闻乐见的娱乐内容。在乐舞百戏由宫廷上层社会走向市井平民社会阶层的过程中，乐人起着重要的作用，他们是宫廷上层社会的高雅乐舞和民间市俗乐艺的中介和沟通者。可以说，乐人群体既承担着国家各种祭祀及典礼仪式的用乐，也是城市世俗文化娱乐的提供者。他们活跃于城市，主要是为了满足城市人们的精神文化上的需要。

他们的表演既迎合人们对娱乐消费的要求，同时他们为提高自己的表演水平不断地对所从事的乐艺进行创新，从而获得更多的表演机会，他们精彩的表演刺激着人们对乐艺娱乐消费的追求。娱乐需要与

---

① 《新唐书》卷二二《礼乐志》，中华书局1975年版，第477页。

乐人对乐艺的创新的不断循环发展，促使唐代乐艺种类细化，为宋以后城市市民文化的出现准备着条件。从某种角度来说，乐人群体也是当时城市娱乐文化生活的主导者，他们在城市的乐舞百戏的表演引导着城市的娱乐文化的趋向，成为城市世俗文化形成和发展的促进因素之一。

唐代的乐人从社会分层角度来说，属于社会下层群体。历史是人类活动的轨迹，离不开具体的个体和群体，要全面了解任何一个历史时期的社会面貌，必然离不开对社会群体的关注。任何一种社会都具有分层性质，在古代社会更是明显，呈现严格的等级区别。社会历史的发展是由社会各阶层群体及个体共同演绎推进。下层群体作为社会群体的重要组成部分，他们的生存状况、各种社会活动以及这些群体的变化发展往往也反映出他们所处时代的社会面貌和社会变化。城市乐人群体作为社会下层群体的组成部分，在社会历史发展过程中自有其地位及作用。

唐代的乐人群体属于城市社会下层的一种职业群体，在阶级分层中比较特殊，他们属于社会下层却来往于社会的上层，在凝固的社会分层中，他们起着连接社会上下层的作用。在漫长的历史长河中，乐人群体本身也随着历史环境的变化而发生演变。透过部分可以反映整体，可对唐代城市乐人群体进行全面、综合的研究，勾勒出乐人群体变化的轨迹，透过这些变化可以观察唐代城市社会的发展变化。因为社会的动态发展要体现在各个具体的方面，所以个体的变化亦会反映整体的变化。

乐人群体主要活动在城市，他们从事乐舞百戏的表演，是城市娱乐文化的主要承担者。透过唐代乐人群体在城市的活动轨迹，可以了解唐代城市尤其是都市娱乐文化发展的脉络，从而揭示由唐到宋城市世俗文化兴起的缘由。文化并非孤立的存在，它与社会的其他方面密切相关，因此通过对乐人群体的研究也可以从侧面反映出唐代城市经济和社会等方面的发展变化。

第二节 研究回顾和借鉴

对唐代乐人的研究发源于20世纪20年代西方社会理论的传入，进而掀起对中国古代社会结构及分层研究的浪潮。黄现璠《唐代社会概略》在分析唐代社会时将官府所辖的乐人即乐户纳入贱民阶层，杨中一《唐代的贱民》也是包括乐户及音声人在内。[①] 虽然此时对乐人的研究仅限于在讨论贱民时提及，但后来的论者基本上仍是在以乐户为贱民的框架内进行讨论。由于资料的零散，学术界对乐人的关注相对较少。直至20世纪90年代，才陆续有学者撰文对乐人的身份地位、服役、生活情况展开论述。本书从以下几个方面对有关乐人的研究现状进行介绍。

一、乐人的身份地位

对于隋唐时期乐户的身份地位，论者基本上认为他们是属于贱民阶层的群体。在20世纪初期，黄现璠、杨中一等学者在论述唐代贱民阶层时，把太常机构里的乐人即乐户与音声人，归为贱民的一种，并且音声人的地位较之乐户要稍高。这些论述虽简略，却为后来的学者所继承。

日本学者滨口重国所著《唐王朝的贱人制度》亦是把音声人和乐户作为官贱民的一种，并对两者身份地位、法律上的规定、上番情况等做了考察。另一位日本学者岸边成雄的《唐代音乐史研究》从音乐文学角度对唐代音乐机构、乐舞人员分类及人数、妓馆和乐妓、各种乐曲及乐器进行了论述，其中也涉及音声人和乐户，以为是贱民阶层，对乐户和音声人从身份、刑法上进行了分析。[②]

韩国磐先生在分析隋唐五代的阶级时，把乐户归为“贱色”的一种，认为是非经放免，仍是“贱口”，他们身份低下，行止不自由，一

① 黄现璠：《唐代社会概略》，商务印书馆1936年版；杨中一：《唐代的贱民》，《食货》1936年第4期。

② 〔日〕滨口重国：《唐王朝的贱人制度》，京都同朋舍1966年版；〔日〕岸边成雄著，梁在平、黄志炯译：《唐代音乐史的研究》，台北中华书局1973年版。

为乐户，就世代相承，不同于编户百姓。他把乐户定义为乐工，前代早已存在，太常音声人则是隋末以来对太常寺乐工的称呼，亦即乐户，他们有部分来自招募，但更多是前朝和本朝因罪配没。[①]

卢开万在《隋唐五代的乐工乐户》一文中把乐工乐户并提，显然是认为乐工即乐户。他们低贱的社会地位承袭前朝，“隋唐五代乐工乐户的管理和他们的身份地位，基本上是沿袭南朝的梁、陈，北朝的北齐、北周的旧制。对乐工、乐户设置专门的户籍，他们的身份是世代相袭，不准改业，社会地位低于一般平民，属于‘杂户’”。他们有部分也是从配没为官奴婢中挑选。作者把隋唐五代的乐工乐户分为两种类型：一是散居各地州县的民间乐户；二是朝廷教坊内的乐户。作者注意到了乐户的变化，认为在五代时，乐工乐户的社会地位已有改善和提高。[②]

李季平把太常里的乐人分为乐户和音声人。乐户属于太常寺贱民，被称为太常乐工或太常乐人。其来源有的也是从官户或官奴婢中挑选出来，地位与官户相等。太常音声人是指在太常作乐的人，是乐户的总名。这种太常音声人是州县附籍，受田、进丁、老免，与百姓同。[③] 他们社会地位显然比乐户高。但李季平没有对音声人与太常乐户之间的关系进行说明。戴显群则用“优伶”一词涵盖唐五代的乐人，指包括所有从事音乐、歌舞、俳优杂戏的艺人，而唐宫廷优伶的法律身份可以太常乐人为准。和其他论者一样戴显群同样认为太常乐人是一种官贱民，社会地位卑贱，受人歧视。但因为行业性质和艺术魅力，使唐五代宫廷优伶的实际地位和待遇较高。[④]

张泽咸在对唐代阶级结构进行分析时亦是把太常乐人归为官贱民，由罪谪配充，地位低于百姓。并对太常乐人中的乐户和音声人进行了辨析，认为音声人较乐户地位略高，但有时又难以区分。张泽咸还进一步分析自唐初以来，乐户实际地位高于其他的官贱民如官户、杂户，到唐

---

① 韩国磐：《隋唐五代史论集》，生活•读书•新知三联书店 1979 年版，第 65 页。

② 卢开万：《隋唐五代的乐工乐户》，见武汉大学历史系魏晋南北朝史研究室编：《魏晋南北朝隋唐史资料》第十二辑，1993 年版。

③ 李季平：《唐代奴婢制度》，上海人民出版社 1986 年版，第 89—98 页。

④ 戴显群：《唐五代优伶的社会地位及其相关的问题》，《福建师范大学学报》（哲学社会科学版）1993 年第 2 期。

末五代，乐人的身份已非唐初低微卑贱的面貌，指出这种“乐工原由罪隶配充转而为某些富户乐意投充”的变化，“其间揭示着唐后期社会里已蕴藏着深刻的变化”。① 但他没有就这种变化展开探讨。

项阳的《山西乐户研究》从音乐角度考察乐户，书中对乐户的历史源流进行了探讨，他认为乐籍制度是北魏拓跋氏对非本族类的一种歧视性措施，到隋唐这种制度得到加强。对唐代乐户，他认为其概念与前、后代均表现出一定的异同。“所谓同者，均是贱民身份”，“不同之处在于，各个时期对乐户的观念以及他们所处的社会地位有相当的差异性”。唐代各种机构中的乐人的贱民身份是一致的，但其中也有细微差别，“唐代从太常到教坊，从宫廷乐人到地方官府乐人，从军旅中的乐营到寺属音声，县内教坊，虽然这些乐人的身份上有细微之差异，服务的机构、对象不同，户籍分隶于太常和州县，但作为贱民之贱籍是一致的”。② 这些看法都颇有启发意义。

刘进宝对“音声人”做了考察，他认为音声人来源于乐户，有广义和狭义之分，广义的音声是所有乐营使所辖乐工的总称，唐前期音声人与乐户常常难以区分；狭义的音声人指演唱歌曲、制作音乐的艺人。唐代音声人的政治地位低于良人，与杂户、官户既相似又不同，而经济地位可能与百姓略同。文章同样认为唐后期五代，音声人的地位有所提高。③

左汉林提出太常寺乐工来源复杂，并根据身份和法律地位，把唐代太常寺乐工划分为平民子弟、被赦免的前代乐工、太常音声人、番上的乐户、作为官奴婢的长上乐户五种。太常寺番上乐户（包括太常音声人）是官户的一种，在法律上与良民有显著不同，这与前人对乐户的分析没有区别。但指出太常寺乐工（包括教坊乐工和梨园弟子）具有较高的社会地位，这表现在许多乐工具有平民身份、可升任较高官职、一些乐工具有较高名声、普通太常乐工可能亦具有较高的社会地位和经济地位方面。而唐代新设的“教坊”机构乐工的来源，既有乐户、民间乐工和胡人乐工，也有民间乐工挂名教坊。他们供奉教坊的形式不尽相

---

① 张泽咸：《唐代阶级结构研究》，中州古籍出版社 1996 年版，第 494 页。

② 项阳：《山西乐户研究》，文物出版社 2001 年版，第 203 页。

③ 刘进宝：《唐五代“音声人”论略》，《南京师大学报》（社会科学版）2006 年第 2 期。

同，身份也各不相同。但教坊乐工的主体当是乐户，其身份以官奴婢和官户为主。教坊乐工的社会地位有两面性：一方面他们的法律地位不及平民，社会地位并不高；另一方面，因为他们是直接服务于宫廷的，有机会接触皇帝，其中技艺高超者，很多受到皇帝的宠幸，并因此会拥有较高的社会地位。教坊乐工的经济收入由教坊发放的衣粮和钱物、皇帝的赏赐、求乞所得、以本钱生利所得、在教坊以外演出所得几个方面组成。[①] 左汉林提出的官府机构乐人来源的复杂性是值得注意的。

学者根据敦煌文书的资料对敦煌归义军时期音声人的身份地位及使用情况进行了分析。姜伯勤提出敦煌寺院里存在着一支寺属音声人的队伍以及归义军时期有一种称为乐营的机构。他认为唐代在寺院中演出的主要是教坊乐人和寺院本身训练的音声人，并以唐代乐人、音声人俱属贱民来论证敦煌寺属乐人也是寺院隶属人口寺户的一部分，是寺户、贱口。乐营的兴起，他认为与方镇跋扈有关，其隶属乐人有营籍。但在五代时音声人身份有所提高，已由贱民变为招募的乐工。 这些寺院音声人和乐营音声人在乐人身份转变过程中起着非常重要的作用，“音乐从业人员从著籍贱口音声人逐渐演变为勾栏瓦舍的行会成员，在这个转变中，寺院音声人和乐营音声人是一个重要的过渡”。[②] 刘进宝也是赞同音声人身份低下的观点，但他认为敦煌归义军时期的音声人并没有像中原王朝的音声人那样在唐末五代身份有所提高，“其音声的地位并没有随中原王朝的提高而提高，仍然保持着较低的身份”[③]。对于敦煌地区的音声人属贱民这点上，乜小红则提出不同意见，她认为敦煌文献中所见唐、五代时期音声人，不论是在官府，还是在寺院，他们的身份是自由的平民百姓，并非寺户、贱口或贱民。由于他们是特殊技艺者，社会地位往往要比一般平民百姓高，且能受到各种优待。[④]

---

① 左汉林：《关于教坊乐工的几个问题》，《江西师范大学学报》2006 年第 5 期；《唐代太常寺乐工种类考论》，《开封大学学报》2007 年第 1 期；《论唐代太常寺番上乐户的法律地位和社会地位》，《苏州大学学报》（哲学社会科学版）2007 年第 1 期。

② 姜伯勤：《敦煌艺术宗教与礼乐文明》，中国社会科学出版社 1996 年版，第 509—525 页。

③ 刘进宝：《归义军时期的音声人》，《敦煌研究》2006 年第 1 期。

④ 乜小红：《唐五代敦煌音声人试探》，《敦煌研究》2003 年第 3 期。

二、乐人的服役与活动

对隋唐五代官府乐人的服役情况，论者一般都认为乐工要经过严格训练，他们的服役是分番上下。卢开万认为隋唐五代乐工可分为散居各地州县的民间乐户和朝廷教坊内的乐户。各地的乐工乐户要定期上番到京城接受国家的音乐培训，他们所承担的义务属于“杂役”性质，而唐中央对地方乐工的征调，是不定期的，根据需要临时征调乐工。作者结合吐鲁番出土文书分析指出，各地的乐户除被征调从事音乐方面的服役外，还要服差科，他们和均田农民一样也可以受田。[①] 刘进宝也持音声人在唐代实行均田制时期可以受田的观点，但他们可以免征徭杂科，因为其上番设乐就相当于执役。并且音声人如果有事不能上番，允许纳资代役的。他们上番服役时由官府供给衣粮，但下番后，则需自行解决。[②] 张泽咸却认为乐户和音声人都可以纳资代役，两者的差异在于乐户一般要按月上番，现役较多，但音声人也并非可以任意纳资。[③]

项阳将乐户的服役称为轮值，是指由各地征召乐人到宫廷中轮流应差执事。宫中有名籍的数万乐人，并非同时在宫中应差，多数属于轮番者。认为“乐人们的名籍无论是在宫中太常还是州县，其实是一回事，但细分则有到宫中参与轮值和只在州县执事应差之别，这也就是为什么在乐籍名下会有多种看似不同却实质相同概念名称的道理”。项阳的论述更多是从音乐学角度来考察乐人的轮值、轮训，认为正是轮值轮训制度使得宫廷与地方官府在用乐上保持相当的一致性。[④]

关于乐人的使用，姜伯勤归纳了敦煌地区寺院音声人的任务，主要有四项：一是节庆时在寺院歌场设乐；二是参加节日行事及祭祀中的音乐活动；三是在行像行列及宗教巡行中作仪仗，在安伞、窟上供斋等法事中陈设音乐；四是在宴饮时陈设音乐。[⑤] 项阳在姜伯勤的研究上进

---

① 卢开万：《隋唐五代的乐工乐户》，见武汉大学历史系魏晋南北朝史研究室编：《魏晋南北朝隋唐史资料》第十二辑，1993 年版。

② 刘进宝：《唐五代“音声人”论略》，《南京师大学报》（社会科学版）2006 年第 2 期；《归义军时期的音声人》，《敦煌研究》2006 年第 1 期。

③ 张泽咸：《唐代阶级结构研究》，中州古籍出版社 1996 年版，第 490 页。

④ 项阳：《山西乐户研究》，文物出版社 2001 年版，第 203 页。

⑤ 姜伯勤：《敦煌艺术宗教与礼乐文明》，中国社会科学出版社 1996 年版，第 516 页。

一步探讨太常寺太乐、鼓吹署的乐籍音声人服务于祭祀陈设、严警等各个方面，其中主要是讨论驱傩仪礼和鼓吹乐人用于军队与丧礼。[①]李正宇则对沙州归义军乐营的职事及任务做了归纳，认为有三项：训练培养乐舞人才；为节度使及官府公事服务，这是乐营基本职责；继承乐舞遗产，弘扬民族乐舞传统。在不影响官方职事的情况下，他们又兼为社会提供有偿服务：教习名门子女学习歌舞、为中下层官员及百姓提供歌乐舞服务、为寺院俗讲及设乐提供音声服务。[②]

左汉林的《略论唐代太常寺乐工番上之余的活动》一文探讨了乐工在下番之后的活动，他们利用自己的音乐才能，从事婚丧的音乐活动，其服务对象不仅包括平民还包括官吏，从而获得钱物，以维持生存；乐工下番后的另一项活动是进行音乐学习和训练。[③]

三、与乐人相关的其他研究

涉及乐人的还有其他一些相关的研究，但都比较零散，主要是乐人与文学、音乐、宗教等方面的文章，下面仅做简要的叙述。

李昌集《唐代宫廷乐人考略——唐代宫廷华乐、胡乐状况一个角度的考察》梳理了史籍中有关宫廷乐人的资料，认为唐代乐人以汉人为主，胡人只占一小部分，宫廷音乐华乐占优势。[④]毛水清的《唐代乐人考述》一书搜罗了唐代史籍中出现的音乐人，不仅包括唐代官府在籍的乐人，也有其他阶层的音乐人，可以说是唐代音乐人的传记。[⑤]曾玲玲的《唐代凉州胡人乐伎试探》一文认为，唐代凉州胡人乐伎所展现的凉州乐舞文化，虽渊源于西域乐舞，但个中的创新既反映中西乐舞的融合，也证明西域乐舞传入中国以后发生了变异，对此凉州胡人乐伎功不可没。[⑥]

---

① 项阳：《山西乐户研究》，文物出版社2001年版，第139—149页。

② 李正宇：《沙州归义军乐营及其职事》，《敦煌吐鲁番研究》2000年第5卷。

③ 左汉林、高付军：《略论唐代太常寺乐工番上之余的活动》，《湖北师范学院学报》（哲学社会科学版）2007年第4期。

④ 李昌集：《唐代宫廷乐人考略——唐代宫廷华乐、胡乐状况一个角度的考察》，《中国韵文学刊》2004年第3期。

⑤ 毛水清：《唐代乐人考述》，东方出版社2006年版。

⑥ 曾玲玲：《唐代凉州胡人乐伎试探》，《西域研究》2004年第2期。

章继光的《唐代教坊与诗歌》考察唐代教坊与诗歌的关系，认为教坊在繁荣唐诗创作、促进唐诗传播方面起着积极作用。柏红秀的《略论中唐诗人与乐人——兼析唐诗与音乐之关系》认为中唐诗人对乐人的关注不但使得唐代诗歌内容更为丰富，而且使诗歌与音乐结合更为紧密。[①]

项阳在《乐户与宗教的关系》一文中论述了乐户与佛教和道教的关系，认为从北魏至隋唐时期，佛教寺庙中奏乐的人是寺属音声人，或是延请的伶人伎乐，佛教音乐的初始阶段与宫廷及各级官府中的乐工有直接和间接的关联；道教音乐也与太常乐有着千丝万缕的联系。[②] 前揭姜伯勤的《敦煌音声人略论》也是讨论乐人与宗教的文章，在唐代寺院的戏场、歌场中，除了寺院本身训练的音声人外，还延请教坊的乐人。

四、女妓

乐人群体中的女性乐人有一部分在唐代逐渐分离出来形成城市中特别的女性群体即女妓。她们有些出身于乐人世家，有些则是因为市场的需要自愿或被迫培训成为有才艺的女妓。从她们从事的技艺来说，也属于乐人的范畴，但她们与男性的乐人又有所不同，故将她们单独列出介绍。

学者在研究娼妓史时认为唐代是古代娼妓发展的一个重要时期，故关注颇多，并对唐代女妓作了详细分类。在20世纪30年代，王书奴的《中国娼妓史》论述了中国娼妓的起源和发展，对历史上各个时期娼妓的情况进行考察，认为唐代是官妓鼎盛时代，他把唐代妓人分为宫妓和官妓，并对其来源分别进行了分析，认为宫妓来自奴婢，就是罪人的家属没入后宫为宫妓；官妓的来源有三：一是买卖，二是误入风尘，三是罪人家小籍没。作者认为《北里志》所反映的唐代妓女风气好尚与后代不同，主要有：一、召妓侑酒必得官厅许可；二、游客多狎年长的妓女；三、妓女以色为副品；四、妓女以能做席纠者为上品；五、娼妓中都知权力最大。[③] 日本学者岸边成雄对乐妓的分类认为是宫妓、家妓、

① 章继光：《唐代教坊与诗歌》，《中国韵文学刊》1993年第1期；柏红秀：《略论中唐诗人与乐人——兼析唐诗与音乐之关系》，《盐城师范学院学报》（人文社会科学版）2006年第2期。

② 项阳：《乐户与宗教的关系》，《音乐艺术》2002年第2期。

③ 王书奴：《中国娼妓史》，上海三联书店1988年版。

官妓、民妓，官妓的来源基本上与王书奴观点相同。

台湾地区学者萧国亮认为宫妓大部分是直接从民间搜罗的色艺精妙的乐户、倡优女子以及少量平民女子；官妓是名隶各级官府乐籍的大批妇女，这种官妓具有后来意义的娼妓性质，她们的来源一是世代属“乐籍”的官属贱民女子，二是良家女子，由于各种原因落入乐籍；营妓是地方官妓的一种别称，因为属乐营，所以称营妓，她们由地方长官直接掌握支配，一般集中居住，不是自由之身，由官府供给衣粮；长安妓女主要指聚居于长安平康里及其他街坊里的普通娼妓，她们与官妓不同，身份较自由，地位较高，也不由官府供给衣粮，而是自行开业经营，这些妓女来源复杂。① 郑志敏认为宫妓除平常以歌舞侍候皇帝亲贵外，也有她们公务表演之外的私生活与自成一格的风俗习惯。民妓是指《北里志》所记载平康里的女妓，她们的组织不如教坊宫妓严密，等级观念也不强。这些妓馆的营业内容，可分为陪侍酒宴与荐枕籍两种。民妓的归宿有升格为鸨母、从人为妾媵、从良后又重操旧业、出家入道。②

高世瑜在《唐代妇女》中有一节《妓优》，把唐代女性乐妓分为宫妓、教坊妓；官妓；优伶、艺人；家妓。③ 高世瑜在其论文《唐代的官妓》中对唐代官妓制度做了专门的探讨，认为唐代官妓制度空前兴盛，当时两京和各大府州，甚至县级政府都设有官妓。分隶各地府州的地方官妓，由官府供粮，身受严格限制，官奴婢味道很浓。长安官妓虽也名隶官府，但相对自由，地位稍高，靠自行开业谋生，类似后世娼妓。唐代对妓女并不以姿色为主要评价标准，而重才艺，与其他众多妓女相比，有更接近艺术、人格独立的一面。④ 关书敏在《唐代教坊妇女生活简述》中指出教坊中妇女的地位并不平等，有着鲜明的高低贵贱之分，地位最高的是“十家”，最低的是两院杂妇女，教坊妇女的归宿有出家、嫁人为妇、靠卖艺和卖身度日等。⑤

---

① 萧国亮：《中国娼妓史》，台北文津出版社 1996 年版。
② 郑志敏：《细说唐妓》，台北文津出版社 1998 年版。
③ 高世瑜：《唐代妇女》，三秦出版社 1988 年版，第 56—73 页。
④ 高世瑜：《唐代的官妓》，《史学月刊》1987 年第 5 期。
⑤ 关书敏：《唐代教坊妇女生活简述》，《西南师范学院学报》（人文社会科学版）1983 年第 4 期。

一些学者从城市发展角度来探讨妓女，如宁欣在《由唐入宋都市人口结构及外来、流动人口数量变化浅论》一文中认为“唐宋都城妓女作为一个特殊群体而与城市社会及其变化息息相关，她们的存在是唐宋城市社会生活的重要组成部分。由唐到宋，生活在都城的妓女群体发生了很大变化。她们的身份、生活方式乃至经营方式、经营场所、经营对象的变化，反映了城市社会变化”[①]。张宏讨论了城市住居与古代娼妓制度的关系，提出唐长安城中妓院处在封闭的里坊之中，并已有等级档次的区别；妓院组织及其空间结构，是在城市控制之下形成的。[②]封野则对唐代市井艺妓兴盛的原因进行分析：一是初唐时期受到宫廷艺妓和家妓兴盛的联动作用而逐渐兴起；二是市井艺妓商业服务性质与盛唐以后的商品经济相适应，融为商品社会的有机部分，因而长盛不衰；三是文苑和士林风尚对扩大市井艺妓的社会影响有重要作用。[③]

五、官府音乐管理机构的研究

学术界对隋唐官府音乐管理机构进行探讨的主要是从事音乐和文学方面研究的学者。隋唐时期中央音乐机构有太常寺管辖下的大乐署和鼓吹署，这是沿袭前代的制度。唐代时，出现了新的音乐机构教坊和梨园。目前学界讨论较多的也是教坊和梨园，下面仅就教坊和梨园做简要论述。

岸边成雄的《唐代音乐史的研究》对教坊和梨园的设置及变迁都做了较翔实的考证。他认为内教坊于隋时已设，唐武则天时改为云韶府，玄宗时设新的内教坊和左右教坊，唐后期又设一仗内教坊。教坊乐官有使、副使、都知，宋教坊还有色（色长及部头）。[④]杨荫浏则认为教坊在唐武德年间时设，至开元年间增到五处，它们直属宫廷，以中官为教坊

① 宁欣：《由唐入宋都市人口结构及外来、流动人口数量变化浅论》，《中国文化研究》2002年夏之卷。

② 张宏：《城市住居与中国古代娼妓制度》，《华中建筑》2000年第4期。

③ 封野：《唐代市井艺妓兴盛的社会原因》，《安庆师范学院学报》（社会科学版）1998年第4期。

④ 〔日〕岸边成雄著，梁在平、黄志炯译：《唐代音乐史的研究》，台北中华书局1973年版，第276—304页。

使。[①] 王克芬也持相同观点，并提出宫廷内一直存在着类似内教坊的乐舞机构。[②] 耿占军则以为唐代教坊有内、外之别，内教坊有两处，一个设于武德时，后改名云韶府，主要练习、演出雅乐；另一个设于开元二年，主要练习、演出俗乐和散乐百戏。外教坊有分别位于延政坊和光宅坊的左、右教坊以及宣平坊街南的“鼓吹局教坊”。[③] 项阳却认为隋炀帝于关中设坊只是用来安置乐人，正式作为音乐机构的教坊是在唐代开元年间。教坊官员有音声博士、中官为教坊使、教坊副使等。宜春院和梨园也是教坊。地方州县也仿效设置教坊。[④]

左汉林结合墓志考证外教坊乐官有梨园教坊使、教坊使、教坊副使、都判官、判官、都都知和都知，内教坊乐官有内教坊使、音声博士、第一曹博士、第二曹博士。教坊高级乐官由宦官担任，低级乐官由精通音乐的乐工担任。[⑤]

柏红秀、王定勇认为中唐出现的仗内教坊，是独立于太常寺、教坊和梨园之外的宫廷音乐机构。乐官由帝王从禁军将领中选拔行使，主要是负责北衙禁军中的音乐事务。乐人来源有三：一为北衙禁军，包括六军与神策军；一为地方军营；一为有罪之人的妻女。散乐是其主要音乐项目，它与教坊存在着音乐交流与合作。仗内教坊的设立和活跃反映中唐以后军营已成为唐代音乐生存和发展的一个重要空间。[⑥] 柏红秀与王定勇还考证出唐代第一任教坊使是范安及，并提出玄宗设立教坊的目的是安置有功之私臣，包括宦官与乐人。唐代教坊与武官关系密切，教坊使的主要职能是管理教坊音乐与乐人等事务。[⑦] 教坊与青楼有密切关系，中唐时青楼歌妓向教坊工乐人学习音乐歌舞，但教坊对那些乐籍属于它的京城青楼歌妓没有实质性的管理。晚唐青楼歌妓要接受教坊的管理。[⑧]

---

① 杨荫浏：《中国古代音乐史稿》，人民音乐出版社 1981 年版，第 233—235 页。

② 王克芬：《中国舞蹈史（隋、唐、五代部分）》，文化艺术出版社 1987 年版，第 206—210 页。

③ 耿占军：《汉唐时期乐舞与百戏的管理机构的设置》，《唐都学刊》1999 年第 4 期。

④ 项阳：《山西乐户研究》，文物出版社 2001 年版，第 93 页。

⑤ 左汉林：《唐代教坊及内教坊乐官考论》，《宁夏大学学报》（人文社会科学版）2007 年第 1 期。

⑥ 柏红秀：《唐代仗内教坊考》，《中国戏曲学院学报》2006 年第 3 期。

⑦ 柏红秀、王定勇：《唐代第一任教坊使考》，《中国戏曲学院学报》2005 年第 5 期。

⑧ 柏红秀、王定勇：《关于教坊的三个问题》，《盐城师范学院学报》（人文社会科学版）2005 年第 1 期。

关于梨园，杨荫浏认为梨园是玄宗时设立，其组织有三个：宫廷中的梨园、长安太常寺的“梨园别教院”和洛阳太常寺的“梨园新园”。[①]李尤白考证出梨园遗址在城南兴庆宫、曲江池附近，指出梨园组织机构、人员配备相当完备，在崖公即院长以下有编辑和乐营将两套人马，再往下是弟子。[②]陈四海、马欢认为“梨园”在唐初仅是宫廷御花园之一，玄宗时才成为音乐机构，是唐玄宗改革唐代包容混杂的音乐机构的产物。有御园梨园、蓬莱宫梨园、华清宫梨园，另还有梨园别教园和梨园新园。[③]孙卫国提出“梨园”因设立在禁苑附近的梨园而得名，是专门教习、演奏法曲的音乐机构。[④]迟乃鹏则认为梨园并不是唐玄宗所首创，而是在唐初就已存在，那就是太常的“梨园别教院”，或称为“梨园新院”，到玄宗时才由教坊替代。他还分析玄宗时的梨园，“即指置于蓬莱宫侧的左右二内教坊”。[⑤]

左汉林认为梨园乐官组织由梨园教坊使、梨园使、梨园判官、梨园供奉官、都都知与都知组成，其中梨园教坊使、处置使、梨园判官是高级管理者，由宦官担任，不一定具备才能。梨园供奉官、都都知与都知是低级乐官，具备音乐才能，在梨园从事具体的音乐工作。

唐中后期出现了地方的音乐管理机构“乐营”，李正宇依据敦煌文献对沙州归义军乐营进行了分析，认为节镇州郡设置乐营是从宝历二年起，归义军乐营在大中年代便有，“作为晚唐、五代至北宋时期敦煌地区官办的专业乐舞团体，延续存在一百多年”。归义军乐营的结构与配置，“除行政官员外，应有乐伎、歌伎、舞伎、杂伎及作语人等诸色伎艺行当；又有导演、编撰、领班、道具及布景人员。各色伎艺人及后台人员，构成乐营内的专业班子。专业班子内不同行当领班叫作‘头’。高能技艺人员叫作‘音声博士’；一般技艺人统称‘音声人’、‘音声子弟’”。[⑥]

---

① 杨荫浏：《中国古代音乐史稿》，人民音乐出版社 1981 年版，第 235 页。

② 李尤白：《梨园考论》，《人文杂志》1982 年第 5 期。

③ 陈四海、马欢：《“梨园”考》，《宁夏大学学报》（人文社会科学版）2005 年第 6 期。

④ 孙卫国：《中国古代音乐教育机构及其历史功用》，《交响——西安音乐学院学报》2001 年第 3 期。

⑤ 迟乃鹏：《唐“梨园”考辨》，《四川师范学院学报》（哲学社会科学版）1997 年第 4 期。

⑥ 李正宇：《沙州归义军乐营及其职事》，《敦煌吐鲁番研究》2000 年第 5 卷；《归义军乐营的结构与配置》，《敦煌研究》2000 年第 3 期。

六、唐代社会阶层之贱民研究

唐代阶级结构与社会关系是社会史的一个重要领域，范围很广，这里仅涉及唐代社会阶层中的贱民阶层。20世纪初，中国一些史家就已利用札记形式来排列唐代社会各个阶层，其中也包括贱民、工匠杂户等。在20世纪20年代末，日本学者开始涉及此领域的研究，[①]对唐代社会阶级结构和社会各个阶层的人都作了分析。30年代以后，中国学者对唐代社会阶层的研究开始深入，黄现璠《唐代社会概略》一书列"阶级"为第一章，作者按社会等级划分为"贵族"、"坐食"、"劳动"、"贱民"、"娼妓"等阶层，贱民一节中把贱民分为官贱民和私贱民二种，其中官贱民又分为官奴婢、官户、杂户、工乐及太常音声人等；并分析认为唐代贱民的来源主要有犯罪、俘获、掏掠和买卖四种。这些官贱民之间的身份地位也有高低之分，身份较高的是太常音声人，然后依次为杂户、工乐、官户、官奴婢。[②]杨中一也同样认为唐代的贱民有奴婢、官户、杂户、太常音声人、工乐、部曲、客女等，他们都是"配隶之色"。这些贱民的身份并不相同，他们中间还有等级的高下，依次为：一、杂户、太常音声人；二、官户、工、乐、部曲（属于私人的类于农奴）、客女；三、官私奴婢。[③]他把杂户和太常音声人并列为一个等级，这一点与黄现璠观点不一。此后，涉及隋唐社会阶层的著述增多，一般在中国通史中皆有叙述，有的学者断代史著作中也论述到唐代的社会阶层。[④]

韩国磐把唐代社会的各类人分为地主阶级和农民阶级，把依附于官府的杂户、官户、官府工匠、乐户、太常音声人也归为农民阶级，但都是封建国家依附极强的农奴。这些人户在当时同被视为"贱民"，但其间也有区别。[⑤]武建国认为官户、工乐、部曲、客女在唐代社会属同

---

① 胡戟等编：《二十世纪唐研究》，中国社会科学出版社2002年版，第790页。

② 黄现璠：《唐代社会概略》，商务印书馆1936年版，第11—22页。

③ 杨中一：《唐代的贱民》，《食货》1936年第4期。

④ 胡戟等编：《二十世纪唐研究》，中国社会科学出版社2002年版，第800页。

⑤ 韩国磐：《隋唐五代时的阶级分析》，《隋唐五代史论集》，生活·读书·新知三联书店1979年版，第63—71页。

一等级，是贱民阶层。工户是官府作坊中工匠的一个来源，他们的身份与政府征发服役的丁役是有异的。凡配没之人，入少府监者，便身为工户；入太常寺为乐工者，便系乐户。①

李伯重从《唐律疏议》对每种人所做的各项规定入手，把唐代社会的各种人分为四个等级：即帝后等级——享有无限特权的等级；应议请减赎当免等级——享有有限特权的等级；凡人等级——无特权，但享有起码权利的等级；部曲奴婢等级——连起码权利也不享有的等级。他认为用“部曲奴婢”概括身份卑下的人，比用“贱民”更为切当。而“官府占有的工、乐、杂户、官户等，身份大略与部曲接近，而官奴婢的身份则同于私奴婢”。②

张泽咸的《唐代阶级结构研究》一书认为唐朝是中国封建社会的盛世，也是社会内部发生显著变化而开始走下坡路的重要转折时期。他从户等入手，分析了户等划分所体现出等级的阶级分野。对于农民阶级，他认为包括乡村次户、下户、自耕农、佃农、屯田兵、工匠、手工业者以及奴婢、部曲、官户、杂户、乐户等，他们承担着沉重的赋税、徭役和兵役。对工匠、乐户、杂户、奴婢等这些阶层的一般情况也都分别进行了论述。③ 杜文玉则论述了皇室、官员、农民等社会阶层内部结构的变化，指出隋唐两朝皇室属关陇集团，到五代十国，皇室的出身都很低微，官吏队伍的结构也由唐朝官吏队伍以士族出身为主变成了宋朝以科举出身的士人为主的结构形态。对于农民阶级，文中认为唐前期农民主要依附于国家，不是依附于地方阶级，两税法施行后国家对农民人身的控制大为松弛，至宋代农民对国家的人身依附进一步减轻。④

李季平认为唐代社会阶级中，既有等级规定，又有“良”、“贱”的划分，“贱民”中有等第之别。他对唐代奴婢的类别和名色、来源、役使以及奴婢的地位与待遇都做了详细的论述：认为唐代奴婢的类别有官属奴婢、私属奴婢和汉族外的各族奴婢；奴婢的来源有前代遗留、籍

---

① 武建国：《唐代的贱民》，《贵州文史丛刊》1984 年第 3 期。
② 李伯重《〈唐律疏议〉中所见的社会等级》，《云南社会科学》1988 年第 6 期。
③ 张泽咸：《唐代社会阶级结构研究》，中州古籍出版社 1996 年版。
④ 杜文玉：《唐宋时期社会阶层内部结构的变化》，《江汉论坛》2006 年第 3 期。

没、自卖、掠卖、家生、俘虏、贡献、赏赐等。对奴婢的役使主要用于六方面：执役于手工业和农业、用以馈赠、以奴为兵、充当仆役和随从、操作杂役、供主人玩狎或充当装饰品。书中也对唐代其他贱民做了探讨，对于官贱民也是认同有官户（番户）、工乐、杂户、太常音声人、宫人等，并分别对他们来源、执役和待遇进行了简单的论述。[①]张维训则对贱民阶层中的杂户做了探讨，认为杂户作为“贱民”中的一个等级，它的消亡可能在唐中期以后。导致提供劳役为主的杂户阶层的必然消亡的原因，是隋唐以来商品货币关系和雇佣劳动制日益发展，以及国家对杂户的控制和束缚相对松弛。[②]

李天石则探讨了中古良贱身份制度的产生、形成、演变、衰亡的历程，认为在魏晋南北朝至隋唐时期，存在着一个既不同于秦汉身份制又有别于宋以后身份制的良贱身份等级制度。这种等级制度大约自魏晋时期开始形成，南北朝时期逐步系统化、法典化，而至隋唐时期趋于完善，唐宋之际则渐趋衰落与瓦解。官贱民制度也在唐中叶出现衰落和演变。[③]

穆渭生和陈宁英从法律角度论述唐代贱民，穆渭生对贱民的法律地位的分析，主要依据《唐律疏议》和《唐六典》对通婚、杀伤罪、奸非罪三方面的同罪异罚说明唐代贱民的社会地位。陈宁英从法律制度上分析社会结构，从人格权、身份权、财产权方面对贱民状况进行了分析论述。[④]

总的来说，学术界对唐代乐人的研究较为零散，对乐人的分析处于静态分析层面，并没有考虑到历史发展过程中社会变动对于他们的影响，同时对乐人的讨论也仅局限于对其身份及服役的分析，没有将其和城市联系起来进行研究。因此，笔者认为乐人群体作为城市人口的一部分，有必要将其置于唐代城市的发展背景下进行探讨，对乐人在唐代的历史变化中做更深入系统的考察，并将他们在城市的活动与城市文化的发展相结合来探讨他们在城市文化中的作用。

---

① 李季平：《唐代奴婢制度》，上海人民出版社 1986 年版。
② 张维训：《略论杂户“贱民”等级的消亡》，《江西社会科学》1982 年第 4 期。
③ 李天石：《中国中古良贱身份制度研究》，南京师范大学出版社 2004 年版。
④ 穆渭生：《唐代贱民的等级与法律地位》，《陕西教育学院学报》1996年第1期；陈宁英：《唐代律令中的贱民略论》，《中南民族学院学报》1998 年第 3 期。

第三节 理论、思路和史料

本书主要运用法国史学家布罗代尔的“长时段”理论，只有长时段历史观，才能更深刻地把握和理解人类生活的全貌。故本书在探讨唐代乐人的发展演变时，对乐人的叙述追溯至先秦时代，通过对先秦至唐代乐人进行考察，以求更清楚地看出乐人的演变历程。本书所据的另一理论方法是社会学中的分层理论，社会学家用社会分层来指称存在于人类社会的个人和群体之间的不平等。在分层体制中，地位不同的个人和群体获得报酬的机会是不同的（不平等的）。[①] 在历史上出现的四种分层体制中，中国古代社会属于等级制度的社会，由不同的阶层构成，不同阶层的人有不同的权利和义务。唐代乐人群体处于社会下层，唐代的律令对太常管辖下的乐户和音声人的义务和权利做出了相应的规定。通过对唐代城市乐人的身份分析及他们的身份的变化来反映唐代社会中阶层的流动性问题。

对乐人的探讨，一方面从纵向来论述乐人的历史演变，另一方面从横向来分析唐代乐人与城市娱乐文化的关系。唐代是中国戏曲杂艺发展的重要时期，这其中乐人起着至关重要的作用，因为乐人是乐舞百戏的表演者，城市乐舞百戏的娱乐方式的演变发展与他们密切相关，他们与城市社会经济相结合，促进了城市大众娱乐的形成以及乐艺种类的细化。

在城市大众乐艺消费普遍发展之前，唐代城市乐人在唐前期更多是为官府服务，城市乐人以官府太常机构所辖的乐户和音声人为主。“太常乐人，今因罪谪入营署，习艺伶官。……自武德元年以来，配充乐户者，不在此例。”[②]《唐律疏议》中提到“工乐者，工属少府，乐属太常”，这里的“乐”指的应该就是太常“乐户”。“音声人”籍在州县，“‘太常音声人’，谓在太常作乐者……义宁以来，得于州县附

---

① 〔英〕安东尼·吉登斯著，赵旭东等译：《社会学》，北京大学出版社 2003 年版，第 357 页。
② （宋）宋敏求编：《唐大诏令集》卷八一《太常乐人蠲除一同民例诏》，学林出版社 1992 年版，第 420 页。

贯，依旧太常上下，别名‘太常音声人’”。乐户与音声人都是每年到京城太常分番服役，“此等不同百姓，职掌唯在太常、少府等诸司”。[①]《唐律疏议》中对乐人的法律身份的规定主要是针对太常乐人，对太常所辖之外的乐人也具有参照作用。因此讨论城市乐人的身份地位主要以官府乐人为主线进行，即以太常所辖之乐户在整个唐代的演变为线索。

《唐律疏议》关于乐户身份的规定是对前代乐户身份的继承和总结，但唐朝律令中有关乐户身份的规定只是一种静态描述，并不能涵盖唐五代几百年的情况，它更多是反映唐前期的社会性质。唐中期以后的社会较之前期发生了变化，如陈寅恪先生所指出："唐代之史可分前后两期，前期结束南北朝相承之旧局面，后期开启赵宋以降之新局面，关于政治社会经济者如此，关于文化学术者亦莫不如此。"[②]唐代太常管理下的乐户、音声人群体也在社会的变化中演变。

因此本书从分析乐户的演变入手，通过对史料的梳理，廓清乐户的出现及其发展演变过程。首先是对乐户的缘起进行梳理，将其纳入魏晋南北朝的时代背景下考察。唐代国家礼乐机构太常管辖乐户、音声人是继承秦汉以来太常掌管乐人的制度，“乐户”一词最早见于北魏，《魏书·孝感传》载："河东郡人杨风等七百五十人，列称乐户皇甫奴兄弟，虽沉屈兵伍而操尚弥高，奉养继亲甚著恭孝之称。"[③]又《魏书·刑罚志》云："至迁邺，京畿群盗颇起。有司奏立严制：诸强盗杀人者，首从皆斩，妻子同籍，配为乐户；其不杀人，及赃不满五匹，魁首斩，从者死，妻子亦为乐户。"[④]但历史上的乐户制度并非始于北魏，它与秦汉以来官府礼乐机构太常始终掌握支配着一定的乐人以及汉末魏晋以后依附关系的加强有密切的关联。

先秦以来，官府一直需要一定数量的乐人为其提供服务，直至两汉时期，在官府服务的乐人一般来说都是从民间征召，如工匠的情况一

---

① （唐）长孙无忌等：《唐律疏议》卷三《名例》，中华书局 1983 年版，第 74 页。
② 陈寅恪：《论韩愈》，载《金明馆丛稿初编》，上海古籍出版社 1980 年版，第 296 页。
③ 《魏书》卷八六《孝感传·阎元显传附皇甫奴传》，中华书局 1974 年版，第 1884 页。
④ 《魏书》卷一一一《刑罚志》，中华书局 1974 年版，第 2888 页。

样，他们并没有成为官府户籍中的另类。官府音乐机构主要是太常属下的太乐，乐舞人员应该是具有自由身份的乐人或是奴婢，并没有后世所见的介于自由民与奴婢之间的各种依附人户。乐户是汉末以降人身依附关系加强的结果和表现，魏晋南北朝时期社会发生了巨大的变化，从劳动者身份变化上来说，他们的依附关系日趋强化，由此在自由民与奴隶之间出现了一个依附民阶层，“依附身份和依附关系成为显著的社会现象”①。在私家大量占有众多的私人依附人口的情况下，国家为保证有足够的人力为其服务，也根据服役内容的不同把部分人口编为各种特殊的服役户，“这大部分编户民，除一部分仍属于郡县作为编户民外，一部分则被分派为负担各种职役的民户”②。他们成为对国家依附性很强的国家依附民户。在官府太常机构里服务的乐人在这种大环境下，也成为国家依附民户的一种。“乐户”作为一种特殊人口被国家控制，在东汉末已出现。周瑜袭破皖城时，“得袁术百工及鼓吹、部曲三万余人”③，“‘鼓吹’即后之乐户及唐代‘太常音声人’”④。这些在官府服务的乐人成为众多的官府依附民的一种，以户为单位隶于太常，有自己的管理体系，地位低于编户。所以乐户之称虽出现于北魏时期，但以户为单位对在官府服役的乐人进行管理却可溯源至汉末魏晋。这种对乐人以户为单位隶于一定官府机构的管理方法在北朝进一步发展成熟，形成以罪犯配没为乐户的制度⑤，是对魏晋以来乐人管理方法及其身份规定的法律化和制度化。

乐户制度在北魏时正式形成并为后来的隋唐所继承，但这种制度随着时代的发展也发生相应的变化。对乐户在隋唐五代的发展演变做动态的考察，将之与社会的变化结合一起进行分析，便可发现唐前期的诸多律令中关于乐户的卑贱身份的规定并不能涵盖整个唐代官府乐人真实情

---

① 何兹全：《中国古代社会》，北京师范大学出版社 2001 年版，第 438 页。

② 何兹全：《中国古代社会》，北京师范大学出版社 2001 年版，第 467 页。

③ 《三国志》卷四六《吴书·孙破虏讨逆传第一》引《江表传》，中华书局 1959 年版，第 1104 页。

④ 高敏：《魏晋南北朝社会经济史探讨》，人民出版社 1987 年版，第 284 页。

⑤ （周）左丘明传，（晋）杜预注，（唐）孔颖达正义：《春秋左传正义》襄公二十三年，孔颖达疏引《魏律》：“缘坐配没为工、乐、杂户者皆用赤纸为籍。”《十三经注疏》，北京大学出版社 2000 年版，第 1136 页。

况。乐户与工户、杂户一样是配隶之色，但在唐中期以后工户身份已提高，杂户也渐消失。[①]乐户作为配隶之色，由犯罪配没的官户、官奴婢补充，《唐六典》载："官户皆在本司分番，每年十月，都官按比。男年十三已上，在外州者十五已上，容貌端正，送太乐；十六已上，送鼓吹及少府教习。有工能奴婢亦准此。业成，准官户例分番。"[②]《唐会要·清乐》里也载："国家每岁阅司农户容仪端正者，归之太乐，与前代乐户总名音声人，历代滋多，至于万数。"[③]司农户是官户奴婢。[④]但官户在唐后期渐消失，到宋代已变成品官之称。唐后期籍没罪犯家口为官奴婢的制度也发生变化，到宋代已基本取消。都官的职掌由唐代的簿录俘囚、配没奴隶、掌奴婢簿籍变成宋代的掌天下役人与在京百司吏职之籍。[⑤]由此可推测乐户在隋唐至宋这几百年间同样发生了极为显著的变化，乐户由处于半自由状态的依附民向平民转化。乐户从半自由的国家依附人口向平民转化是一个渐变过程，唐初太常音声人从乐户中离析出来即是这种转化过程中的一种过渡。唐后期官府对乐人的管理由以户为单位逐渐回到以个体为单位，入宋后乐籍制度仍然存在，但发生了变化，与隋唐时期的乐户制度有所不同。

从隋唐到宋，乐户这一群体的变化是一个缓慢的过程，并非短时间内完成。大致说来，这一过程经历了四个阶段：一为隋唐之际。南北朝后期以来依附关系逐渐松弛，官府对乐户的控制也开始放松，隋唐之际的战乱又为乐户身份变动提供了一个契机。社会动乱往往容易导致人们社会身份发生变化，社会的上下层流动增快。在隋末的战乱中，各军事集团为夺得天下，往往会不拘一格地选用人才，也会采取一些释贱为良的措施以取民心，武德年间放免前代乐户为民便是这种情况的反映。一些乐户正是在这种环境下摆脱了原来的卑贱身份，更有甚者进入了仕途。武德年间被放免的前代乐户便是《唐律疏议》中所提到的"太常音

---

① 张维训：《略论杂户贱民等级的消亡》，《江西社会科学》1982年第4期。
② （唐）李林甫等撰，陈仲夫点校：《唐六典》卷六《刑部》，中华书局1992年版，第193页。
③ （宋）王溥：《唐会要》卷三三《清乐》，上海古籍出版社2006年版，第713页。
④ （唐）李林甫等撰，陈仲夫点校：《唐六典》卷六《刑部·都官》："反逆家男女及奴婢没官，皆谓之官奴婢。男年十四以下者，配司农。"中华书局1992年版，第193页。
⑤ 李天石：《中国中古良贱身份制度研究》，南京师范大学出版社2004年版，第401页。

声人”，从乐户中离析出另一类身份几等同于百姓的“音声人”是乐户身份变化的一个表现。二为高宗以后至开元、天宝年间。经过太宗、高宗时代的发展，社会经济得到恢复，以宫廷为核心的上层社会日渐追求享乐，音乐歌舞百戏为宴会中必不可少的节目，才艺出众的乐人往往会得到许多赏赐，一般的乐人收入也应不错。玄宗时，由于玄宗本人对音乐的喜爱及提倡，唐代的乐舞百戏达到最兴盛时期。上流社会的时尚会对大众产生深刻的影响，加上城市经济的发展，城市市民对娱乐的需求也相应增加，这不能不对乐户的身份产生一定的冲击。表现在原来法律身份稍有不同的太常音声人与太常乐户之间的差别似已不存在，新的音乐机构的设立引进了不少具有平民身份的音乐人。三是唐中后期出现州县居民为避役而挂名为太常乐人的现象，表明原来以官户奴婢为太常乐人主要来源的制度已遭到破坏，官府乐人转向平民化。同时，唐后期藩镇割据局面下，地方上出现了“乐营”的机构，地方开始对乐人管理。四是五代宋初官府乐人完成向平民化转化的过程。唐末五代是历史上又一次动乱的时期，经过唐后期以来的变化，五代宋初的太常乐人与一般百姓无异，五代后晋“开运三年八月中书舍人陶穀奏，臣前任太常少卿，伏见本寺见管教坊二舞，本户州县居民，若不尽免差徭，无缘投名鼓舞”①。“其乐工舞郎，多教坊伶人、百工商贾、州县避役之人，又无老师良工教习。”② 宋代乐籍制度仍是存在，但已不是乐人以户为单位隶于官府，宋的太常、教坊及其他音乐机构的乐人有规定的员额，一旦有缺便从民间招募，其身份已完全平民化。官府乐人法律上是平民，但社会上的观念仍以他们为低贱之职业。

乐户的发展演变，经过南北朝后期、隋及唐前期、唐后期的变化，表现为官府对他们的控制逐渐放松，他们的身份得到提高，至宋初成为平民。这一过程与中古社会人身依附关系趋于松弛的变化是一致的，反过来通过乐户的变化也反映了社会经济发展、社会观念变化对人们身份地位的影响。

乐人群体在历史的长河中随着社会的变化而变化，留下了自己的痕

---

① （宋）王溥：《五代会要》卷七《杂录》，上海古籍出版社 1978 年版，第 124 页。

② 《旧五代史》卷一四四《乐志上》，中华书局 1976 年版，第 1929 页。

迹。唐五代的乐人群体表现尤为活跃，他们虽处于社会的下层，但由于他们所从事职业的特殊性，得以接触上层社会。他们不仅游走于上流社会，甚至与最高统治者有密切接触。他们利用所处环境的优势，积极试图改变自己的身份地位以及参与政治活动。本书将对乐人在政治上的一些活动如劝谏、干政和入仕等进行探讨，力求对这些现象做出合理的解释。本书从社会阶层流动角度对乐人在政治及社会生活上的种种活动进行分析，认为以上现象的发生是乐人群体改变自身地位的努力，是隋唐五代社会各阶层上下流动变化的反映。

乐人由于职业的特殊性，他们常常得以接近帝王，他们往往利用自己的技艺来改变地位，有的甚至仕至高官，这种现象从南北朝后期以来一直上演不断，至五代时可谓达到极致。乐人进入仕途，与魏晋以来的观念相冲突，引发了一些传统士大夫的不满，每每上疏谏阻，谏阻的结果也不尽相同，视帝王的态度而定。这既是乐人身份提高的表现，也反映了人们观念的一种变化，虽然个别士大夫想维护传统，谏阻像乐人这种技术官进入仕途，但总是屡谏不止。一些乐人也利用他们得到统治者的恩宠企图对时政施加影响，这在五代表现得最为明显，欧阳修的《新五代史》为此列有《伶官传》。乐人这种行为与宦官干政有某种相似之处，他们出入宫廷，与宦官也有密切联系。

乐人在隋唐五代时期的这些表现，是这时期社会各阶层上下流动变化的反映。南北朝以来的士族阶层身份跌落，向平民靠拢；而低于平民的半自由民阶层则身份提升。在这种背景下，乐人群体从低阶层向平民阶层流动，这种流动既有整体性的流动，也有个体性的流动。作为个体性的流动，他们不会仅限于取得平民身份，而是企图走向更高的阶层，获取更多的政治经济权利。乐人在政治上的种种活动，包括入仕和干政，便是这种情况的反映，这也是这一时代所赋予他们的一种机遇。

乐人是城市人口的一部分，他们的乐艺活动对于城市文化的发展有密切的关系。对于京城乐人，他们来自各地，既将民间各种乐舞形式带进宫廷宴会，也把原来属于宫廷的宴乐传播于民间社会，是宫廷娱乐文化与民间娱乐文化之间沟通的桥梁。他们为官府所需的礼仪用乐和娱乐性的乐艺活动服务，宫廷宴会用乐吸引了各地大量乐人聚集京城。当完成宫廷宴乐服务后，他们散居京城各处，也为权贵私家所雇请。乐人在城市中的乐舞活动带动了城市的乐艺消费向大众化发展，他们逐渐走向城市的公共空间做戏场，面向城市的一般民众表演。地方城市乐人在唐中期以后凸显，这归因于藩镇势力的兴起和地方城市经济的繁荣。由于城市的发展，乐人群体在城市由为少数权贵富豪服务转向为城市中的普通大众服务，唐代城市中各种戏场的出现是宋代娱乐场所瓦市勾栏的先声。

乐人群体中的女性因为性别的关系，相对于男性乐人来说，她们的身份较为复杂，唐代社会的宫廷、官府和个人都拥有数量不等的女性乐人，她们法律上的身份不同，社会身份却类似。在女性乐人当中有一类被后世称为娼妓，娼妓作为一种职业形成于唐代，这是唐代城市经济发展的结果。正因为女性乐人的特殊性以及其与城市社会的密切关系，唐律中有关乐人的规定并不能完全涵盖她们，故本书将对她们另辟章节进行论述，辨析她们的分类并分析娼妓作为职业的形成。

本书在材料的运用上，主要有如下几类：一是正史类，如《三国志》、《后汉书》、《晋书》、《宋书》、《南齐书》、《梁书》、《陈书》、《魏书》、《北齐书》、《周书》、《北史》、《隋书》、新旧《唐书》、新旧《五代史》等；二是典志类，《唐六典》、《唐会要》、《通典》、《五代会要》；三是律令类，《唐律疏议》、《唐大诏令集》、《唐大诏令续集》；四是类书，《太平御览》、《册府元龟》、《玉海》；五是杂史杂说小说类，如《太平广记》、《白孔六帖》、《全唐文》、《全唐诗》等；六是金石类，如《唐代墓志汇编》、《唐代墓志汇编续集》、《集古录》、《金石萃编》等；七是敦煌吐鲁番文书类。因为本文所要研究的乐人群体属于身份低微的下层社会，正史里所能反映的材料很少，更多是依靠笔记小说、诗词和出土文书中的材料，一般来说，唐前期有关乐户的材料主要在律令典志类的文献里，唐后期的材料则散布在笔记小说诗词中。

第一章　乐人溯源

第一节　先秦礼乐制度中的乐人

乐的起源很早，是人类情感的表达。“诗，言其志也；歌，咏其声也；舞，动其容也。三者皆本于心。”[①]先秦时代的乐在社会生活中具有十分重要的地位和作用，乐和礼仪一样是社会成员必须具备的品德和修养，“君子无理不动，无节不作。不能《诗》，于礼缪；不能乐，于礼素。……达于礼而不达于乐，谓之素；达于乐而不达于礼，谓之偏”[②]。因此，在先秦时代的礼乐制度中，乐占据着极为重要的地位。“国之大事，惟祀与戎”，国家各种祭祀及庆典上的每一项礼仪都会相应地配以一定的乐舞，所谓“礼乐相须以为用，礼非乐不行，乐非礼不举”。[③]因此，从很早开始，在官府管理系统中便设有专人负责乐的事务，据《尚书·舜典》载帝舜曾命夔典乐：“夔，命汝典乐，教胄子，直而温，宽而栗，刚而无虐，简而无傲。”[④]传说中的帝舜时代乐已有相当程度的发展，设有专人负责以乐教导年青一代，使他们的行为符合要求。乐舞需要依赖人来表现，所以国家管理机构中便需要拥有一批音乐人员来从事乐舞的工作。

乐在先秦包含了诗歌乐舞等内容，所以乐人是个较为宽泛的称呼。对于先秦时代的官府乐人，可通过《周礼》中的若干内容来了解。《周

---

① （汉）郑玄注，（唐）孔颖达疏：《礼记正义》卷三八《乐记》，《十三经注疏》，北京大学出版社 2000 年版，第 1295 页。

② （汉）郑玄注，（唐）孔颖达疏：《礼记正义》卷五〇《仲尼燕居》，《十三经注疏》，北京大学出版社 2000 年版，第 1619 页。

③ （宋）郑樵：《通志》卷四九《乐略》，中华书局 1987 年版，第 625 页。

④ （汉）孔安国传，（唐）孔颖达疏：《尚书正义》卷三《舜典》，《十三经注疏》，北京大学出版社 2000 年版，第 93—94 页。

礼》总体上是以先秦的制度为写作背景和素材的一部先秦旧籍，[①]大体可反映出先秦时期的情况。《周礼》认为主管音乐总体事务的官职是大司乐，“大司乐掌成均之法，以治建国之学政，而合国之子弟焉”。郑司农注云：“均，调也。乐师主调其音，大司乐主受此成事已调之乐。”[②]在大司乐之下设有众多的专职乐官，负责各种不同类别的乐，有乐师、大胥、小胥、大师、小师、瞽蒙、眡瞭、典同、磬师、钟师、笙师、镈师、韎师、旄人、籥师、籥章、鞮鞻氏等。除此之外，在《地官·司徒》下还设有鼓人和舞师。在这些乐官之下，尚有中大夫、下大夫、上士、中士、下士、府、史、胥、徒等级别不同、人数不等的乐人，一般是按其才艺高下来分等。据统计，《周礼》所记载的从事乐舞工作的乐人大概有一千五百人。[③]

按《周礼》记述，乐师、乐官在西周政教中的地位极为重要。这些乐官、乐师所掌所教都是与礼乐有关，并涉及生活中的各个方面，“以六律、六同、五声、八音、六舞大合乐，以致鬼神示，以和邦国，以谐万民，以安宾客，以说远人，以作动物”[④]。可以说乐是无处不在，无乐不成事。因为乐在政治和社会生活中被广泛使用，所以乐的承载者乐人自然也在社会中扮演着十分重要的角色而备受重视。

乐在政治和社会生活中如此重要，是贵族成员必备的一种技能，但乐这种技能需要培训才能习得，因此，乐的承载者乐人除了主导各种祭祀和典礼中的用乐事宜外，同时也肩负着教育下一代的职责。大司乐不仅负责音乐事务，还主管王室诸侯子弟的礼乐教育，往往由有才艺、能躬行者担任。“大司乐掌成均之法，以治建国之学政，而合国之子弟焉。凡有道者有德者，使教焉，死则以为乐祖，祭于瞽宗。以乐德教国子：中、和、祗、庸、孝、友。以乐语教国子：兴、道、讽、诵、言、语。以乐舞教国子：舞《云门》、《大卷》、《大咸》、《大韶》、《大夏》、

① 杨志刚：《中国礼仪制度研究》，华东师范大学出版社 2001 年版，第 112 页。

② （汉）郑玄注，（唐）贾公彦疏：《周礼注疏》卷二二《大司乐》，《十三经注疏》，北京大学出版社 2000 年版，第 674 页。

③ 杨华：《先秦礼乐文化》，湖北教育出版社 1997 年版，第 117 页。

④ （汉）郑玄注，（唐）贾公彦疏：《周礼注疏》卷二二《大司乐》，《十三经注疏》，北京大学出版社 2000 年版，第 679 页。

《大濩》、《大武》。”[①] 国子指“王大子、王子、公卿大夫元士之适子及俊选者”。这些国子是国家未来的掌管者，大司乐以“乐德”、“乐语”、“乐舞”教育训练他们，以便他们能顺利进入这个礼乐紧密结合的社会，并成为礼乐社会新的维护者。大司乐之下的各类乐师、乐官也同样具有教育国子、学士的职责。“乐师掌国学之政，以教国子小舞。”“大胥掌学士之版，以待致诸子。”“小胥掌学士之徵令而比之，觵其不敬者。”[②]《礼记·王制》则对乐正的职责有更为详细的说明，他们不仅负责教育也典选学士中的优秀者。“乐正崇四术、立四教。顺先王《诗》、《书》、《礼》、《乐》以造士。春秋教以《礼》、《乐》，冬夏教以《诗》、《书》。……凡入学以齿。将出学，小胥、大胥、小乐正简不帅教者，以告大乐正，大乐正以告于王。……大乐正论造士之秀者，以告于王，而升诸司马，曰进士。”[③]

这些乐官的职掌相当广泛，涉及了祭祀、宴乐和各种典礼仪式，甚至还担负着青少年的军事教育，并参与征伐、掌管军乐。[④] 因为先秦社会的“国之大事，惟祀与戎”，军事和祭祀一样是社会中的重要大事，“鼓人掌教六鼓、四金之音声，以节声乐，以和军旅，以正田役。教为鼓而辨其声用”[⑤]。先秦社会的乐人因掌握礼乐知识而成为当时社会中极为重要的一类人员，《礼记·少仪》中有一节辩明国君、大夫及士之子的长幼之称，对于大夫之子则曰：“问大夫之子长幼，长，则曰‘能从乐人之事矣’；幼，则曰‘能正于乐人’、‘未能正于乐人’。”[⑥] 贵族子弟的长幼之分要以能否习得乐人之事来区分，说明从事乐舞之人其地位较为尊崇，因为后文提到士人子之长幼：“问士之子长幼，长，则曰‘能

---

① （汉）郑玄注，（唐）贾公彦疏：《周礼注疏》卷二二《大司乐》，《十三经注疏》，北京大学出版社 2000 年版，第 674—677 页。

② （汉）郑玄注，（唐）贾公彦疏：《周礼注疏》卷二三《乐师》、《大胥》、《小胥》，《十三经注疏》，北京大学出版社 2000 年版，第 701、708、711 页。

③ （汉）郑玄注，（唐）孔颖达疏：《礼记正义》卷一三《王制》，《十三经注疏》，北京大学出版社 2000 年版，第 472—473 页。

④ 阎步克：《乐师与史官》，生活·读书·新知三联书店 2001 年版，第 8 页。

⑤ （汉）郑玄注，（唐）贾公彦疏：《周礼注疏》卷一二《地官·鼓人》，《十三经注疏》，北京大学出版社 2000 年版，第 371—372 页。

⑥ （汉）郑玄注，（唐）孔颖达疏：《礼记正义》卷三五《少仪》，《十三经注疏》，北京大学出版社 2000 年版，第 1199 页。

耕矣’；幼，则曰‘能负薪’、‘未能负薪’。”士人之子是以农事为业，由此可明了担任乐人之职的一般是大夫级以上的贵族。当然这些贵族所任可能是有级别的乐官、乐师，乐职中最低级的一类是徒，人数也最多。徒是《周礼》中所设各种官职之下的最低一级办事人员，对于徒的身份，汉郑玄注曰："此民给徭役者。"[①]《礼记·王制》："升于司徒者不征于乡，升于学者不征于司徒，曰造士。"注曰："不征，不给其徭役。造，成也。能习礼，则为成士。"[②]徒大概是来自于士以下的庶人，需要向官府服徭役。但可能乐官之下的徒与其他官职之下的徒有所不同，因为与从事其他劳役不一样，乐需要技艺，乐官之下众多的徒也应该是懂得乐舞之人。

总的来说，按《周礼》、《礼记》中的描述，乐人在礼乐紧密结合、相辅相成的西周政教生活中扮演的不仅是各种祭祀、宴会及庆典礼乐仪式的导演，同时也是礼乐文化的传播者。这些责任颇重的乐师及其辅助乐人因此也受到相当的尊敬。师是乐人的称呼，作为师的职能直到春秋时代也仍有体现，这表现在孔子及其门人弟子与乐人多有交往请教。《论语·八佾》"子语鲁大师乐"；《论语·卫灵公》："师冕见，及阶……师冕出，子张问：‘与师言之道与？’子曰：‘然，固相师之道也。’"[③]另《史记·孔子世家》"孔子遂行，宿乎屯，而师己送"；"孔子学鼓琴于师襄子"。[④]《礼记·乐记》"子赣（贡）见师乙而问焉……"。这里的"师"皆指乐人、乐师，汉郑玄注："师，乐官也。"[⑤]《周礼·条狼氏》注："师，乐师也。"[⑥]

春秋时期，礼崩乐坏，"自周克殷后十四世，世益衰，礼乐废，诸

① （汉）郑玄注，（唐）贾公彦疏：《周礼注疏》卷一《天官冢宰》，《十三经注疏》，北京大学出版社2000年版，第9页。

② （汉）郑玄注，（唐）孔颖达疏：《礼记正义》卷一三《王制》，《十三经注疏》，北京大学出版社2000年版，第472页。

③ （魏）何晏注，（宋）邢昺疏：《论语注疏》卷三《八佾》、卷一五《卫灵公》，《十三经注疏》，北京大学出版社2000年版，第47、248页。

④ 《史记》卷四七《孔子世家第一七》，中华书局1959年版，第1918、1925页。

⑤ （汉）郑玄注，（唐）孔颖达疏：《礼记正义》卷三九《乐记》，《十三经注疏》，北京大学出版社2000年版，第1336页。

⑥ （汉）郑玄注，（唐）贾公彦疏：《周礼注疏》卷三七《条狼氏》，《十三经注疏》，北京大学出版社2000年版，第1147页。

侯恣行”[1]。“王官之学”流散民间，怀有各种技艺的士人亦随之流落民间，其中便包括了掌握着乐文化的乐师、乐人。“大师挚适齐，亚饭干适楚，三饭缭适蔡，四饭缺适秦，鼓方叔入于河，播鼗武入于汉，少师阳、击磬襄入于海。”[2]文中亚饭、三饭、四饭皆为乐章名，说的是鲁哀公时，礼坏乐崩，乐人离开鲁国奔去其他国家。虽然春秋时期被认为是礼崩乐坏，实际上各国的政治生活中礼乐制度仍然施行，诸侯只是僭越礼乐而已。《左传·襄公四年》有一段描述晋侯接见使臣时所用之礼乐：“穆叔如晋，报知武子之聘也。晋侯享之，金奏《肆夏》之三，不拜。工歌《文王》之三，又不拜。歌《鹿鸣》之三，三拜。韩献子使行人子员问之，曰：‘子以君命辱于敝邑，先君之礼，藉之以乐，以辱吾子。吾子舍其大，而重拜其细，敢问何礼也？’对曰：‘三《夏》，天子所以享元侯也，使臣弗敢与闻。《文王》，两君相见之乐也，臣不敢及。《鹿鸣》，君所以嘉寡君也，敢不拜嘉？《四牡》，君所以劳使臣也，敢不重拜？《皇皇者华》，君教使臣曰：必谘于周。臣闻之：访问于善为咨，咨亲为询，咨礼为度，咨事为诹，咨难为谋。臣获五善，敢不重拜？’”[3]在这段记载里，穆叔分析了两国互聘时，不同级别之人会见时所应奏的乐曲。很显然在形式上春秋时期仍在沿用西周以来的礼乐制度，只是已不太严格而已。正因为礼乐制度已成为一种形式，已失去了原来的实质意义。作为礼乐主导的乐师、乐人在国家政治中的地位也随之日趋下降，渐渐成为向君主提供娱乐服务的艺人。晋平公因为喜好音乐，便要求乐师旷为他弹奏清商之音、清徵之音及清角之音。按师旷的解释，清商是亡国之声，清徵和清角是有德义之君才能听，德薄之人不足听，否则会带来灾难，但晋平公并不理会，师旷不得已先后为其援琴而鼓清商、清徵及清角之声。在这里，乐师旷已不再具有《周礼》中所描述乐师的职责，仅是一个听命于国君、为国君的喜好而演奏的纯粹的音乐人。乐师还被作为一种贿赂的礼物送给他国，“郑人赂晋侯以师悝、

---

① 《史记》卷二八《封禅书》，中华书局1959年版，第1358页。

② （魏）何晏注，（宋）邢昺疏：《论语注疏》卷一八《微子》，《十三经注疏》，北京大学出版社2000年版，第289页。

③ （周）左丘明传，（晋）杜预注，（唐）孔颖达正义：《春秋左传正义》卷二九襄公四年，北京大学出版社2000年版，第951—956页。

师触、师蠲”[①]。乐师甚至被指派去教宫中的侍妾。“（卫）献公十三年，公令师曹教宫妾鼓琴，（《集解》贾逵曰：‘师曹，乐人。’）妾不善，曹笞之。妾以幸恶曹于公。公亦笞曹三百。”[②]在传教的过程中，师曹仍按照以前教授国之胄子的传统，学得不好便要鞭笞，这是作为师的一种权威。但在卫献公面前，这种权威已不被承认，师曹的被笞便宣告乐师作为“师”的地位的沦落。在春秋这个礼崩乐坏的时代，乐师已失去了原有的在国家的政治生活中的地位，日益成为王权底下的一个附庸。

乐师从宗教神坛跌落，其职能由娱神转向了娱人。他们所掌握的乐是西周以来的传统礼乐，属于雅正之声，在这个雅乐系统之外，另有一民间流传的俗乐。随着乐向娱人发展，民间的俗乐文化亦冲击着传统的雅正之乐，开始进入诸侯王公的宫廷之中，这表现在春秋时期各国宫廷中所蓄养的优人。优人最初大概是从事歌舞并且言语诙谐。晋献公时有优施，参与到当时的政治斗争，他与晋献公宠姬骊姬勾结，谋立骊姬子奚齐为太子。“骊姬告优施曰：‘君既许我杀太子而立奚齐矣，吾难里克，奈何！’优施曰：‘吾来里克，一日而已。子为我具特羊之飨，吾以从之饮酒。我优也，言无邮。’骊姬许诺，乃具，使优施饮里克酒。中饮，优施起舞，谓里克妻曰：‘主孟啖我，我教兹暇豫事君。’乃歌曰：‘暇豫之吾吾，不如鸟乌。人皆集于苑，己独集于枯。’”[③]这段史料基本上已把优人的特征表述清楚，优人一般是在宴饮过程中表演，边舞边歌，并且其言谈往往是为了逗人欢乐，不能当真。所以优施才会说：“我优也，言无邮。”邮，韦注为过也。酒后，里克半夜召见优施问他所说是否为戏言。优人是春秋时期各国普遍畜养的弄臣，按传统礼仪不应在正式宴会上进行表演，齐鲁两国一次会聘后，齐国人让一名优人舞于鲁君幕下，结果引起孔子极大的愤怒。“罢会，齐人使优施舞于鲁君之幕下。孔子曰：‘笑君者罪当死。’使司马行法焉，首足异门而出。”[④]优人在歌

---

① （周）左丘明传，（晋）杜预注，（唐）孔颖达正义：《春秋左传正义》卷三一襄公十一年，《十三经注疏》，北京大学出版社 2000 年版，第 1033 页。

② 《史记》卷三七《卫康叔世家》，中华书局 1959 年版，第 1596 页。

③ （清）徐元诰撰，王树民、沈长云点校：《国语集解》卷八《晋语》，中华书局 2002 年版，第 275—276 页。

④ （晋）范甯集解，（唐）杨士勋疏：《春秋穀梁传注疏》卷一九定公十年，《十三经注疏》，北京大学出版社 2000 年版，第 372 页。

舞诙谐表演中也有模仿他人言行作为演出的材料，《史记·滑稽列传》载楚国优孟模仿楚相孙叔敖言行，惟妙惟肖，连楚王也辨别不出。“优孟，故楚之乐人也。长八尺，多辩，常以谈笑讽谏。……即为孙叔敖衣冠，抵掌谈语。岁余，像孙叔敖，楚王及左右不能别也。庄王置酒，优孟前为寿，庄王大惊，以为孙叔敖复生也，欲以为相。”[①] 优孟的表演可以说是后世戏剧的萌芽了。优人是春秋时代礼乐体制中的掌“乐”的乐师、伶人之外的见于史载的乐舞人员，他们身份与乐师不一样，是纯粹的娱乐性人员。

战国以后，乐人、优人、伶人等这些称呼渐混同，往往统称为“乐”。西汉司马迁在记述优孟时便称其为“故楚之乐人也”。一些新的乐舞类别也随着娱乐世俗化的演进而出现，如倡、俳之称开始见于史籍。倡和俳，《说文解字》分别释为“乐也”，“戏也”。倡大概以歌唱为主，《史记·乐书》：“《清庙》之歌，一倡而三叹。”汉郑玄注曰：“倡，发歌句者。三叹，三人从叹。”[②] 俳据三国吴韦昭注《国语》之优曰：“优，俳也。”[③] 唐人颜师古为《急就篇》作注时认为：“优，戏人也。俳，谓优之亵狎者也。”[④] 倡、俳、优所从事的表演可能有所不同，但不管是歌、舞或戏，都应该是以娱乐性为主，讲求的是在宴饮过程增进欢乐的气氛，故倡俳、倡优、俳优常连称，并且在进行这类乐戏活动时，音乐也是必不可少的，所以他们也往往被归入乐，混称为乐人。

如果说在春秋时期尚且在形式上保留着西周以来的礼乐仪式，进入战国时代则连这些形式也抛弃了。正如顾炎武论周末风俗时所言：“春秋时，犹宴会赋诗，而七国则不闻矣。”这是一个“邦无定交，士无定主”的时代，[⑤] 各国竞相招贤纳才，甚至鸡鸣狗盗之辈也在罗致之列。社会人员自由流动度增大，乐人作为一种技艺人也是四处周游，他们的身

① 《史记》卷一二六《滑稽列传》，中华书局 1959 年版，第 3200 页。
② 《史记》卷二三《礼书》，中华书局 1959 年版，第 1169—1170 页。
③ （清）徐元诰撰，王树民、沈长云点校：《国语集解》卷七《晋语一》，中华书局 2002 年版，第 259 页。
④ （汉）史游：《急就篇》卷三，岳麓书社 1989 年版，第 199 页。
⑤ （清）顾炎武撰，秦克诚点校：《日知录集释》卷一三《周末风俗》，岳麓书社 1994 年版，第 467 页。

份属于士的阶层。[1] 各国王宫除了收纳倡优、俳优等乐舞人员外，也招致了各类乐器的音乐演奏乐人。“滥竽充数”便是与此有关的一个寓言。“齐宣王使人吹竽，必三百人。南郭处士请为王吹竽，宣王说之，廪食以数百人。宣王死，愍王立，好一一听之，处士逃。”[2] 齐宣王听竽喜欢合奏，南郭处士不会吹竽，为混饭吃，就去对宣王说他很会吹竽，宣王便留下了他，廪食的数百人大概也如南郭处士那样招来。继位的愍王却喜欢听独奏，南郭处士混不下了只好逃走。这则寓言充分说明了战国时代各国政府下的各种音乐人员都是从民间招致，他们对各政府并没有强制性的依附关系。有时候，擅长某种乐器还可以成为进见各国君主的优先条件，如齐国的邹忌最初便是以善鼓琴去见齐威王的，《史记·田敬仲完世家》载：“驺忌子以鼓琴见威王，威王说而舍之右室。”驺忌在《六国年表》中作邹忌，“邹忌以鼓琴见威王”。另《齐悼惠王世家》云：“魏勃父以善鼓琴见秦皇帝。”[3] 乐人作为一种技艺人，决定了他们必须有所依附才能生存，他们依附各国的宫廷及贵族，奔走于各国的都邑以求进用。

战国时期各国所招徕的各类乐人，官府是如何管理，是否有专门机构，史籍缺载，难以究知。但按常理推论，这些乐人是依靠官府发给廪食而生活，所以官府对这些人员应该有专门的官员负责，并登记名籍，以便管理。

第二节　秦汉时的官府乐人

秦汉时期，虽然先秦时代的礼乐体制已不可复制，但统一的帝国体制中仍须有一定的国家礼仪制度，所以国家机构中仍设有负责礼乐的部门，“奉常，秦官，掌宗庙礼仪，有丞。景帝中六年更名太常。属

① 吕文郁：《春秋战国文化史》，东方出版中心 2007 年版，第 232 页。

② （清）王先慎撰，钟哲点校：《韩非子集解》卷九《内储说下·术第三十》，中华书局 1998 年版，第 232 页。

③ 《史记》卷四六《田敬仲完世家》、卷一五《六国年表》、卷五二《齐悼惠王世家》，中华书局 1959 年版，第 1889、721、2004 页。

官有太乐、太祝、太宰、太史、太卜、太医六令丞，又均官、都水两长丞”①。秦设奉常作为掌管礼乐的机构，汉景帝时更名为太常后，便一直为后世所沿袭，其属官中的太乐职掌音乐及乐人，《汉书·律历志》载宫商角徵羽“职在太乐”②。《后汉书》载太乐令“掌伎乐。凡国祭祀，掌请奏乐，及大飨用乐，掌其陈序”③。太乐令的职责与重要性与《周礼》所载大司乐“掌成均之法，以治建国之学政”已相去甚远。按制度规定，太乐正乐置员三百八十八人，“案前汉编户千万，太乐伶官方八百二十九人，孔光等奏罢不合经法者四百四十一人，正乐定员，唯置三百八十八人”④。这些太乐乐人具体人数如下：

郊祭乐人员六十二人，给祠南北郊。大乐鼓员六人，《嘉至》鼓员十人，邯郸鼓员二人，骑吹鼓员三人，江南鼓员二人，淮南鼓员四人，巴俞鼓员三十六人，歌鼓员二十四人，楚严鼓员一人，梁皇鼓员四人，临淮鼓员三十五人，兹邡鼓员三人，凡鼓十二，员百二十八人，朝贺置酒陈殿下，应古兵法。外郊祭员十三人，诸族乐人兼《云招》给祠南郊用六十七人，兼给事雅乐用四人，夜诵员五人，刚、别柎员二人，给《盛德》主调篪员二人，听工以律知日冬夏至一人，钟工、磬工、箫工员各一人，仆射二人主领诸乐人，皆不可罢。竽工员三人，一人可罢。琴工员五人，三人可罢。柱工员二人，一人可罢。绳弦工员六人，四人可罢。郑四会员六十二人，一人给事雅乐，六十一人可罢。张瑟员八人，七人可罢。《安世乐》鼓员二十人，十九人可罢。沛吹鼓员十二人，族歌鼓员二十七人，陈吹鼓员十三人，商乐鼓员十四人，东海鼓员十六人，长乐鼓员十三人，缦乐鼓员十三人，凡鼓八，员百二十八人，朝贺置酒，陈前殿房中，不应经法。治竽员五人，楚鼓员六人，常从倡三十人，常从象人四人，诏随常从倡十六人，秦倡员二十九

---

① 《汉书》卷一九上《百官公卿表》，中华书局 1962 年版，第 726 页。
② 《汉书》卷二一上《律历志上》，中华书局 1962 年版，第 965 页。
③ 《后汉书》卷一一五《百官志二》，中华书局 1965 年版，第 3573 页。
④ 《南齐书》卷二八《崔祖思传》，中华书局 1972 年版，第 519 页。

> 人，秦倡象人员三人，诏随秦倡一人，雅大人员九人，朝贺置酒为乐。楚四会员十七人，巴四会员十二人，铫四会员十二人，齐四会员十九人，蔡讴员三人，齐讴员六人，竽瑟钟磬员五人，皆郑声，可罢。师学百四十二人，其七十二人给大官挏马酒，其七十人可罢。大凡八百二十九人，其三百八十八人不可罢，可领属大乐，其四百四十一人不应经法，或郑卫之声，皆可罢。①

这是西汉哀帝时太乐属下的乐人员数，因哀帝不好音，所以才由孔光等人奏请裁减。从罗列出的太乐所领属各类乐人，有江南鼓员、淮南鼓员、巴俞鼓员、临淮鼓员等，他们应是从各地征召而来，归属太乐管理，由朝廷发给廪食。虽然常有官员提出裁减乐人数量，但实际上西汉时在官府里服务的音乐工作人员一直很多，据西汉桓谭《新论·离事》，其在成帝时为乐府令期间，“昔余在孝成帝时，为乐府令，凡所典领倡优伎乐，盖有千人之多也”②。乐府是汉武帝时于太乐之外兴设的音乐机构，以当时民间音乐及新声乐曲为主。此谓倡优伎乐也表明其所典领与太乐所管属之鼓员和各类乐器演奏人员有所不同。倡优伎乐主要以娱乐为主，太乐属礼乐机构，祭祀及典礼用乐讲求的是庄严肃穆，虽然实际上为迎合君主的喜好，太乐乐人也有些属于娱乐性质的人员，即所谓“不应经法，或郑卫之声”。乐府所典倡优伎乐乐人有千人之多，比太乐所管之乐人还要多，说明官府属下之乐人甚为兴盛活跃。除此之外，尚有一类黄门鼓吹的鼓吹乐人，《汉官仪》曰 :“黄门鼓吹百四十五人。”③崔豹《古今注》曰 :“汉乐有黄门鼓吹，天子所以宴乐群臣也。”④

汉代如此众多的官府乐人具有一种什么样的身份呢？汉代在举行祭祀仪式时仍比较注重参加者的身份地位，尚且保留了些许先秦时代礼乐制度中祭祀之舞用国之胄子的上古遗意。唐《通典》载 :“昔唐虞讫三代，舞用国子，欲其早习于道也，乐用瞽师，谓其专一也。汉魏以来，

---

① 《汉书》卷二二《礼乐志第二》，中华书局 1962 年版，第 1073—1074 页。

② （唐）虞世南 :《北堂书钞》卷五五，台北文海出版社 1975 年版，第 225 页。

③ 《后汉书》卷五《孝安帝纪》，中华书局 1965 年版，第 208 页。

④ （宋）郭茂倩编 :《乐府诗集》卷一六《鼓吹曲辞》，中华书局 1979 年版，第 224 页。

皆以国之贱隶为之，唯雅舞尚选用良家子。”①《通典》的记载是比较含糊的，太乐里的乐人舞人用国之贱隶在魏以后可能是实情，但在汉却未必。《后汉书·百官志》引卢植《礼注》曰：“太予令如古大胥，汉大乐律，卑者之子不得舞宗庙之酎，除吏二千石到六百石及关内侯到五大夫子，取适子高五尺已上，年十二到三十，颜色和，身体修治者，以为舞人。”②这里对舞人的人选做了较为详细的规定，只有爵位为五大夫或官吏六百石以上的子弟方可入选，并对身高、年龄及容貌都有所规定。卑者指的是身份卑微之人，并非确指没有人身自由的贱隶。

至于太乐及乐府领属的各类乐人，虽然不是选自五大夫以上之子弟，但也不全是贱隶之人，虽然他们所从事的职业在儒家士人观点里是低贱的，但这些乐舞人员在法律上身份并非贱民之类，他们都是从各地编户齐民中召集而来。《汉书·宣帝本纪》：“本始四年正月诏‘……乐府减乐人，使归就农业’。”③在重农抑末思想主导下，乐人是属于不事生产的末业，所以宣帝要求裁减官府中的乐人，让他们回归农业生产。官府里的乐人罢归后有田地可耕种，说明他们原本就是从民间征召来的，当统治者需要时就大量征召，不需要时便遣归。至于这些已习得乐舞一技之长的乐人被遣归后是否还会再从事农业生产那就另当别论了。《后汉书·孝安帝纪》载：“永初元年，诏太仆、少府减黄门鼓吹，以补羽林士。”④羽林士最初是由军队中战死之士的子孙组成，《汉官仪》曰：“武帝太初元年初置建章营骑，后更名羽林。以天有羽林之星，故取名焉。又取从军死事之子孙养羽林官，教以五兵，号曰羽林孤儿。光武中兴，以征伐之士劳苦者为之，故曰羽林士。”⑤从羽林士的组成看，他们与一般的军队有所不同，应该较为优待。减省后的黄门鼓吹乐人补充羽林士，大概是因为这些鼓吹可以充作军队中的鼓吹，同时也说明他们身份相类。

据此，汉代官府音乐机构太乐及其他官司领属下的乐人应具有自由

---

① （唐）杜佑：《通典》卷一四六《清乐》，中华书局 1988 年版，第 3718 页。
② 《后汉书》卷一一五《百官二》，中华书局 1965 年版，第 3573 页。
③ 《汉书》卷八《宣帝纪》，中华书局 1962 年版，第 245 页。
④ 《后汉书》卷五《孝安帝纪》，中华书局 1965 年版，第 208 页。
⑤ 《后汉书》卷六《孝顺帝纪》，中华书局 1965 年版，第 250 页。

民身份，他们并不是贱隶。贱隶是魏晋以后才出现的名词，一般是指失去人身自由，隶属于他人之人，唐初李大亮所说的一番话可大致解释贱隶之义。“（李）大亮率兵进援，击贼破之。以功赐奴婢百人。大亮谓曰：‘汝辈多衣冠子女，破亡至此，吾亦何忍以汝为贱隶乎？’一皆放遣。”[①]依属于官府的各类乐伎的生活依靠官府发给的廪食，所以官府相关机构对这些人员也必定登记名籍，以便管理，但这种名籍应该没有成为一种专门的户籍。汉代的户籍种类中，也并没有将乐伎列为特殊的户籍。“汉代的户籍可以分为三类，除了一般的编户齐民以外，还包括享有特权的宗室属籍、官籍，以及被贬去公民地位的户籍，如七科嫡籍等等不同户种。”[②]这些被贬去公民地位的户种中并没有乐人在内。秦汉的社会阶级结构分层中有三层，一是皇家贵族、诸侯王、列侯；二是编户齐民；三是奴隶。[③]其中以编户齐民占人口的最多数，依属官府的各类乐伎人员便是属于编户齐民一类。

两汉时期，虽然礼乐机构所设伎乐是为祭祀及各类仪式用乐服务，实际上，为服务于宫廷的娱乐，也征召许多礼仪用乐之外的“不应经法，或郑卫之声”的乐伎。甚至在礼乐机构之外另设一专门负责娱乐性音乐的新机构——乐府。究其原因，自战国以来，为满足耳目声色之欲，社会上层逐渐形成追求世俗娱乐生活的风气，这自然激发对各类乐伎的需求。由此而刺激社会下层民众去从事乐舞杂艺，因为如果习得好的乐舞技艺，通过在上层社会的演出，往往会得到较高的物质回报。如汉成帝时“是时，郑声尤甚。黄门名倡丙强、景武之属富显于世”[④]。倡即乐人，是乐伎中的一类，黄门丙强、景武得以富显于世，显然是因为是诸倡中的佼佼者，技艺出众，因而得到君主及贵戚们的恩宠及赏赐。正因为作为乐人倡优要比从事农业生产的回报要高，所以在一些地方还形成民众多热衷于从事乐舞的风气，如中山“多美物，为倡优。女子则鼓鸣瑟，跕屣，游媚贵富，入后宫，遍诸侯”[⑤]。有些则形成世代以倡乐

---

① 《旧唐书》卷六二《李大亮传》，中华书局 1975 年版，第 2387 页。

② 王威海：《中国户籍制度——历史与政治的分析》，上海文化出版社 2006 年版，第 63 页。

③ 何兹全：《中国古代社会》，北京师范大学出版社 2001 年版，第 1617 页。

④ 《汉书》卷二二《礼乐志第二》，中华书局 1962 年版，第 1072 页。

⑤ 《史记》卷一二九《货殖列传》，中华书局 1959 年版，第 3263 页。

为职业的家庭。“李延年，中山人也。父母及身兄弟及女，皆故倡也。”[①]地方上众多的歌工乐人便是官府乐人的主要来源，当然，太乐等官府机构属下的乐人从民间征集并不排除宫廷中存在着一批奴隶身份的乐人，尤其是女性乐伎。官府乐人虽在法律上是属于自由民，但其本身的职业特点使他们已脱离了生产性的劳动，这便决定了他们必须依附于官府或其他的权势之门才能生存下去。西汉末“有故祠甘泉乐人，尚共击鼓歌舞，衣服鲜明，（甘泉官有祭祠之所。乐人谓掌祭天之乐者也。）见盆子叩头言饥。盆子使中黄门禀之米，人数斗。后盆子去，皆饿死不出”[②]。

第三节　魏晋南北朝时期的官府乐人及“乐户”的出现

“乐户”一词始见于北魏，高敏先生认为乐户是杂户的一种，“‘杂户’的内涵比较广泛，其类别较多，诸如隶户、细茧户……工户、乐户、营户、军户等”。而作为“杂户”之一的“乐户”则可溯源至汉末三国时期，因为秦汉时期并不存在这些名称。[③]本节拟对“乐户”制度的形成及其演变做一考察。

一、魏晋南朝的官府乐伎户

东汉末年，董卓乱后，京城洛阳成为一片废墟，社会动荡不宁，北方处于各军事势力为争夺人口和土地而混战的局面。战争使当时社会人口急剧减少，诗人笔下“千里无鸡鸣，白骨露于野”正是这一时期社会悲惨景象的描述。京都中央官府乐署里的乐人则是“众乐沦缺”，他们有的死于乱军之中，侥幸逃得性命的也随着当时的流民之潮四散逃亡。音乐艺人是一种服务性质的职业，往往是利用自身的技艺取悦于人而获得钱物。在两汉社会他们既可为官府征召隶属于相关音乐机构，也可游

---

① 《史记》卷一二五《佞幸列传第六五》，中华书局 1959 年版，第 3195 页。
② 《后汉书》卷一一《刘玄刘盆子列传第一》，中华书局 1965 年版，第 482 页。
③ 高敏：《魏晋南北朝经济史》（下），上海人民出版社 1996 年版，第 691、693 页。

走于豪门富家，所谓“鼓鸣瑟，跕屣，游媚贵富”。在汉末的战争环境里，这些四散的音乐艺人则往往依附投靠于地方的各种军事势力或豪门大族以得到庇身之处。当时著名的音乐人杜夔“以知音为雅乐郎，中平五年，疾去官。州郡司徒礼辟，以世乱奔荆州”[①]。《宋书•乐志》也记载了汉灵帝时的一名叫李坚的鼓吹乐人在战乱中依附地方军将。“曹植《鞞舞哥序》曰：‘汉灵帝西园鼓吹有李坚者，能鞞舞，遭乱，西随段煨。’”[②] 当时像杜夔、李坚这样往依各政治、军事势力的乐人当不在少数，他们当中技艺高者可能得到较高待遇，技艺一般则可能纳入军队编制，成为鼓吹。

鼓吹指军队里的军乐队。“鼓吹，盖短箫铙哥。蔡邕曰：‘军乐也，黄帝岐伯所作，以扬德建武，劝士讽敌也。’”[③] 鼓吹自汉以来除平时宴乐外，也作为帝王出行仪仗的一部分。“按《西京杂记》，‘汉大驾祠甘泉、汾阴，备千乘万骑，有黄门前后部鼓吹’。则不独列于殿庭者名鼓吹也。”[④] 后来有功之臣也可享受这一待遇。“（汉桓帝）元嘉二年，又加冀礼仪。大将军朝……增掾属、舍人、令史、官骑、鼓吹各十人。”“诏书以州边远，使持节，并七郡皆授鼓吹，以重威镇。”[⑤] 汉末鼓吹渐演变成军队中不可或缺的一部分，“（孙策）自与周瑜率二万人步袭皖城，即克之，得（袁）术百工及鼓吹部曲三万余人”[⑥]。鼓吹与百工、部曲分列，孙策虏获这些人后也会用同样的方法管理。表明这时在各军事集团已将随军的鼓吹乐人用军事方式控制起来，并单独立籍以与其他的技艺人“百工”和一般的士兵区别开。各军事集团之所以用军事方式控制鼓吹乐人，是因为乐人对于各军事集团来说不可或缺。鼓吹除了原来充当军将的仪仗队外，在战斗时则是一支能鼓舞士气的军乐队，“（甘）宁引

① 《三国志》卷二九《魏书•杜夔传》，中华书局 1959 年版，第 806 页。

② 《宋书》卷一九《乐志一》，中华书局 1974 年版，第 551 页；《晋书》卷二三《乐志下》，中华书局 1974 年版，第 710 页。

③ 《宋书》卷一九《乐志一》，中华书局 1974 年版，第 558 页。

④ （宋）郭茂倩编：《乐府诗集》卷一六《鼓吹曲辞》，中华书局 1979 年版，第 224 页。

⑤ 《后汉书》卷一一四《百官一》注引《梁冀别传》、卷一一三《郡国五》注引王范《交广春秋》，中华书局 1965 年版，第 3564、3533 页。

⑥ 《三国志》卷四六《吴书•孙破虏讨逆传第一》引《江表传》，中华书局 1959 年版，第 1108 页。

弓射敌，与统等死战。宁厉声问鼓吹何以不作，壮气毅然”[①]。而在非战时间则是将领们娱乐的乐队。

鼓吹与部曲并列，说明他们的身份与部曲相同，是军队的编制。部曲亦相当于士兵，而三国时期士兵身份是低贱的，人身不自由，终身为统治者服务，并且世代相袭。另一条记载则非常清楚地表明了曹魏时鼓吹身份和士卒相同，《三国志·魏书》卷二四《高柔传》载："鼓吹宋金等在合肥亡逃，旧法，军征士亡，考竟其妻子。太祖患犹不息，更重其刑，金有妻母及二弟皆给官，主者奏尽杀之。"[②] 材料中直接指明鼓吹为兵士，他们和当时的士家一样身份是极不自由的，如果企图脱逃，其亲属也要被诛杀。表明鼓吹乐人和兵士、百工伎作等一样开始了身份卑微化的历程。从前面所举鼓吹的例子看，曹魏这种对鼓吹的管理办法在当时应具有普遍性，高敏先生认为这时的鼓吹便是后来乐户的前身。[③]

随军鼓吹如兵士的管理方法，而原来在国家音乐管理机构里作乐的乐人的情况是如何呢？三国时期，各政权会不同程度重建政府的各种机构，负责祭祀工作的太常及其属下的太乐也得到重设，并多方搜访懂得前代乐舞的音乐人才。前面所提到的李坚因为是汉灵帝时西园鼓吹被曹操征召。"先帝闻其旧有技，召之。"[④] 在击败对手后获取乐人也是重要途径，曾避战乱到荆州的杜夔在曹操平荆州后为曹操所得，《杜夔传》载："后（刘）表子琮降太祖，太祖以夔为军谋祭酒，参太乐事，因令创制雅乐。"[⑤] 同一传中还提到当时曹魏知名的乐舞人。"时散郎邓静、尹齐善咏雅乐，歌师尹胡能歌宗庙郊礼之曲，舞师冯肃、服养晓知先代诸舞，夔总统研精。"可见曹魏政权掌握着一批乐伎。从这些人被称为散郎、歌师、舞师看他们还不是身份低贱之人，当时师从杜夔学习声乐的人不少，其中杰出者还升至太乐丞、司律中郎将。"弟子河南邵登、张泰、桑馥，各至太乐丞，下邳陈颃司律中郎将。"[⑥] 从这些简略的记载

---

① 《三国志》卷五五《吴书·甘宁传》，中华书局 1959 年版，第 1295 页。
② 《三国志》卷二四《魏书·高柔传》，中华书局 1959 年版，第 684 页。
③ 高敏：《魏晋南北朝经济史》（下），上海人民出版社 1996 年版，第 693 页。
④ 《宋书》卷一九《乐志一》，中华书局 1974 年版，第 551 页。
⑤ 《三国志》卷二九《魏书·杜夔传》，中华书局 1959 年版，第 806 页。
⑥ 《三国志》卷二九《魏书·杜夔传》，中华书局 1959 年版，第 807 页。

来看，此时似乎并没有规定家传其业。

孙吴和刘蜀政权之下也应该有相关的音乐机构以掌握一批乐伎。“又韦昭孙休世上《鼓吹铙哥》十二曲表曰：‘当付乐官善哥者习哥。’”孙皓时“倡伎昼夜不息”[①]。刘蜀政权虽没有直接的记载，但从其他的材料推测也是如此：“晋文与刘禅宴，为之作蜀伎乐。”[②]这里的蜀伎乐应该便是原来蜀政权管辖下伎乐，蜀亡后而为晋所得。

从上文简单的记载中还看不出三国时太常机构对乐人的管理方法，可能与军队里鼓吹的军事管理方式仍有所不同。但随着太常鼓吹署的设置，战争期间各政权控制的鼓吹便可能转入鼓吹署。鼓吹署的设置是否始于曹魏，史籍未明确记载。东汉有黄门鼓吹，曹魏虽未必再设，但三国时期国家需要鼓吹，一方面是用于祭祀和仪仗，另一方面也要给予有功将领，这多见于载籍。“皆假节鼓吹，给中军兵骑六百人。”“将其部众降，拜归义王，赐幢麾、曲盖、鼓吹。”“诏赐（诸葛）亮金鈇钺一具，曲盖一，前后羽葆鼓吹各一部。”“乃增给步骑鼓吹。”[③]国家控制的鼓吹乐人数量必不是少数，他们身份属于兵士。西晋时太常之下有鼓吹署。“泰始九年……律成，遂班下太常，使太乐、总章、鼓吹、清商施用。”[④]清商曹魏时已置[⑤]，想来鼓吹署也应是晋承曹魏的了。其管理方法很可能移植军队中鼓吹的管理方法，因为军队中的鼓吹实际上便是由官府给予带兵将领的，这已见前述。除鼓吹署外，太常属下与之并行的乐署还有太乐、总章、清商，这几个乐署中的乐人即使不照搬鼓吹的管理方法也必定会受其影响。因为汉末以来的趋势是许多人口流入私门，私人蓄伎更是自汉以来就很盛行。官府为保证乐伎队伍的数量和稳定，必然采取严格措施控制音乐机构中的乐伎，以便其随时为官府服务。军队对鼓吹单独立籍，身份世袭的管理方式便是一种现成的模式。

---

① 《宋书》卷一九《乐志一》，中华书局 1974 年版，第 541 页。

② （宋）李昉等编：《太平御览》卷五六八引《汉晋阳秋》，中华书局 1960 年版，第 2570 页。

③ 《三国志》卷二《魏书·文帝纪》引《魏略》、卷三〇《魏书·鲜卑传》、卷三五《蜀书·诸葛亮传》、卷五四《吴书·吕蒙传》引《江表传》，中华书局 1959 年版，第 85、836、920、1280 页。

④ 《晋书》卷二二《乐上》，中华书局 1974 年版，第 692 页。

⑤ 《三国志》卷四《齐王芳纪》引《魏书》有清商令令狐景、清商丞庞熙，中华书局 1959 年版，第 128 页。

汉末魏晋后不仅对官府乐人的管理有了变化，在观念上也显示出对乐人贱视的现象。曹操以祢衡为鼓史是为了侮辱他，《三国志》载：

> 太祖闻其名，图欲辱之，乃录为鼓史。后至八月朝，大宴，宾客并会。时鼓史击鼓过，皆当脱其故服，易着新衣。次衡，衡击为渔阳参挝，容态不常，音节殊妙。坐上宾客听之，莫不慷慨。过不易衣，吏呵之，衡乃当太祖前，以次脱衣，裸身而立，徐徐乃着裈帽毕，复击鼓参挝，而颜色不怍。太祖大笑，告四坐曰："本欲辱衡，衡反辱孤。"①

在这则叙述里，表达了祢衡的机智，使曹操辱其不成反受其辱，但又表明一个事实，那就是以士人为鼓史于宴会中当庭作乐是对其的一种污辱。这固然是士族大夫士庶观念的表现，也说明像鼓史这样的乐手对士人来说身份是卑贱的，虽然其充当者身份是平民，但观念上已开始卑微化了。这段故事常被后世引为鉴戒。另魏文帝时"尝令（杜）夔与左等于宾客之中吹笙鼓琴，夔有难色，由是帝意不悦"②。夔当时为太乐令，所善者为雅乐，因为于宴会上吹笙鼓琴是有辱身份的事，所以才会有难色。从文帝方面来说，虽然太乐所掌为雅乐，而雅乐则不能随便演奏，但在文帝眼里雅、俗已无区分，同样可用于宴饮之会。这种以作乐为耻的观念，为后世所沿袭，西晋嵇绍曾说过"岂可操执丝竹，以为伶人之事"③的话。东晋戴逵善鼓琴，太宰、武陵王晞听说后，"使人召之，逵对使者破琴曰：'戴安道不为王门伶人。'"④

虽然魏晋时官府乐伎身份已有下落趋势，但此时国家礼乐机构太常属下的乐伎可能与军队中鼓吹的军事式管理方式尚有所区别，《太平广记》卷三一八"桓回"条引《异苑》："并州祭酒桓回，以刘聪建元二年，于途遇一老父。问之云：'有乐工成凭，今何职？我与其人有旧，

---

① 《三国志》卷一〇《魏书·荀彧传》引张衡《文士传》，中华书局1959年版，第311页。
② 《三国志》卷二九《魏书·杜夔传》，中华书局1959年版，第806页。
③ 《晋书》卷八九《忠义传·嵇绍传》，中华书局1974年版，第2300页。
④ 《晋书》卷九四《隐逸传·戴逵传》，中华书局1974年版，第2457页。

为致清谈，得察孝廉。君若相见，令知消息。’回问姓字，曰：‘我吴郡麻子轩也。’言毕而失。回见凭，具宣其意，凭叹曰：‘昔有此人，计去世近五十年。’中郎荀彦舒闻之，为造祝文，令凭设酒饭，祀于通衢之上。”[①]这是神鬼故事，内容当然不可信，但故事所依托的人物及官职却可能是现实的反映。如故事中提到的荀彦舒《晋书》中有载，是晋荀勖的孙子。“勖有十子，其达者辑、藩、组。……辑子绰。绰字彦舒，博学有才能……永嘉末，为司空从事中郎，没于石勒，为勒参军。”[②]作为乐工的成凭能为他人“为致清谈”，使之“得察孝廉”，而乐工本人亦有可能担任官职，所反映的应该是西晋时期的现实。这似乎表明在礼乐机构的官府乐人的地位可能还没有沦落至如军队中士家那样低下。

现存史籍没有明确记载曹魏时太常乐伎的管理方法，但通过一些零星记载可以分析出在西晋时太常乐伎确实是另立户籍，与一般百姓分开管理，而这种方法有可能是由曹魏沿袭下来。《晋书·乐志下》载：“永嘉之乱，海内分崩，伶官乐器，皆没于刘、石。……而王猛平邺，慕容氏所得乐声又入关右。太元中，破苻坚，又获其乐工杨蜀等。”同书《慕容超载记》：“又太乐诸伎皆是前世伶人。”[③]太乐中的乐伎、乐人被集中俘虏，说明他们在平时是集中管理，另外注籍与一般百姓有所区别。另《晋书·刘弘传》载：“时总章太乐伶人，避乱多至荆州，或劝可作乐者。弘曰：‘……虽有家伎，犹不宜听，况御乐哉。’乃下郡县，使安慰之，须朝廷旋返，送还本署。”[④]乃下郡县是因为战乱，朝廷播迁，表明这些太乐伶人簿籍与一般的百姓显然不同，由太常管理。他们被安置到郡县，显然也是特加注明其为太乐乐人，因为一旦政局稳定，他们仍要送回原来所属的音乐机构——太乐。

乐伎在战争中被当作俘获物，身份地位更趋于低下，日渐成为贱隶。《太平广记》有一则故事记述南朝宋元嘉时一位太常乐伎在临死前

---

① （宋）李昉等编：《太平广记》卷三一八《鬼三》“恒回”条引《异苑》，中华书局 1961 年版，第 2515 页。

② 《晋书》卷三九《荀勖传》，中华书局 1974 年版，第 1158 页。

③ 《晋书》卷二二《乐志下》、卷一二八《慕容超载记》，中华书局 1974 年版，第 697、3178 页。

④ 《晋书》卷六六《刘弘传》，中华书局 1974 年版，第 1766 页。

说“我虽贱隶，少怀慕善，未曾为非”[①]。故事虽带有神怪色彩，但多少也能反映当时的一些社会现象。

在管理方式上南朝上承两晋，承晋的南朝在文物制度上没有太大的改变，对于乐伎的管理也应如此。然而这也只能从《隋书·音乐志》零星记载中分析："周并齐，隋并陈，各得其乐工，多为编户。至（大业）六年，帝乃大括魏、齐、周、陈乐人子弟，悉配太常，并于关中为坊置之。"[②]志中说灭陈后乐工多为编户，这是因为隋文帝不喜欢音乐，故不采用，乐工才成为编户，但同时也说明原先不是编户，另有户籍。从乐人子弟句意分析，这些乐人家庭职业世袭，而且音乐这种技艺本来就容易形成家传其业的传统。另外乐人也被称为“乐工”，从这一称呼来看乐人是被当作与百工同类的人。而百工身份是卑微并世袭的，“百工的卑微身份包括了他们的家属在内，暗示着世袭的不可移动的户籍”[③]。由以上分析可以得出，在魏晋南朝，虽然没有“乐户”之称，但国家乐署机构中的乐人被另外注籍，职业世袭，对国家有极强的人身依附，逐渐成为和兵户、百工户同类的国家控制下的特殊依附民。他们既不同于奴婢也不同于编户齐民，身份低贱，人身为半自由，属于“贱隶”。《南齐书·王诩传》记载了王诩因畜女妓而被免官禁锢。“晏弟诩，永明中为少府卿。六年，敕位未登黄门郎，不得畜女妓。诩与射身校尉阴玄智坐畜妓免官，禁锢十年。”[④]说的虽然是女性伎人，但也从一个侧面反映了南朝政府对伎乐人的严格控制。

二、魏晋南朝官府乐伎的来源

魏晋南朝国家太常乐伎的来源有三，一是前代的世袭乐伎户。魏晋南朝政权虽更换频繁却是相承的，前朝的乐伎当然也为后继者所有。即使在战争环境里，众乐沦缺，国家对祭典所需乐伎的搜访也非常注重，

---

① （宋）李昉等编：《太平广记》卷一一九《报应》“太乐伎”条《引还冤记》，中华书局1961年版，第835页。
② 《隋书》卷一五《音乐志下》，中华书局1973年版，第373—374页。
③ 唐长孺：《魏晋南北朝史论丛》，河北教育出版社2000年版，第480页。
④ 《南齐书》卷四二《王诩传》，中华书局1972年版，第744页。

前举曹魏时对汉雅乐的征召便是如此。西晋永嘉之乱，太常伶人乐器沦丧，据《晋书·乐志》载："永嘉之乱，海内分崩，伶官乐器，皆没于刘石。"能逃到江东的太常乐人只有少数，所以东晋政府只好"以无雅器乐及伶人，省太乐并鼓吹令"。但随后得到以前的一些声乐，"是后颇得登歌、食举之乐"，咸和中成帝又复设太乐，并搜集前代乐伎，"咸和中，成帝乃复置太乐官，鸠集遗逸"。[1] 咸和距离永嘉已近二十年，所得遗逸应包括前朝乐人的子弟。

二是战争中俘虏敌方的乐工。北方在永嘉乱后一直处于战乱之中，没入刘石的原西晋太常乐人也在混战中分散于各政权中，东晋南朝政权也在与北方战争中虏获不少乐工。"及慕容儁平冉闵，兵戈之际，而邺下乐人亦颇有来者。……王猛平邺，慕容氏所得乐声又入关右。太元中，破苻坚，又获其乐工杨蜀等，闲习旧乐。"[2] 东晋桓石民"获关中担幢伎，以充太乐"[3]。梁末，"王僧辩破侯景，诸乐并送荆州"[4]。

三是从民间征召。前两个来源指的主要是通雅乐的乐伎，雅乐之外的俗乐如新声百戏，更多是从民间得来。雅乐承袭前朝雅音，一般不为民间所晓，只存于国家的太常机构，或仅有少数善晓音律的士人习得，故一旦乐人散失，虽有乐曲也无人通晓，"今既散亡，音韵曲折，又无识者，则于今难以意言"[5]。民间的俗乐新声百戏则非常活跃，太常俗乐百戏伎人应更多来自民间。尤其东晋南朝偏安一隅，社会相对来说比较安定，东晋初乐伎短少的现象只是暂时的，上层社会很快沉溺于歌舞燕乐之中，上至君王"优杂子女，荡悦淫忌，充庭广奏，则以鱼龙靡漫为环玮，会同享觐，则以吴趋楚舞为妖妍，丝罗雾谷侈其衣，疏金镂玉砥其器"。下则是"王侯将相，歌伎镇室，鸿商富贾，舞女成群"。[6] 上层社会宴饮时所需歌舞人大部分来自民间，民间以音乐歌舞为业的乐人通

① 《晋书》卷二三《乐志下》，中华书局 1974 年版，第 697 页。
② 《晋书》卷二三《乐志下》，中华书局 1974 年版，第 698 页。
③ 《晋书》卷七四《桓石民传》，中华书局 1974 年版，第 1946 页。
④ 《隋书》卷一三《音乐志上》，中华书局 1973 年版，第 304 页。
⑤ 《宋书》卷一九《乐志一》，中华书局 1974 年版，第 540 页。
⑥ （宋）李昉等编：《太平御览》卷五六九《乐部七》引裴子野《宋略》，中华书局 1960 年版，第 2574 页。

常被称为倡，“倡，乐也，从人，昌声”①。与当时社会需求相适应，南朝时期还形成了专门培训歌舞人的基地。“湖州德清县南前溪村，则南朝习乐之处。今尚有数百家习音乐，江南声妓，多自此出，所谓舞出前溪者也。”②民间乐人主要是为王侯将相、鸿商富贾服务，当国家需要时，便须附于官府以服役，《晋书·乐志下》：“成帝乃置太乐官，鸠集遗逸……永和十一年，谢尚镇寿阳，于是采拾乐人，以备太乐。”③“经乱，工器颇阙，元帝诏有司补缀才备。”④“鸠集遗逸”、“采拾乐人”指的主要是雅乐，除了前朝太乐伎，应当也包括民间知晓雅乐的乐人。太乐里的俗乐百戏很多，“今户口不能百万，而太乐雅、郑，元徽时校试千有余人，后堂杂伎，不在其数”⑤。郑指郑卫之音，是与雅相对的俗乐新声。东晋“安德陈太后讳归女，松滋浔阳人也。父广，以倡进，仕至平昌太守。后以美色能歌弹，入宫为淑媛，生安、恭二帝”⑥。陈太后的父亲陈广原来便是名乐人，可能因为技艺出众，被官府征召，其女因生得美且善歌舞得入宫，他也仕至太守。陈广以倡的身份仕至太守这样的高官当然只是特殊的例子，其他被征召至官府服役的倡优恐怕就没有这么幸运了，他们一旦成为太常乐伎，便难以摆脱这种依附性很强的国家依附民身份，即使一时放遣，也会随时复召，如东晋成帝时因顾臻上书而曾罢去一些带有危险性的杂技节目，但后来又复置，“于是除高絙、紫鹿、跂行、鳖食及齐王卷衣、笮儿等乐。又减其禀。其后复高絙、紫鹿焉”⑦。南朝以来更是“抚弦命管，良家不被蠲”，只能在新的统治者上台后为收取民心而实行宽民政策时才会被放免，梁武帝天监元年（502）“凡后宫乐府、西解暴室，诸如此例，一皆放遣。若衰老不能自存，官给廪食”⑧。

---

① （汉）许慎撰，（清）段玉裁注：《说文解字注》卷八上，上海古籍出版社1981年版，第379页。
② （宋）胡仔：《苕溪渔隐丛话后集》卷二引于兢《大唐传》，人民文学出版社1962年版，第15页。
③ 《晋书》卷二三《乐志下》，中华书局1974年版，第698页。
④ 《隋书》卷一三《音乐志上》，中华书局1973年版，第304页。
⑤ 《南齐书》卷二八《崔祖思传》，中华书局1972年版，第519页。
⑥ 《晋书》卷三二《安德陈太后传》，中华书局1974年版，第983页。
⑦ 《宋书》卷一九《乐志一》，中华书局1974年版，第547页。
⑧ 《梁书》卷二《武帝纪中》，中华书局1973年版，第35页。

三、十六国北朝"乐户"专称的出现

在北方，自晋室南迁后，十六国北朝对乐伎的管理继承魏晋做法却又发展出与南朝不同的特点。永嘉乱后，西晋太常乐伎大部分落入刘石政权，"永嘉之乱，海内分崩，伶官乐器，皆没于刘石"。最初他们也许还未被当作俘虏看待，而保留原来的身份，如前举《太平广记》"桓回"条里的成凭便是如此。但在随后的混战中，五胡各政权不断更迭，互相掠夺对方的人口，太乐伎作为太常礼乐的承载者，是专业技艺的人才，更是抢夺的对象，"伶官乐器，皆没于刘石……及慕容儁平冉闵，兵戈之际，而邺下乐人亦颇有来者。……而王猛平邺，慕容氏所得又入关右"[①]。太乐伎在战争中分散于五胡各政权中，地位如掳掠之口。《晋书•慕容超载纪》载："超母妻既先在长安，为姚兴所拘，责超称藩，求太乐诸伎，若不可，使送吴口千人。……左仆射段晖议曰：'……又太乐诸伎皆是前世伶人，不可与彼，使移风易俗，宜掠吴口与之。'"[②]这说明了当时各政权对前代太乐诸伎争夺，同时太乐诸伎与掳掠来的吴口相提并论，显然太乐伎的地位不高，而且被严格控制起来以防止流失。只有在所处政权被攻灭时才有可能趁机逃离，如《晋书•乐志》里所说的"兵戈之际，邺下乐人亦颇有来者"。

统一北方的拓拔魏政权下的乐人在《魏书•乐志》里说得很清楚："自始祖内和魏晋，二代更致音伎；穆帝为代王，愍帝又进以乐物；金石之器虽有未周，而弦管具矣。逮太祖定中山，获其乐县，既初拨乱，未遑创改，因时所行而用之。世历分崩，颇有遗失。……世祖破赫连昌，获古雅乐，及平凉州，得其伶人、器服，并择而存之。后通西域，又以悦般国鼓舞设于乐署。"[③]从《乐志》看，拓拔魏政权最初的乐伎显然得自于战争中俘获，但非常有限，并且在战乱中容易流失，"世历分崩，颇有遗失"。这种情况表明在战争环境下，乐伎尤其是太常礼乐很不容

① 《晋书》卷二三《乐志下》，中华书局 1974 年版，第 697 页。
② 《晋书》卷一二九《慕容超载记》，中华书局 1974 年版，第 3178 页。
③ 《魏书》卷一〇九《乐志》，中华书局 1974 年版，第 2827 页。

易得到，正因为如此，北魏政权继承了魏晋以来对乐伎的管理方法，即另立户籍，严格控制，但即使这样也难以改变乐伎队伍数量少的情况，尤其是在统一北方后，战争减少，俘获的途径也随之减少。

为进一步补充并保证乐伎队伍的来源，北魏制定了把罪犯配没为乐户的制度，史籍上首次出现了“乐户”这一专门称呼。这也是魏晋以来乐伎地位下降的结果，正因为他们身份已被视为贱隶，故才会作为对罪犯的一种惩罚。唐人孔颖达疏《左传》引魏律：“缘坐配没为工、乐、杂户者皆用赤纸为籍。”① 工乐杂户并提，说明三者同类，而工、乐户正如高敏先生所指出的是杂户一种。杂户始见于十六国的初期，其来源是被征服诸族的俘虏或居民，是军事统制下的户口。② 工匠和乐伎都是有技艺的人，为各政权所需，而魏晋以来对百工和乐伎的控制方法正好为各少数民族政权提供方便，③ 可能正是在这样的情况下，俘虏来的乐人逐渐成为百杂户之一，同样是军队编制。北魏景明初，“河东郡人杨风等七百五十人，列称乐户皇甫奴兄弟，虽沉屈兵伍而操尚弥高，奉养继亲甚著恭孝之称”④。既称“沉屈兵伍”，表明乐户是军队编制，这种制度一直至北齐时仍是如此，北齐五兵之都兵“掌鼓吹、太乐、杂户等事”⑤。而北魏的鼓吹和太乐在道武帝时便已设置，“（天兴）六年冬，诏太乐、总章、鼓吹增修杂伎”⑥，这时太乐总章鼓吹等署里乐户可能已是军事化的管理。

以罪犯配没为乐户的律令仅见于北朝，是北朝乐户制度不同于南朝的一个特点。这是北方十六国时期对俘虏来的工匠、乐人以及其他人口严厉控制，到拓拔魏时沿袭这一做法并将之与汉魏以来的一些律法相结合的结果。张维训先生认为“缘坐配没为工乐杂户”这条魏律出现的时间当在拓跋焘神䴥年间（428—431）之后，因为拓跋焘神䴥年间司徒崔浩受诏定律令，规定以犯罪配役仅限于畿内罪犯且所配之役仅为烧炭工

① （周）左丘明传，（晋）杜预注，（唐）孔颖达正义：《春秋左传正义》襄公二十三年孔颖达疏，《十三经注疏》，北京大学出版社2000年版，第1136页。

② 张维训：《略论杂户贱民等级的消亡》，《江西社会科学》1982年第4期。

③ 唐长孺：《魏晋南北朝史论丛》，河北教育出版社2000年版，第484页。

④ 《魏书》卷八六《孝感传·阎元显传附皇甫奴传》，中华书局1974年版，第1884页。

⑤ 《隋书》卷二七《百官志中》，中华书局1973年版，第753页。

⑥ 《魏书》卷一〇九《乐志》，中华书局1974年版，第2828页。

等几类。后来才把充配的对象扩大到杂户、乐户。[1]很显然，汉族士人崔浩在为拓拔魏政权制定律令时援用了秦汉以来汉族律法的有关条例。汉律中有将罪犯根据其技能而罚作的律，《史记》魏如淳注“耐罪”：“律‘耐为司寇，耐为鬼薪、白粲’。”[2]《隋书•刑法志》载：“刑二岁已上为耐罪，言各随伎能而任使之也。”[3]魏晋以后，有以重罪犯的亲属补充兵士的律令，“自魏、晋相承，死罪其重者，妻子皆以补兵”[4]。工、乐杂户在十六国政权中是以军事方式控制的，所以后来魏律中“缘坐配没为工乐杂户”的规定可能便是融合了少数民族政权对工乐杂户控制方法、汉魏以来律法中补兵、罚作条例等因素的产物。北魏律法的渊源来自魏晋，“司马氏以东汉末年之儒学大族创建晋室，统制中国，其所制定之刑律尤为儒家化，既为南朝历代所因袭，北魏改律，复采用之”[5]。但其制定者也必然会考虑到北魏作为一个胡族政权所带有的民族惯例等因素。乐户等“一从罪配，百代不免”则反映了北魏政权接受魏晋以来的士庶良贱等级关系。

配为乐户的一般是犯有谋反大逆罪的家属。“至迁邺，京畿群盗颇起。有司奏立严制：诸强盗杀人者，首从皆斩，妻子同籍，配为乐户；其不杀人，及赃不满五匹，魁首斩，从者死，妻子亦为乐户；小盗赃满十匹已上，魁首死，妻子配驿，从者流。侍中孙腾上言：‘谨详，法若画一，理尚不二，不可喜怒由情，而致轻重。案《律》，公私劫盗，罪止流刑。而比执事苦违，好为穿凿，律令之外，更立余条，通相纠之路，班捉获之赏。斯乃刑书徒设，狱讼更烦，法令滋彰，盗贼多有。非所谓不严而治，遵守典故者矣。……请诸犯盗之人，悉准律令，以明恒宪。庶使刑杀折衷，不得弃本从末。’诏从之。”[6]有关部门想通过配为乐户严刑来遏制群盗的增多，但却遭到侍中孙腾反对，认为这违反律令，因此并没有实行，却可说明配为乐户一般仅适用于重罪犯。北齐万

① 张维训：《略论杂户贱民等级的消亡》，《江西社会科学》1982年第4期。
② 《史记》卷一一八《淮南衡山列传》引《集解》如淳注，中华书局1959年版，第3092页。
③ 《隋书》卷二五《刑法志》，中华书局1973年版，第698页。
④ 《隋书》卷二五《刑法志》，中华书局1973年版，第709页。
⑤ 陈寅恪：《隋唐制度渊源略论稿》，河北教育出版社2002年版，第102页。
⑥ 《魏书》卷一一一《刑罚志》，中华书局1974年版，第2888页。

宝常和隋初司马消难配为乐户的例子也可佐证：万宝常“父大通，从梁将王琳归于齐。后复谋还江南，事泄，伏诛。由是宝常被配为乐户”①。司马消难，“初，隋武元帝之迎消难，结为兄弟，情好甚笃，隋文每以叔礼事之。及平陈，消难至，特免死配为乐户，二旬而免”②。此二人被配为乐户都是出于政治上的原因，正是“死罪其重者”也。

以罪犯配没为乐户，表明北朝在乐伎管理上的制度化，进一步从法律上确定了乐户的低贱身份，完成了其贱民身份的法律化、固定化，表现出与南朝乐伎不同的特点。北魏的乐户制度为后面的朝代所继承，一直沿袭到唐代，“自武德元年配充乐户者，不在此例”③。

四、南北朝后期官府对乐户管理的松动

南北朝后期，官府对乐户的控制出现了某些细微的变化，开始放免一些乐户为百姓。西魏文帝时，“免妓乐杂役之徒，皆从编户”。隋文帝“太常散乐并免为编户”。④而在北齐身份低贱的乐人还可以进入仕途，北齐幼主时“诸官奴婢、阉人、商人、胡户、杂户、歌舞人、见鬼人滥得富贵者，将以万数。庶姓封王者百数，不复可纪”⑤。乐户甚至有封王开府者，“故曹妙达、安未弱、安马驹之徒，至有封王开府者，遂服簪缨而为伶人之事”⑥。虽然这只是昏主一时的行为，但它对社会的影响却是不可低估的。

乐户的这种变化与当时社会人身依附关系开始松弛的发展趋势是一致的，不仅乐户，其他的国家依附民也得到了放免，如杂户，北周“建德六年，齐平后，帝欲施轻典于新国，乃诏凡诸杂户，悉放为百姓。自是无复杂户”⑦。虽然“无复杂户”并非历史事实，但诏书免除了一部分杂户的依附民的身份却是肯定的。北周武帝在诏书中指出：“以刑止刑，

---

① 《隋书》卷七八《艺术传·万宝常传》，中华书局1973年版，第1783页。
② 《北史》卷五四《司马消难传》，中华书局1974年版，第1949页。
③ （宋）王溥：《唐会要》卷四《论乐》，上海古籍出版社2006年版，第728页。
④ 《北史》卷五《西魏文帝纪》、卷一一《高祖文帝纪》，中华书局1974年版，第177、405页。
⑤ 《北史》卷八《幼主纪》，中华书局1974年版，第300页。
⑥ 《隋书》卷一四《音乐志中》，中华书局1973年版，第331页。
⑦ 《隋书》卷二五《刑法志》，中华书局1973年版，第709页。

以轻代重，罪不及嗣，皆有定科。杂役之徒，独异常宪，一从罪配，百代不免。罚既无穷，刑何以措？凡诸杂户，悉放为百姓。配杂之科，因之永削。”[1]周武帝显然已认识到以罪犯配没为杂役之徒，并且“一从罪配，百代不免”这种律法的不合理，他认为应该“罪不及嗣”，并进行改革，“配杂之科，因之永削”。虽然这一诏令并没有得到真正实行，但却说明当时统治者中已有人考虑要废除这一法令，这是现实生活中人身依附关系松弛在思想意识上的一种反映。

在北齐也同样看到类似的敕令：“太上皇帝诏：‘诸寺署所绾杂保户姓高者，天保之初虽有优敕，权假力用未免者，今可悉蠲杂户，任属郡县，一准平人。’”[2]这一敕令表明在北齐天保时也曾发布过相关的敕令，但在现实中可能并没有完全执行，故又再颁布。这一方面固然说明敕令与现实往往会有差距，但不管如何，像对杂户这一类人的人身束缚逐渐放松是一个历史的趋势，即使这一过程会遇到某些阻碍或反复，但这一趋势并不会逆转，所以统治者才会再次发布放免他们的敕令，不管他们是出于什么目的和政治考虑。

乐户与杂户一样在北朝后期开始得到放免，表明国家对他们的控制出现了一些松动。这主要是因为北方自北魏末年重新陷入混乱之后，统治者不会排斥因军功起家的各个层次的人，身份低贱之人可以进入仕途，社会上人们的身份地位也出现了变化。“顷旧京沦覆，中原丧乱，宗室子女属籍在七庙内为杂户滥门拘辱者，悉听离绝。”[3]在战乱中，宗室子女也只好与原来身份低下的“杂户滥门”联姻了。社会现实出现了变化，在国家政策方面，也相应地根据现实做出了调整，即发布了一些相关的敕令放免国家依附户为编户。

在南方，虽然没有免乐伎户为民的直接记载，但官府对国家所控制的依附性人口放免的现象也同样存在，宋孝武帝时下诏“吏身可赐爵一级，军户免为平民”[4]。南齐“凡诸杂役见在诸军带甲之身，克定之后，

① 《北史》卷一〇《高祖武帝纪》，中华书局 1974 年版，第 369 页。
② 《北齐书》卷八《后主纪》，中华书局 1972 年版，第 100 页。
③ 《北史》卷四《肃宗孝明帝纪》，中华书局 1974 年版，第 153 页。
④ 《宋书》卷六《孝武帝纪》，中华书局 1974 年版，第 121 页。

悉免为民”[①]。梁武帝“诏以兵驺奴婢，男年登六十，女年登五十，免为平民”[②]。虽然这里并没有直接提及乐户，但赦免专门为国家服各种杂役的依附户却是一种趋势。乐户作为国家依附人口的一种，国家对他们的控制也会在这种趋势的影响下出现松动，“诸杂役”便是包括在乐署机构里服役的乐户。

魏晋南北朝时期是人身依附关系非常紧密的一个时期，它从东汉末开始趋向加强，魏晋时固定化、合法化。然而一种社会现象达到全盛后，便会转向衰落，作为一种历史现象的人身依附关系经过一段时期的发展后，其坚固性也逐渐松动。南北朝后期，整个社会的人身依附关系便出现了松弛的趋势。在国家与特殊依附人口之间的关系上，表现为国家对依附人户的严格控制也开始缓和。在这种历史趋势下，作为依附人户之一的乐户也必然发生某种程度的变化。

本章小结

先秦以来，因为各种祭祀和典礼之故，国家必须备有一批乐伎人员为其服务，这些为政府效劳的音乐工作者虽然由于所从事的技艺本身的特点使他们具有一定的依附性，但从法律上来说，他们却是编户齐民，属自由之身。汉末以降，在政府中服务的音乐人员对国家的人身依附性渐趋加强，成为了国家依附人户。在魏晋南北朝时期，这种乐伎户经历了身份下降、卑微身份固定化、法律化的过程。作为一种特殊化的国家依附民，他们和这一时期其他的依附民户的基本特征是一致的：他们以户为单位隶属于国家的相应机构，单立户籍，身份半自由，地位不及平民即普通编户，介于自由民与奴婢之间，非经放免，不能与平民相等，其身份还要世代相袭。他们都受到官府的严密控制，被迫终身服役，服役和平民也不一样，所谓“配隶诸司职掌，课役不同百姓”[③]。

---

① 《南齐书》卷八《和帝》，中华书局 1972 年版，第 111 页。

② 《梁书》卷二《武帝纪中》，中华书局 1973 年版，第 58 页。

③ （唐）长孙无忌等：《唐律疏议》卷三《名例》，中华书局 1983 年版，第 57 页。

魏晋南北朝时期乐户人身依附的变化主要原因有两个方面。一是两汉以来的人身依附关系发展趋势所致，这一趋势发展的结果是魏晋南北朝时期私人依附民的普遍化。这一时期的社会出现了一种身份介于自由民与奴隶之间的阶层，即依附民阶层。社会存在着众多的私人依附户，世家豪族荫庇着大量的人口，战乱中农民也愿意投靠豪族以求保护，如三国时的曹洪、刘节就荫庇着许多“宾客”。“时曹洪宾客在县界，征调不肯如法。”①“郡主簿刘节，旧族豪侠，宾客千余家。”②后来的两晋南朝也是如此，晋中山王睦曾遣使“募徙国内八县受逋逃，私占及变易姓名，诈冒复除者”③。《南齐书·州郡志》南兖州条：“时百姓遭难，流移此境，流民多庇大姓以为客。”④北方的情况也是如此，《晋书·慕容德载记》：“百姓因秦晋之弊，迭相荫冒，或百室合户，或千丁共籍。”⑤《魏书·李冲传》也载：“旧无三长，唯立宗主督护，所以民多隐冒，五十、三十家方为一户。”⑥他们充斥于各个社会领域，依附民成为这一时期的重要特征，这就是何兹全先生所说的：“魏晋南北朝时期的劳动人民的身份主要是依附民，他们的身份是半自由的，低于自由民，高于奴隶。”⑦

人身依附关系并不起于两汉，“人身依附关系初见于战国……秦汉魏晋，人身依附关系发展的趋势，是依附性逐渐加强，南北朝时期还在继续加强”⑧。魏晋南北朝时期是一个战乱动荡的时期，动荡的社会往往是社会结构发生大变化的时期，原来稳定凝固的社会结构层被打破，而形成新的社会结构层。依附民阶层正是在动乱中国家力量削弱，无力阻挡时得到迅速的发展，当成为一种普遍的社会现实时，政府只好被迫承认其合法性。所以这时期“法律不再是奴、良两者的区分，而是奴、良和依附民三者的区分了。尽管法律条文，特别是具体的条文大量地集中

① 《三国志》卷一五《贾逵传》注引《魏略》，中华书局1959年版，第486页。
② 《三国志》卷一二《司马芝传》，中华书局1959年版，第386页。
③ 《晋书》卷三七《高阳王睦传》，中华书局1974年版，第1113页。
④ 《南齐书》卷一四《州郡志上·南兖州条》，中华书局1972年版，第255页。
⑤ 《晋书》卷一二七《慕容德载记》，中华书局1974年版，第3170页。
⑥ 《魏书》卷五三《李冲传》，中华书局1974年版，第1180页。
⑦ 何兹全：《读史集》，上海人民出版社1982年版，第93页。
⑧ 田余庆：《秦汉魏晋史探微》（重订本），中华书局2004年版，第63、64页。

在唐代的律令里，但有关其身份地位的规定在这一阶段已经出现”[①]。乐户的出现正是社会变化、依附民发展呈加强趋势的表现和结果之一。

二是国家依附民户成为地主国家和地主个人争夺人口的一种手段。众所周知，魏晋南北朝时期由于战乱不断，人口急剧减少，劳动力严重不足；此外，这时期私人拥有大量依附民的现象非常普遍，这就使得政府控制下本已不足的人口更显捉襟见肘。如何控制有限的劳动人口便成为国家面临的问题，在国家没有更好的办法阻止人口流入私门的情况下，只好采取措施与私门争夺，严格控制部分人口的流转自由。依附民户的出现便是这种争夺的表现形式。它是国家在加强人口的控制时对民间依附形式的一种模仿，因为民间私人依附形式经过长期的发展已十分成熟，正好给政府提供了一种现成的管理模式。

乐伎本身便具有较高依附性，这为国家加强其人身依附提供了方便。乐伎是技艺性人才，必须经过学习和培训方能掌握一定的音乐技能，国家规定乐伎户职业世袭也正好与乐人世传其业特点相符。同时因国家礼乐的需要，必须备有乐伎人员以供使用以及维系历代相传的雅乐正声的流传。如此一来，原本就在国家音乐机构中作乐的音乐人在人身依附关系加强的潮流下不可避免地成为国家的依附民户。

乐户作为国家依附民的一种，他们和这一时期其他的依附民户一样都是国家为满足需要而设置的专门服役户，其管理方式的特点便是对国家政权的严重依附性，没有完全的人身自由，职业世袭，以保证音乐人员的稳定和来源不绝。他们和其他的依附人户一样，身份也渐渐地卑贱化，成为“贱隶”之色，这种依附于国家的人户身份是不自由的，所谓“一朝属户，长为人隶”[②]。乐户的发展因南北方情况的不同而致使南北的乐户制度既具有相似性，同时，也有一定的差异性，即北方的乐户制度的管理显得更为严密，而且从法律上确定了乐户贱民的身份，制定了以罪犯配为乐户的法规，从而在史籍上正式出现“乐户”的专称。乐户是人身依附关系发展的结果，到南北朝后期，当社会人身依附出现松动时，作为国家依附户的乐户，其人身控制也相应地得到了放松。

---

① 蒋福亚：《魏晋之际依附民的合法化》，《北京师范学院学报》（社会科学版）1987 年第 4 期。
② 《晋书》卷七五《范宁传》，中华书局 1974 年版，第 1986 页。

第二章　隋及唐前期的乐户

隋及唐前期是魏晋南北朝的延续，制度方面基本上是继承了魏晋南北朝以来的传统，是“南北朝相承之旧局面”，但继承中也有新的变化，对于乐户制度也是如此。

第一节　隋及唐初乐户的身份变化

一、隋代对乐户制度的继承

隋朝统一全国，各种制度主要承继北魏。在乐户的管理制度上，没有太大的变化。罪犯配没为乐户的律令仍存在，平陈时，司马消难便被配没为乐户，“及陈平，消难至京，特免死，配为乐户”[①]，虽然后来因为他与文帝有旧，文帝念及旧情，特下敕赦免，“又诏免尉迥、王谦、司马消难三道逆人家口之配没者，悉官酬赎，使为编户”[②]。以罪犯配为乐户的制度直至唐武德年间仍保留着，“自武德元年配充乐户者，不在此例”[③]。

制度上虽沿袭旧制，但在历史的现实中，南北朝以来所呈现的人身依附关系逐渐松弛的趋势却并没有消失，而是继续发展着。同样官府对乐户的人身控制逐渐放松也在继续着。在灭北齐和陈后，由于当时统治者并不好音乐，所以除了收编一部分雅乐正声所需的乐人外，齐陈原有的大部分乐户都被放为编户。《隋书·梁彦光传》:“初，齐亡后，衣冠

---

① 《周书》卷二一《司马消难传》，中华书局 1971 年版，第 355 页。
② 《隋书》卷二五《刑法志》，中华书局 1973 年版，第 713 页。
③ （宋）王溥 :《唐会要》卷四《论乐》，上海古籍出版社 2006 年版，第 728 页。

士人多迁关内，唯技巧、商贩及乐户之家移实州郭。”[①] 这些到地方上的乐户可能不再到中央音乐机构服役，但在地方上他们仍是与从事其他职业的人员有所区别的乐人之家，他们入籍地方时，应该注明其来自何处以及所从事的职业，他们虽已隶属州县，不属太常，但可能仍是保持着旧业。

对于隋朝时的太常乐户，《隋书•裴蕴传》里记载："炀帝闻其善政，征为太常少卿。初，高祖不好声技，遣牛弘定乐，非正声清商及九部四儛之色，皆罢遣从民。至是，蕴揣知帝意，奏括天下周、齐、梁、陈乐家子弟，皆为乐户。其六品已下，至于民庶，有善音乐及倡优百戏者，皆直太常。是后异技淫声咸萃乐府，皆置博士弟子，递相教传，增益乐人至三万余。”[②] 从这则史料来分析，隋文帝时，由于杨坚本人不喜欢音乐的缘故，对北周以来的乐户做了一次清理，曾放免一批乐户为编户，可能主要是些散乐百戏之类的乐人。当然，他们虽遣从民，但职业是不变的，在县籍中可能仍注明其为乐人，所以后来炀帝时，裴蕴才有可能“奏括天下乐家子弟”。

隋炀帝是个十分喜爱音乐的皇帝，“炀帝矜奢，颇玩淫曲”[③]，文帝时保留下来的太常雅乐不足以满足他的娱乐需要。因此，非常了解炀帝心思的裴蕴适时提出搜集天下原有的乐户“奏括天下周、齐、梁、陈乐家子弟，皆为乐户”，把原来已放免为民的乐户重新编籍为乐户，称“乐家子弟”可能原来确实已摆脱乐户身份。不仅如此，民间懂得音乐百戏的人也要到太常轮值。“其六品已下，至于民庶，有善音乐及倡优百戏者，皆直太常。”这造成了太常里从事音乐百戏的乐人身份的复杂化，既有原来配没的太常乐户，也有平民身份甚至有官品的人。由于炀帝的好乐，各种怀有音乐才能的人都聚集于太常乐府，并设师立教，乐人人数骤增，“是后异技淫声咸萃乐府，皆置博士弟子，递相教传，增益乐人至三万余”。这样的一种氛围，对原来身份低下的乐户来说，无疑会对其社会身份有所影响，虽然法律上他们还仍然是贱民阶层。通过

① 《隋书》卷七三《循吏传•梁彦光传》，中华书局1973年版，第1675页。
② 《隋书》卷六七《裴蕴传》，中华书局1973年版，第1575页。
③ 《隋书》卷一三《音乐志上》，中华书局1973年版，第287页。

对《裴蕴传》的分析，可以看出北朝后期以来官府对乐户的控制逐渐减弱，但这是一个过程，这时期乐户的放免仅凭某一帝王的喜好来决定，并且随时可以重新编入乐户。人身依附关系出现松弛作为一种历史趋势，它是缓慢进行的，尤其是体现在制度变化上更是如此。

二、对隋代两位乐户的分析

乐户在法律地位上虽然不是平民，其身份比庶民要低，但现实生活中他们的状况如何呢？史籍中有关乐户具体的记载甚少，《隋书》中提到隋朝的两位太常乐户，一位是被后世认为是著名音乐家的万宝常，在《隋书》中有传；另一位是赵行枢。下面对隋朝时的这两位太常乐户试作一分析比较，或许可得窥当时乐户的一些实际生活状况。

万宝常北齐时被配没为乐户，“万宝常，不知何许人也。父大通，从梁将王琳归于齐。后复谋还江南，事泄，伏诛。由是宝常被配为乐户，因而妙达钟律，遍工八音。造玉磬以献于齐”。根据其本传，宝常在配没为乐户后在官府音乐训练机构习得音乐，“因而妙达钟律，遍工八音”。并因其天赋，从而成为一代著名的音乐人。他本为北齐的乐户，齐亡后，北齐乐户为北周所得，因其所习皆为雅乐正声，被迁往关中，而没有被罢遣。传中为宝常具有高超的音乐才能而没有得到重用叹息，“然历周洎隋，俱不得调”。说明乐户在本司内可以升迁，宝常才虽高，却时运不济，在太常里遭到同行们的排斥，“其声雅淡，不为时人所好，太常善声者多排毁之”。作为乐户，虽籍在太常，但有自己的家室，“宝常贫无子，其妻因其卧疾，遂窃其财物而逃”。这里虽然无法得知其妻原来的身份，应该不会高于乐户的身份，他的妻子逃走了似乎也没有人追究，看来当时对乐户的人身控制并不严。宝常是乐户，贫困潦倒，但这并不是所有乐户的现状。《隋书·宇文述传》记载的另一位太常乐户却是非常富有：“赵行枢以太常乐户，家财亿计，述谓为儿，多受其贿。称其骁勇，起家为折冲郎将。”[1] 在同书《宇文化及传》则说他是“乐人

---

① 《隋书》卷七八《宇文述传》，中华书局1973年版，第1468页。

之子，家产巨万”[1]。赵行枢显然是世袭的太常乐户，却“家财亿计”，甚至可以贿赂为官。虽不知他是通过什么方式取得财富，但可以肯定他除了为官府服役外，也从事其他的活动。

万宝常与赵行枢同为太常乐户，但生活状况却决然不同，一个贫困致死，一个却家财亿计。这说明了乐户群体内存在着贫富的差距，而且很显然这种情况并不能用他们是乐户来解释，导致这种差距另有原因。赵行枢之所以家财亿计，可能是从事了除乐户本身之外的其他活动，如商业之类，可能是经过了几代人的努力，才积累了这么多的财富。乐户从事其他的职业虽没有直接的史料记载，但可以从与乐户相类的其他依附民的活动来推知一二，《洛阳伽蓝记》载："东市北殖货里，里有太常民刘胡兄弟四人以屠为业。”[2] 既称太常民，则刘胡兄弟应是隶属于太常的杂户之类，与乐户身份相当，但他们却以屠为业，似乎表明他们可以从事太常以外的活动。赵行枢因为家财亿计，才可以贿赂当权者，进入仕途，以图改变自己的身份。但他进入仕途只能通过军功，所以宇文述说他“称其骁勇，起家为折冲郎将”，当然他未必骁勇。

万宝常之所以贫，是由于他个人的原因，是因为他“于是损益乐器，不可胜纪，其声雅淡，不为时人所好，太常善声者多排毁之”。他不肯取媚当时是他致困的主要原因，他具有极高的音乐天赋，但他所谱之曲属于典雅类，不符当时社会流行的声乐，并遭到了太常同行的排挤。所以他在临死前将他所写的雅乐曲谱烧掉并发出悲愤之言："将死也，取其所著书而焚之，曰：‘何用此为？’”[3] 另外万宝常没有儿女也是他晚境凄凉的原因之一，在古代社会，儿女是养老送终的重要保障。但万宝常连其妻子也窃钱物负他而去，其际遇真可谓悲惨了。《隋书》还提到另一个太常乐人王令言。“时有乐人王令言，亦妙达音律。大业末，炀帝将幸江都，令言之子尝从，于户外弹胡琵琶，作翻调《安公子曲》。”[4] 乐人王令言年老了便由他的儿子顶替服役，他便可以在家安享

---

① 《隋书》卷八五《宇文化及传》，中华书局 1973 年版，第 1889 页。

② （魏）杨衒之撰，周祖谟校释：《洛阳伽蓝记校释》卷二《城东•景宁寺》，中华书局 1963 年版，第 96 页。

③ 《隋书》卷七八《艺术传•万宝常传》，中华书局 1973 年版，第 1785 页。

④ 《隋书》卷七八《艺术传•万宝常传》，中华书局 1973 年版，第 1785 页。

晚年，这正是个职业世袭的乐户之家。从史书中无法得知他们一家的具体生活状况，但从记述之语气来判断，生活应该不错，至少不会是宝常那种贫困之状。从对以上几位乐户的分析来看，太常乐户虽在法律上低于百姓，但他们正常的生活在当时的社会应算得上是丰衣足食，但具体到个体时则需看各人的谋生技巧了。他们是独立的家庭，有自己的财产，国家并不干预他们所获得的财富。

三、隋唐之际乐户的变化

隋末炀帝南巡不返，乐户中的一部分随炀帝去了江都，上文所提到的太常乐人便曾阻止其子随炀帝南下。“乐人王令言，亦妙达音律。大业末，炀帝将幸江都，令言之子尝从，于户外弹胡琵琶……令言谓其子曰：‘汝慎无从行，帝必不返。’”①这批南下的乐人在炀帝死后自然大部分流散民间了。留在京师的太常乐人在隋唐之际的战乱年代，官府管理无度的情况下，也会分散流离。那些原来集中到太常而并非乐户的各类音乐人亦回归民间。太常乐户也利用隋末的农民战争改变了自己的身份，散于州县，且这种情况被代隋的唐王朝所承认。

唐高祖武德四年的一份诏书明确免除了前代以来的太常乐户为编户。“太常乐人，本因罪谴，没入官者，艺比伶官。前代以来，转相承袭。或有衣冠继绪，公卿子孙，一沾此色，累世不改。婚姻绝于士庶，名籍异于编氓，大耻深疵，良可矜愍。其大乐鼓吹诸旧乐人，年月已久，时代迁移，宜并蠲除，一同民例。但音律之伎，积学所成，传授之人，不可顿阙，仍令依旧本司上下。若已经仕宦，先入班流，勿更追补，各从品秩。自武德元年配充乐户者，不在此例。”②此份诏书在《唐会要》和《唐大诏令集》均有记载，但两者时间稍有出入，《唐会要》记为武德四年（621）九月，《唐大诏令集》则记为武德二年（619）。但不论是武德二年或是武德四年，均无关宏旨，此时的唐王朝刚建立，基

① 《隋书》卷七八《艺术传·万宝常传》，中华书局1973年版，第1785页。

② （宋）王溥：《唐会要》卷三四《论乐》，上海古籍出版社2006年版，第728页；（宋）宋敏求编：《唐大诏令集》卷八一《太常乐人蠲除一同民例诏》，学林出版社1992年版，第420页。

业尚未稳固，还是各个军事集团争夺天下的时候。武德四年唐王朝虽先后平定了河北的窦建德和河南的王世充，但人心并未完全归附，就在七月便发生了窦建德的余部重新反叛的事。“秋七月甲子，秦王凯旋……甲戌，建德余党刘黑闼据漳南反。……八月，兖州总管徐圆朗举兵反，以应刘黑闼，僭称鲁王。”[①] 所以此诏书的颁布很有放免前朝贱隶，以争取人心的意图。因为在隋末的农民起义中，参加者大都是下层民众，其中应包括贱隶之类。诸强逐鹿中原之际，原有的身份地位已变得无关紧要，重要的是为己所用。唐高祖另一份诏书说得很明白：“义兵取人，山藏海纳，逮乎徒隶，亦无弃者。及著勋绩，所司致疑，览其所请，可为太息。岂有矢石之间，不辨贵贱，庸勋之次，便有差等，以此论功，将何以劝！……诸部曲及徒隶征战有功勋者并从本色勋授。”[②] 高祖深谙用人之道，要取得天下，必须联合各阶层的力量，作为战斗主要力量的士卒，其中不少是原来的部曲徒隶，为使他们在战场上卖命，论功行赏时当然也得一视同仁。太常乐户也有可能在征战中建立功业，并进入仕途，所以武德四年的那份诏书特别声明：“若已经仕宦，先入班流，勿更追补，各从品秩。”另据《旧唐书•音乐志》记开元初的歌工长孙元忠自述其祖曾受业于一姓侯的将军，“元忠之祖，受业于侯将军，名贵昌，并州人也，亦世习北歌。贞观中，有诏令贵昌以其声教乐府”[③]。这位名叫侯贵昌的将军虽不知他是否原是乐户，但从“亦世习北歌”句意判断，其家原先可能也是世传其业的乐家，在唐初的征战中，立下功勋，故封为将军。

唐高祖放免前朝乐户为民，可能还有一个主观原因，那就是李渊本人也非常喜欢音乐歌舞百戏。《唐会要》记载武德元年（618）六月，万年县法曹孙伏伽的上书中提到“近者，太常官司于人间借妇女裙襦五百余具，以充散乐之服，云拟于玄武门游戏”[④]。此时唐刚代隋禅，四方未平，群雄割据，鹿死谁手尚未可知，李渊便人行游戏娱乐，可见此君之好未必亚于炀帝。也就在同一年，又拜舞人安叱奴为散骑常侍，同书载“至其年

① 《旧唐书》卷一《高祖纪》，中华书局 1975 年版，第 12 页。
② （清）董浩等编：《全唐文》卷一《高祖》，中华书局 1983 年版，第 17 页。
③ 《旧唐书》卷二九《音乐二》，中华书局 1975 年版，第 1072 页。
④ （宋）王溥：《唐会要》卷三四《论乐》，上海古籍出版社 2006 年版，第 727 页。

（指武德元年）十月，拜舞人安叱奴为散骑常侍”，此事在《李纲传》中亦提到。李渊对乐舞的爱好，应该说是他下令放免乐户为民的主观原因。

虽然唐高祖放免乐户为民，但仅限于前代乐户而已，他并没有废除前朝的乐户制度，仍然保留着犯罪配没为乐户的规定，“自武德元年配充乐户者，不在此例”。而且这一免贱为良的举措也并不是完全的彻底，仍然留着作为贱民的尾巴，即这些被放免的乐户仍须“依旧本司上下”，服务方式仍与百姓不同。

通过以上对隋末唐初乐户的分析，隋及唐继承了南北朝以来对乐户的管理方法，即还是将乐伎作为国家的一种依附人口对待，而主要的管理制度则是直接继承了北朝以来对乐户的管理制度，在制度层面上并没有太大的改变，依然继续着将反逆之类的罪犯直接配为乐户的惯例。但现实社会中乐户身份变化却也在继续着，在人身依附关系开始出现松弛的历史趋势的推动下，当权者也在无意识中做着顺应历史潮流的举动，那便是放免对国家依附性很强的乐户为民，但这种放免并不彻底，国家随时因需要而将其重新编为乐户。这表明适应人身依附关系强劲的社会环境并未完全改变，只是松动了而已。隋唐之际乐户身份得到了改变，可以说是隋末农民起义的一个结果，这也是与同时期社会上士庶的变化同步的。隋末的农民战争虽然并没有打垮士族的势力，没有完全改变魏晋以来士庶贵贱的社会现实，但不可否认，它加速了这一过程。乐户的变化也正说明法律上规定身份世袭的低贱阶层的地位正在提升。统治者对现实中的事实也不得不从法律上给予承认。

第二节　唐代律令中有关乐户规定之分析

一、乐户与音声人辨析

唐律上承隋律，更与北魏、北齐律一脉相承，“然则据此转可证明北魏、北齐、隋、唐律为一系相承之嫡统”[①]。然有唐一代，尤其是唐中

① 陈寅恪：《隋唐制度渊源略论稿》，河北教育出版社 2002 年版，第 115 页。

前期，对律法亦是在不断地修改之中。《旧唐书·刑法志》："（高祖）及受禅，诏纳言刘文静与当朝通识之士，因《开皇律令》而损益之，尽削大业所用烦峻之法。又制五十三条格，务在宽简，取便于时。寻又敕尚书左仆射裴寂……撰定律令，大略以开皇为准。……惟正五十三条格，入于新律，余无所改。"[①] 于武德七年（624）颁行天下。太宗时又在此基础上修改，"及太宗即位，又命长孙无忌、房玄龄与学士法官，更加厘改"[②]。此后的继承者也都是在旧的律令上进行修订。统治者之所以不断地对旧律进行修改，是因为随着时代的发展，旧有的一些律令便不再适合社会的新状况。高祖时制令"务在宽简，取便于时"，太宗时"蜀王法曹参军裴弘献又驳律令不便于时者四十余事，太宗令参掌删改之"，[③] 高宗时撰定律令格式，"旧制不便者，皆随删改"[④]。现存唐代较完整的律法《唐律疏议》便是高宗时由长孙无忌等人编成。下面主要据《唐律疏议》所载有关乐户律令并参以其他文献对唐前期的官府乐人做一分析。

《唐律疏议》里出现的官府乐人主要有两类，太常乐户和音声人。他们虽同属太常，但两者身份有别，《唐律疏议》卷三《名例》疏议对两者身份作了说明："工、乐者，工属少府，乐属太常，并不贯州县。……'太常音声人'，谓在太常作乐者，元与工、乐不殊，俱是配隶之色，不属州县，唯属太常，义宁以来，得于州县附贯，依旧太常上下，别名'太常音声人'。"[⑤] 这段疏议主要说明乐户和音声人的区别在于前者不贯州县，后者则州县附贯。

"音声人"一词在此前并不见于史籍，在现存史籍文献中最早出现在《唐律疏议》。"音声人"之称显然来自于"音声"，[⑥]《礼记·乐志》："音之起，由人心生也。人心之动，物使之然也。感于物而动，故形于声。声相应，故生变。变成方，谓之音。比音而乐之，及干戚、羽旄，

① 《旧唐书》卷五〇《刑法志》，中华书局 1975 年版，第 2134 页。
② 《旧唐书》卷五〇《刑法志》，中华书局 1975 年版，第 2135 页。
③ 《旧唐书》卷五〇《刑法志》，中华书局 1975 年版，第 2135 页。
④ 《旧唐书》卷五〇《刑法志》，中华书局 1975 年版，第 2141 页。
⑤ （唐）长孙无忌等：《唐律疏议》卷三《名例》，中华书局 1983 年版，第 74 页。
⑥ 〔日〕岸边成雄认为音声人系歌唱家与器乐家之总称。梁在平、黄志炯译：《唐代音乐史的研究》，台北中华书局 1973 年版，第 131 页。

谓之乐。”郑玄注：“宫商角徵羽杂比曰音，单出曰声。”[①]《淮南子·地形》：“清水音小，浊水音大。”高诱注：“音，声也。”[②]从这些典籍对音声的解释来看，音、声、乐三者是同义相类的词语。音声相连常用来表示音乐旋律，《六韬》云：“武王问太公曰：‘听律之音声，可以知三军之消息乎？’”[③]“吹律调乐，入之音声，及以比定律令。”[④]“长多材艺，习知音声。”[⑤]然汉末魏晋以后，“音声”亦多指人的声音，《三国志·公孙瓒传》说公孙瓒：“有姿仪，大音声。”[⑥]《晋书·张光传》也形容张光“身长八尺，明眉目，美音声。”[⑦]这里的音声当是指他们的说话声音洪亮动听。由音声之词义引申而来的“音声人”当指从事音乐的人，亦即乐人、伶人、乐伎、歌者在唐代的一种新的称呼。

如果将《唐律疏议》对音声人身份地位的规定与前举武德四年诏书进行比较分析，便会发现其实音声人应该是诏书中所放免的前代乐户，此点亦为日本学者所指出，[⑧]之所以将这些放免的前代乐户称为“音声人”，可能是为了与武德元年以来配充的乐户有所区别，下面拟对此作一详细分析。

首先，据《唐律疏议》，音声人是从原太常乐人中离析出来的。“‘太常音声人’，谓在太常作乐者，元与工乐不殊，俱是配隶之色。”义宁（617—618）后附贯州县。其次，音声人的身份地位基本上等同于一般的编户民。“杂户及音声人，各附县贯，受田、进丁、老免与百姓同。其有反逆及应缘坐，亦与百姓无别。”[⑨]在婚姻方面也与民相同。“太常

---

① （汉）郑玄注，（唐）孔颖达疏：《礼记正义》卷三七《乐记》，《十三经注疏》，北京大学出版社2000年版，第1251页。

② 刘文典著，冯逸、乔华点校：《淮南鸿烈集解》卷四《地形》，高诱注，中华书局1989年版，第141页。

③ （宋）李昉等编：《太平御览》卷一六《时序部》引《六韬》，中华书局1960年版，第81页。

④ 《史记》卷九六《张丞相列传》，中华书局1959年版，第2681页。

⑤ 《汉书》卷八〇《宣元六王传·定陶共王刘康传》，中华书局1962年版，第3327页。

⑥ 《三国志》卷八《公孙瓒传》，中华书局1959年版，第239页。

⑦ 《晋书》卷五七《张光传》，中华书局1974年版，第1563页。

⑧ 〔日〕滨口重国：《唐王朝的贱人制度》，京都同朋舍1966年版，第149页；〔日〕岸边成雄则认为两者并非同一事实，隋末义宁年间先从乐工中产生太常音声人，武德初因同情公卿子弟犯罪沦为乐工而恢复其良民身份（梁在平、黄志炯译：《唐代音乐史的研究》，台北中华书局1973年版，第140页）。

⑨ （唐）长孙无忌等：《唐律疏议》卷一七《贼盗》，中华书局1983年版，第324页。

音声人，依令‘婚同百姓’，其有杂作婚姻者，并准良人。”从音声人的户籍和婚姻看，他们已摆脱了武德诏书中所说的太常乐人“婚姻绝于士庶，名籍异于编氓”的状况，这与“宜并蠲除，一同民例”正相符合。再次，音声人虽在名籍与婚姻上与民同，但他们的服役方式与百姓不同，只到太常作乐。“其杂户、太常音声人，有县贯，仍各于本司上下，不从州县赋役者。”[①]而且也不能随便脱离音声人的名籍，“其太常音声人，州县有贯，诈去音声人名者，亦同工、乐之罪”[②]。显然音声人虽附贯州县，但仍另外注明其职业，大概与工匠之有匠籍的情况相同。音声人的这种情况也正与诏书“音律之伎，积学所成，传授之人，不可顿阙，仍令依旧本司上下”的规定相符。至于音声人脱离太常户籍而附贯州县，《唐律疏议》说明为义宁以来，这似乎与诏书为武德四年颁布时间不一致。然“义宁”是隋恭帝杨侑的年号，实际上是唐高祖李渊攻入长安后所立的傀儡皇帝，仅存两年便被唐所代。武德四年的这份对前代乐人放免的诏书，实际上应该理解为是对隋末混乱中乐户流落州县的现实给予法律承认。

由上述分析，太常音声人其实就是武德四年下诏放免为民的前朝乐户，为了与武德以来新配充的乐户相区别，才称之为音声人。他们的法律身份虽然与民同，但由于他们具有专业的音乐技能，新配没的乐户也需要专人传授，国家必然充分利用他们的技能来为其服务。因此，诏书虽直接把旧有乐人免为民，但他们身上仍留有贱户的痕迹，即他们的服役方式与一般百姓不同，只到太常服役。太常音声人从乐户中离析出来可以说是南北朝后期以来人身依附关系开始松弛的一个反映，高祖敕令只是对隋唐战乱之际一部分人身份得到了提高的承认。而《唐律疏议》对太常乐户与音声人的不同法律说明，则表明了高祖时的这份放免诏书得到了贯彻，正是体现了所谓“前主所是著为律，后主所是疏为令”[③]。太常音声人之称的出现，亦可看作是乐户这一国家依附人口从半自由状态走向与百姓同等的自由民过程中的一种过渡。

---

① （唐）长孙无忌等：《唐律疏议》卷一八《贼盗》，中华书局1983年版，第342页。
② （唐）长孙无忌等：《唐律疏议》卷二五《诈伪》，中华书局1983年版，第471页。
③ 《史记》卷一二二《酷吏列传第六十二》，中华书局1959年版，第3153页。

然而对于太常乐户和音声人，学界看法不一，[①] 依笔者之见，在唐前期，两者在法律上的区分是非常明显的，不仅在用语上表示出来，在有关两者的法律条文上，规定也不尽相同，并且是分开说明。但经过唐前期的演变，中唐以后，两者趋于混同。下表是根据《唐律疏议》中的条文对两者进行的比较。

	乐户	音声人
婚姻 收养	其工、乐杂户、官户，依令“当色为婚”，若异色相娶者，律无罪名，并当“违令”。 工乐杂户，当色相养。（卷一四《户婚》，271 页）	依令“婚同百姓”，其有杂作婚姻者，并准良人。（卷一四《户婚》，271 页）
附贯州县 及反逆缘坐	乐属太常，并不贯州县。（卷三《名例》，74 页） 与部曲例同，止坐其身，更无缘坐。（卷一七《贼盗》，324 页）	得于州县附贯。（卷三《名例》，74 页） 受田、进丁、老免与百姓同。其有反、逆及应缘坐，亦与百姓无别。（卷一七《贼盗》，324 页）
逃役	诸丁夫、杂匠在役及工、乐、杂户亡者，一日笞三十，十日加一等。（卷二八《捕亡》，534 页）	注云：太常音声人亦同。（卷二八《捕亡》，534 页）
诈除名	诈去工、乐及杂户等名字者，徒三年。（卷二五《诈伪》，471 页）	其太常音声人，州县有贯，诈去音声人名者，亦同工、乐之罪。（卷二五《诈伪》，471 页）
避本业	避本业，谓工、乐、杂户、太常音声人，各有本业，若回避改入他色之类，是名避本业。（卷四《名例》，97 页） 其工乐杂户及官户奴，并太常音声人，虽移乡，各从本色。（卷一八《贼盗》，341 页）	
犯流、徒罪转刑	诸工、乐杂户及太常音声人，犯流者，二千里决杖一百，一等加三十，留住，俱役三年。犯徒者，准无兼丁例加杖，还依本色。（卷三《名例》，74—75 页）	

资料来源：《唐律疏议》，中华书局 1983 年版。

① 一、两者没有区别：韩国磐：“乐户即指乐工，前代早已存在，太常音声人则系隋末以来对太常寺乐工的称呼。”（《隋唐五代史论集》，生活•读书•新知三联书店 1979 年版，第 65 页）二、虽有不同，但难以区分。张泽咸认为两者相比，太常音声人存在某些新的特点，但又颇难区分（《唐代阶级结构研究》，中州古籍出版社 1996 年版，第 489—490 页）。刘进宝认为：“在唐代前期，音声人与乐户常常难以区分。”（《唐五代“音声人”论略》，《南京师大学报》（社会科学版）2006 年第 2 期）

分析上表，可以清晰地看到：

（一）乐户与太常音声人在律法上有严格的区别，不仅在婚姻附贯等方面不一样，在诈除名上，对音声人也是另行说明。这表明两者是身份不同的两类人，这应该是唐前期官府乐人实际情况的反映。

（二）太常音声人在法律地位上比乐户要高，他们基本上与百姓一样。从婚姻方面论，唐律规定了严格的等级内婚制，严禁工乐、杂户、官户及奴婢之类与良人通婚，因为他们“不与良人同类，止可当色相娶”[①]。目的是严防良贱混淆，即所谓：“人各有耦，色类须同。良贱既殊，何宜配合。”[②]但音声人却“依令‘婚同百姓’，其有杂作婚姻者，并准良人”。也就是说太常音声人被认为与良人同类并可以与之通婚，那么其身份应该不属于贱民。只在涉及服役和择业方面与百姓不同，这也正与武德四年的诏书的内容相符，他们与民同，但仍需依本司上下。

（三）乐户和太常音声人在某些方面也有共同之处。主要表现三方面：一是避本业。因为音律必须有乐师的传授，乐人习业非一朝一夕所能成，所以为了保证乐人队伍的稳定，便通过国家政权强制官府在籍音乐人员不能离开本职业。二是逃役。逃役条文并不是单为乐户和音声人所设，而是针对一切在役的人，包括了诸丁夫、杂匠等。唐代社会所有百姓都有服役的义务，逃役便是犯法。三是犯流、徒罪后的规定。此条文规定了像乐户和音声人之类在固定部门服役之人犯了流、徒罪后并不实行流、徒，而是折换成杖刑，而杖刑比流、徒罪都要轻。罪有五刑，按轻重依次为：“笞刑五：笞一十。笞二十。笞三十。笞四十。笞五十。杖刑五：杖六十。杖七十。杖八十。杖九十。杖一百。徒刑五：一年。一年半。二年。二年半。三年。流刑三：二千里。二千五百里。三千里。死刑二：绞。斩。”[③]因此也并未能证明乐户和音声人的身份地位有何相同之处，在“犯徒者，准无兼丁例加杖，还依本色”。在疏议的最后：“……如元是官户及奴者，各依本法。……其有官荫，仍依本法当、

---

① （唐）长孙无忌等：《唐律疏议》卷一四《户婚》，中华书局 1983 年版，第 270 页。

② （唐）长孙无忌等：《唐律疏议》卷一四《户婚》，中华书局 1983 年版，第 269 页。

③ （唐）长孙无忌等：《唐律疏议》卷一《名例》，中华书局 1983 年版，第 3—5 页。

赎。若以流内官当徒及解流外任，亦同前还本色。叙限各依常法。”[①]这说明在律文所举诸色人中包含了不同等级的人，既有官户奴婢也有担任官职的官员，如前面所提到的高祖的舞人安叱奴虽被封为散骑常侍，但仍是乐人供奉。从乐户与音声人这三个相同方面而论，其实只有避本业这一点说明音声人和工乐没有自由选择职业权利，其他两点并不能说明两者身份相类。

从当时官府颁布的敕令来看也是对两者分别称呼，高宗乾封元年（666）五月敕："音声人及乐户祖母应侍者，取家内中男及丁壮好手者充。"[②]《唐律疏议》里乐户和音声人的这种区分，基本上是当时事实的反映。实际上如果两者没有区分，就没有必要分开说明。

二、太常音声人、乐户与其他贱民的比较

学术界基本上认为唐代存在着一个贱民等级，大多数学者认为这个贱民等级包括太常音声人、工乐户、杂户、官户、官奴婢，《唐律疏议》里对这几类人的种种法律规定，显示了在其内部也有高低的区别。对这几类人户的身份，学界基本上认为太常音声人地位最高，以下依次为杂户、工乐户、官户、奴婢。但也有学者认为太常音声人不属于贱民阶层。[③]

对于太常音声人是否属于贱民阶层这个问题，笔者以为，太常音声人如前所述，是得到皇帝颁布诏书放免为民的，从法律上来讲已经不是贱民，其身份与民同，只是还保留着前代贱民的一些痕迹。根据武德四年诏书对前代乐户的描述："太常乐人……婚姻绝于士庶，名籍异于编氓，大耻深疵，良可矜愍。"[④]太常乐户与百姓之不同就在于婚姻与户籍两方面。从婚姻方面论，唐律规定了严格的等级内婚制，工乐、杂户、官户及奴婢之类严禁与良人通婚，因为他们"不与良人同类，止可当

---

① （唐）长孙无忌等：《唐律疏议》卷三《名例》，中华书局 1983 年版，第 74—75 页。
② （宋）王溥：《唐会要》卷三四《杂录》，上海古籍出版社 2006 年版，第 733 页。
③ 冯尔康："庶民等级中社会地位最低的是太常音声人。"《中国社会结构的演变》，河南人民出版社 1994 年版，第 475 页。
④ （宋）王溥：《唐会要》卷三四《论乐》，上海古籍出版社 2006 年版，第 728 页。

色为婚”。目的是严防良贱混淆，即所谓“人各有耦，色类须同。良贱既殊，何宜配合”。但音声人却“依令‘婚同百姓’，其有杂作婚姻者，并准良人”。也就是说太常音声人被认为与良人同类并可以与之通婚，那么其身份应该不属于贱民。另据《天圣令》赋役令所记录之唐令：“……牧尉、史，杂职，驿长，烽帅，烽副，防阁，邑士，庶仆，传送马驴主，采药师，猎师，宰手，太常寺音声人……并免课役。”[①] 此处太常音声人显非贱人之类，而是良人身份。正因为音声人已附贯州县，法律上是民，虽然规定他们赋役不同百姓，但还是免不了要像其他百姓一样被当地州县驱使，中宗时曾为此下了免音声人征徭杂科的敕令：“太常乐鼓吹散乐音声人，并是诸色供奉，乃祭祀陈设、严警卤簿等用，须有矜恤，宜免征徭杂科。”[②]

户籍方面，太常音声人籍属具有两重性，既附贯于州县，有自己的独立户籍，但又并非完全脱离太常的管理。他们的乐籍可能如同工匠的匠籍和商人的商籍一般，虽然籍在州县，但可能与一般民籍仍有所不同，在籍簿上注明其为乐人，因此他们的赋役与州县百姓有别。另一方面太常也有着他们的簿籍，“凡乐人及音声人应教习，皆着簿籍，核其名数而分番上下”[③]。音声人这种户籍管理情况可能与其他一些特殊户籍相似，如道士僧尼之籍，《唐六典》载：“凡道士、女道士、僧、尼之簿籍亦三年一造。”其下注说：“其籍一本送祠部，一本送鸿胪，一本留于州县。”[④] 当然这并非是说音声人与他们身份相同，仅是说在户籍管理方面有相同之处。太常音声人既附贯州县，他们的按比一同百姓，但他们的籍可能并不是像百姓一样送到户部，而是送到太常，以便太常掌握各地的乐人。只是由于职业的特点，音律之伎需师相传授，尤其国家祭祀宴享所需的雅乐正声，是依靠乐工们的代代相传。因此决定了他们虽为州县编民，但服役方式不同，这与工匠之服匠役相类似。

---

① 《天一阁藏明钞本天圣令校证（附唐令复原研究）》校录本，《赋役令》唐15，中华书局2006年版，第272页。

② （宋）王溥：《唐会要》卷三三《散乐》，上海古籍出版社2006年版，第714页。

③ （唐）李林甫等撰，陈仲夫点校：《唐六典》卷一四《太常寺》，中华书局1992年版，第406页。

④ （唐）李林甫等撰，陈仲夫点校：《唐六典》卷四《礼部》，中华书局1992年版，第126页。

工乐在《唐律疏议》里并称，指属少府的工户和太常的乐户。但他们属于杂户还是官户，抑或处于两者之间？唐律对工乐户也没有明确的界定，有时工乐与杂户联称，但有时也与官户并称，难以辨析。以下将把工乐户与杂户及官户作一番比较。

在籍属上，工乐和官户是只属诸司，不贯州县，“工、乐者，工属少府，乐属太常，并不贯州县”[①]。“官户者，亦谓前代以来，配隶相生，或有今朝配没，州县无贯，唯属本司。”[②]杂户则与音声人一般，有双重籍属，既附贯州县又到所属部门服役。“杂户者，前代犯罪没官，散配诸司驱使，亦附州县户贯，赋役不同白丁。”[③]是否附贯州县决定了犯反逆罪时是否缘坐，“杂户及太常音声人，各附县贯，受田、进丁、老免与百姓同。其有反、逆及应缘坐，亦与百姓无别。若工、乐、官户，不附州县贯者，与部曲例同，止坐其身，更无缘坐”[④]。工乐与官户和部曲一样没有自己独立的户籍，因此犯罪后不适用缘坐之法。由此可见，工乐、官户的身份更为接近。

在《名例》中对工乐、杂户及太常音声人犯流罪后的转刑规定：“诸工、乐、杂户及太常音声人……犯流者，二千里决杖一百，一等加三十，留住，俱役三年。”此条下的疏议最后有一点说明“若是贱人，自依官户及奴法”。[⑤]杂户和太常音声人不是官户，那么官户及奴只可能存在于工乐之中。《唐六典》中记载：“凡反逆相坐，没其家为官奴婢。……凡初配没有伎艺者，从其能而配诸司。”注曰：“官户皆在本司分番，每年十月，都官按比。男年十六已上，在外州者十五已上，容貌端正，送太乐，十六已上，送鼓吹及少府教习；有工能官奴婢亦准此。业成，准官户例分番。”[⑥]《天圣令》所保存的唐令中也有记载：“诸官户皆在本寺分番上下。每十月，都官案比。男年十三以上，在外州者十五以上，各取容貌端正者，送太乐；其不堪送太乐者，自十五以下皆免入

① （唐）长孙无忌等：《唐律疏议》卷三《名例》，中华书局 1983 年版，第 74 页。
② （唐）长孙无忌等：《唐律疏议》卷三《名例》，中华书局 1983 年版，第 57 页。
③ （唐）长孙无忌等：《唐律疏议》卷一二《户婚》，中华书局 1983 年版，第 238 页。
④ （唐）长孙无忌等：《唐律疏议》卷一七《贼盗》，中华书局 1983 年版，第 324 页。
⑤ （唐）长孙无忌等：《唐律疏议》卷三《名例》，中华书局 1983 年版，第 74 页。
⑥ （唐）李林甫等撰，陈仲夫点校：《唐六典》卷六《刑部》，中华书局 1992 年版，第 193 页。

役。十六以上送鼓吹及少府监教习，使有工能，官奴婢亦准官户例分番。”[①] 唐代工乐户的主要来源是官户及奴婢，那么其身份应相当于官户而不是杂户。官府取官户从事专门的职役并不仅限于工乐。“初，太宗贞观中，择官户蕃口中少年骁勇者百人，每出游猎，令持弓矢于御马前射生，令骑豹文鞯，着画兽文衫，谓之‘百骑’。至则天时，渐加其人，谓之‘千骑’，分隶左右羽林营。孝和谓之‘万骑’，亦置使以领之。”[②] 玄宗时的王毛仲便是出自官户。“王毛仲，本高丽人也。父游击将军职事求娄，犯事没官，生毛仲，因隶于玄宗。”[③] 这位出身官户的王毛仲后来因助玄宗有功得至高官。另《唐开元二十五年水部式残卷》也有以杂户、官户以补充都水监渔师的记载：“本司杂户、官户，并令教习，年满廿补替渔师。”[④]

然史籍中为何常见工乐、杂户联称呢？依笔者之见，北朝以来，工乐杂户的身份地位相当，都是犯反逆之罪直接配没，前揭魏律“缘坐配没为工乐杂户”可证。入唐后，杂户与北朝时所称之杂户已有些变化，《唐律疏议》对杂户的解释有两处，一为《名例》：“杂户者，谓前代以来，配隶诸司职掌，课役不同百姓。”二为《户婚》：“杂户者，前代犯罪没官，散配诸司驱使，亦附州县户贯，赋役不同白丁。”两处都是特意说明杂户为前代所遗留，不是唐政权所配没。杂户这种情况可能与太常音声人类似，经过隋唐之际的战争后，也附贯州县了，只是在法律上并没有像音声人那样取得良人身份。虽然《唐六典》记载：“凡反逆相坐，没其家为官奴婢。一免为番户，再免为杂户，三免为良人。”[⑤] 但唐代杂户由罪犯、官奴婢以及官户来补充的机会很少，更多的是由贱口遇赦“直入良人”。[⑥] 文中提到官奴婢因年老及疾废被放免，也没有免为杂户这一等级，“年六十及废疾，虽赦令不该，并免为番户；七十则免

① 《天一阁藏明钞本天圣令校证（附唐令复原研究）》清本，《杂令》唐 19，中华书局 2006 年版，第 433 页。
② 《旧唐书》卷一〇六《王毛仲传》，中华书局 1975 年版，第 3252 页。
③ 《旧唐书》卷一〇六《王毛仲传》，中华书局 1975 年版，第 3252 页。
④ 《唐开元二十五年（公元七三七年）水部式残卷》伯二五〇七号，唐耕耦、陆宏基编：《敦煌社会经济文献真迹释录》（第二辑），全国图书文献缩微复制中心 1990 年版，第 582 页。
⑤ （唐）李林甫等撰，陈仲夫点校：《唐六典》卷六《刑部》，中华书局 1992 年版，第 193 页。
⑥ 张维训：《略论杂户贱民等级的消亡》，《江西社会科学》1982 年第 4 期。

为良人”，番户即指官户，“诸律令格式有言官户者，是番户之总号，非谓别有一色”。[①] 官奴婢放免便只有官户、良人两等，因此，唐代杂户应该基本上如《唐律疏议》中所解释的是前代所遗留。

本章小结

通过本章的分析，乐户制度在隋及唐初出现了某种程度的变化，这种变化可以说是魏晋南北朝后期人身依附关系松弛趋势的反映和继续。隋文帝把大部分周、齐、梁、陈乐户放为民，但到炀帝时因个人喜好又重新收编为乐户，这是历史发展中的反复现象。对隋乐户的个案分析，我们发现乐户在法律上虽与民不同，但他们的生活状态还过得去，在社会现实中他们有相当大的活动自由。他们当中也有贫富的差别，这种差别因各人在社会上的谋生技巧的差异而产生。

隋末的农民战争对乐户向自由民的转变有着极大地推动作用，唐高祖武德四年的放免前代乐户的诏书正是这种作用的表现。甚至有些乐户在隋唐之际完全脱离乐人身份进入了士流，“若已经仕宦，先入班流，勿更追补，各从品秩”。后来王溥在编撰《唐会要》时在这一诏书后注曰：“乐工之杂士流，自兹始也。太常卿窦诞又奏用音声博士，皆为太乐鼓吹官僚。于后筝簧琵琶人白明达，术逾等夷，积劳计考，并至大官。自是声伎入流品者，盖以百数。”[②] 显然白明达及前举安叱奴等人原都是乐户，但已仕宦。高祖下令对这类人无须追补，他们中有的人如白明达甚至得以升至高官。

然而乐人进入仕途却遭到了士大夫流的反对，李纲在上唐高祖的疏中认为：“令舞胡致位五品，鸣玉曳组，趋驰廊庙，顾非创业垂统贻厥子孙之道也。”[③] 应以北齐封乐人为王的做法为殷鉴，乱时昏主的做法应该得到纠正，使社会重新回到原来的轨道上。唐太宗时，马周针对乐人

① （唐）李林甫等撰，陈仲夫点校：《唐六典》卷六《刑部》，中华书局 1992 年版，第 193 页。
② （宋）王溥：《唐会要》卷三四《论乐》，上海古籍出版社 2006 年版，第 728 页。
③ 《旧唐书》卷六二《李纲传》，中华书局 1975 年版，第 2376 页。

之类的伎术人员进入士流提出："王长通、白明达本自乐工，舆皂杂类，韦盘提、斛斯正则更无他材，独解调马。纵使术逾侪辈，伎能有取，乍可厚赐钱帛，以富其家。岂得列预士流，超授高爵。"[①] 即使是优秀的伎术人员，也只可赐给他们钱财，即"富其家"，但不能使他们"预士流"，以改变他们的社会身份。这些建议"太宗深纳之"，并曾对房玄龄说："朕设此官员，以待贤士。工商杂色之流，假令术逾侪类，止可厚给财物，必不可超授官秩，与朝贤君子比肩而立，同坐而食。"[②] 表明太宗时君臣对这一问题的意见已得到统一，此后的继承者也一再强调，并在制度上对伎术人员进升做出了规定，《唐六典》载："……伎术之官，唯得本司迁转，不得外叙。若本司无阙者，听授散官，有阙先授。若再经考满者，亦听外叙。"[③]

隋唐之际农民战争虽然对南北朝的旧局面有所打击，唐朝政权稳定下来后，便竭力维护原来贵贱等级分明的社会秩序，并以法律的形式体现出来，同时也对低阶层的群体在隋唐之际进入士流重新进行限制。《唐律疏议》中有关工、乐、杂户及音声人等人户的条文，是对魏晋以来这一类国家依附民的继承和总结，并进一步法律化和具体化。但"一种制度在历史上的确立或法典化，并不标志着它的巩固，反而标志着它开始走向瓦解或衰亡。换句话说，那并不是它成长和发达的历史，而是它被破坏、被摧毁的历史"[④]。所以乐户制度虽如整个唐前期的社会性质一样是"南北朝相承之旧局面"，但也是它走向衰亡的开始。这表现在武德年间从乐户中分离出来的太常音声人在政治地位上已取得了平民身份。因为统治者不能无视历史发展的变化，即诸如乐户之类的国家依附民户的人身控制正在减弱。太常音声人的出现正是国家在这种变化之下的一种对应政策，是对前代遗留下来的乐户在隋唐之际身份得到提高的事实给予了承认。但出于现实的考虑，国家必须备有一批乐伎，故他们还不能自由选择职业，只在太常服役，并在律令上做出相应的规定。应

---

① 《旧唐书》卷七四《马周传》，中华书局 1975 年版，第 2615 页。
② 《旧唐书》卷一七七《曹确传》，中华书局 1975 年版，第 4607 页。
③ （唐）李林甫等撰，陈仲夫点校：《唐六典》卷二《吏部》，中华书局 1992 年版，第 28 页。
④ 何兆武：《从身份到契约：梅恩〈古代法〉读后感》，《读书》1991 年第 8 期。

该说音声人是魏晋以来乐户转向自由民过程中的一种过渡。除此之外，唐前期的法令中没有直接配没罪犯为乐户、杂户的规定，这也表明了唐朝统治者在制定法律时既继承前代，又充分考虑了当时的社会现实情况，体现了社会历史在发展过程中的继承与变化。

第三章　乐户的平民化

乐户制度经过隋唐之际的变化，在唐朝社会稳定、经济繁荣的大局面下继续演变着，乐户最终由国家控制的半自由的状态转为一般百姓。

第一节　盛唐时期官府作乐人员身份的混杂化

一、教坊的设置

玄宗时设置的音乐机构教坊，是唐代乐户制度发生变化的一个契机。由于上层宫廷娱乐的需要，太常乐人增多，而且多为散乐杂戏，这与太常执掌国家礼乐之所在很不谐调。所以玄宗时在太常之外，设了一个新的音乐机构“教坊”。

教坊之称并非玄宗时才出现，在唐初已有，“内文学馆教坊，武德以来，置在禁内”[①]，但唐初的教坊仅是备宫廷所需，以宫人为主，并且名称多有改变。“内教坊。武德已来，置于禁中，以按习雅乐，以中官人充使。则天改为云韶府，神龙复为教坊。”[②]玄宗时教坊规模逐渐扩大，“置内教坊于蓬莱宫侧”[③]，“歌舞戏，有《大面》、《拨头》、《踏摇娘》、《窟礌子》等戏。玄宗以其非正声，置教坊于禁中以处之”[④]。后来则移出禁中，于宫外设置，“京都置左右教坊，掌俳优杂技。自是不隶太常，以中官为教坊使”[⑤]。崔令钦《教坊记序》亦载：“翌日诏曰：‘太

---

① （宋）王溥：《唐会要》卷三四《杂录》，上海古籍出版社 2006 年版，第 733 页。
② 《旧唐书》卷四三《职官二》，中华书局 1975 年版，第 1854 页。
③ 《新唐书》卷二二《礼乐志十二》，中华书局 1975 年版，第 474 页。
④ 《旧唐书》卷二九《音乐二》，中华书局 1975 年版，第 1073 页。
⑤ 《新唐书》卷四八《百官志三》，中华书局 1975 年版，第 1244 页。

常礼司，不宜典俳优杂伎。’乃置教坊，分为左右而隶焉。”[①] 教坊成为与太常相并立的另一个音乐机构，设有专门的官员即“教坊使”管理，并多为宦者担任，其主要职责是为宫廷宴会服务。“开元后，其人浸多，凡祭祀、大朝会则用太常雅乐，岁时宴享则用教坊诸部乐。”[②] 与太常执掌国家祭祀及庆典雅乐相区别。

教坊经过玄宗时重新改制，后来的发展使其重要性逐渐超过了太常。教坊的扩建是音乐歌舞兴盛的结果，因为太乐、鼓吹两署难以满足宫廷皇族对各种新兴的乐舞的需要。同时这也对太常原有乐户和音声人身份产生一种冲击，尤其是对乐户，因为音声人如前面所分析，仅在服役方式上与百姓不同。教坊里的乐人法律上的身份地位如何，现存的唐代史籍中没有明确的记载，玄宗时编成的《唐六典》亦没有提到。他们是否也如太常乐人呢？但太常属下的乐人本身具有不同的法律身份。

教坊中的乐人最初来自玄宗藩邸的散乐。“玄宗为平王，有散乐一部，定韦后之难，颇有预谋者。及即位，命宁王主藩邸乐，以亢太常，分两朋以角优劣。”[③] 因此，教坊的设置既是为了与掌雅乐的太常相区分，同时可能也有安置原来藩邸散乐的意图。玄宗藩邸的散乐不管原来是何身份，由于他们定难有功，玄宗皇帝不会亏待他们，前举官户出身的王毛仲升至高官便是很好的例子。教坊的主管人主要是宦官，这样的设置当然是出于方便为皇帝服务的目的。教坊乐人除了原来玄宗藩邸的散乐外，也有从太常中挑选过来的散乐杂戏，“太常礼司，不宜典俳优杂伎。乃置教坊，分为左右而隶焉”，这些原来属太常的俳优杂伎，转而隶于教坊。

最初他们以家庭为单位集中居住在教坊，由有司专门管理。大概也是分番服役，但也有长期供奉宫中的乐人，“谓长在至尊前为长入”，一般来说这些长入都是技艺较好并深惬上意的艺人。教坊乐人的经济生活条件较为富裕，有的家中有婢。“有颜大娘亦善歌舞……尝因儿死哀哭

① （清）董浩等编：《全唐文》卷三九六《教坊记序》，中华书局影印本 1983 年版，第 4041 页。
② 《宋史》卷一四二《乐志十七•教坊条》，中华书局 1977 年版，第 3347 页。
③ 《新唐书》卷二二《礼乐志十二》，中华书局 1975 年版，第 472 页。

拭泪，其婢见面，惊曰：‘娘子眼破也。’”[①] 这些教坊乐人家庭的女儿如果色艺出众，往往会被选入宫中，崔令钦《教坊记》载：“妓女入宜春院，谓之内人，亦曰‘前头人’，常在上前也。其家犹在教坊，谓之内人家。敕有司给赐同十家，虽数十家，犹故以十家呼之。……楼下戏出戏，宜春院人少，即以云韶添之，云韶谓之宫人，盖贱隶也。……平人女以容色选入内，教习琵琶三弦箜篌筝等者，谓搊弹家。”[②] 此处妓女是指教坊中乐人家的女孩，最初只选出十家，被选人家的待遇与一般乐人家庭有别，但后增至数十家。从她们和宫人的区别看，她们不是贱隶。来自云韶院的宫人可能是那些被配入掖庭的犯罪家属，因善音乐而隶于乐工。“天宝末，蕃将阿布思伏法。其妻配掖庭，善为优，因使隶乐工。”“殷裕妻崔氏，音声人郑羽客、王燕客，婢微娘、红子等九人配入掖庭。”[③] 来自教坊乐家的女子不与贱隶的宫人同等，说明其家庭和原来隶属太常的乐户的配隶之色有所不同，而教坊乐工有一部分来自太常。

民间搜访来的优秀音乐人才也是教坊乐人的重要来源。在古代社会里，最好的东西要进贡给皇帝，所谓的“贡士”，便是如此，音乐人才也不例外。何况，地方上的长官们为博得皇帝的欢心，也会千方百计地搜寻这方面的人才进贡。玄宗时著名的女歌手“永新”，便是地方刺史听闻其歌声后选送进宫，她并不出自乐人之家，而是当地尹姓的良家女。[④] 沈亚之《歌者叶记》记述了一个姓叶的善歌女子，而她之所以没有被征召进宫，是因为“然以莒能善人，而优曹亦归之，故率得不贡声禁中”。[⑤] 穆宗时的仗内教坊第一部供奉张渐也是由地方官员发现其音乐才能后进贡给皇帝，进荐他的官员说：“如子之优，天假奉圣听者也，非诸侯府所宜淹留。”[⑥]

---

① （宋）曾慥编纂，王汝涛等校注：《类说校注》卷七《教坊记》，福建人民出版社1996年版，第218页。

② （唐）崔令钦：《教坊记》，《丛书集成初编》2733，中华书局1985年版，第1页。

③ （唐）赵璘：《因话录》卷一《宫部》，上海古籍出版社1959年版，第69页；《旧唐书》卷一九上《懿宗纪》，中华书局1975年版，第679页。

④ （宋）龙衮：《江南野史》卷六《尹琳》，见朱易安等编：《全宋笔记》第一编第三册，大象出版社2003年版，第193页。

⑤ （清）董浩等编：《全唐文》卷七三二《歌者叶记》，中华书局影印本1983年版，第7606页。

⑥ 周绍良、赵超编：《唐代墓志汇编续集》会昌〇二四《大唐故府君张氏墓志》，上海古籍出版社2001年版，第961页。

教坊之外，玄宗时在宫内设有一个音乐训练场所，即“梨园”。“玄宗又于听政之暇，教太常乐工子弟三百人为丝竹之戏，音响齐发，有一声误，玄宗必觉而正之，号为皇帝弟子，又云梨园弟子，以置院近于禁苑之梨园。”[①]《新唐书》则记为：“玄宗既知音律，又酷爱法曲，选坐部伎子弟三百教于梨园，声有误者，帝必觉而正之，号‘皇帝梨园弟子’。”[②]从记述来看，梨园弟子是从太常中选拔一些比较优秀的乐工或其子弟组成。能入梨园者都是技艺出众的乐人，天宝时的许云封，原来并不是太常或教坊乐人，只因父母双亡后来京投靠其外祖梨园法曲李謩，而李是当时著名的音乐人。许云封从其外祖学习吹笛出色，便“值梨园法部小部音声”。[③]不管其原来法律身份如何，都是皇帝的梨园弟子，设有专使统辖，在皇帝恩宠有加的情况下，他们事实上的地位比一般人要高。

梨园弟子的人数后来有所增加。德宗时“停梨园使及伶官之冗食者三百人，留者皆隶太常”[④]。说明后来梨园弟子的人数并不止最初的三百人，省罢后又归属太常，然梨园在德宗后似乎又重设。唐末昭宗时“梨园乐工陈敬言与太乐令李从周，令先校定石磬，合而击拊之，八音克谐，观者耸听”[⑤]。

玄宗开元天宝年间也是唐代歌舞最为兴盛的时代，所设教坊、梨园是太常之外的音乐机构，其所习皆为当时流行的俗乐新声，聚集了那时代最出色的音乐歌舞人。如马仙期、贺怀智、李龟年等，其中“李龟年、彭年、鹤年弟兄三人，开元中皆有才学盛名。鹤年能歌词，尤妙制《渭州》。彭年善舞。龟年善打羯鼓”[⑥]。兄弟三人各有所擅，他们显然是出自乐户之家。教坊、梨园使由中官担任，直属于皇帝，与太常之下的太乐、鼓吹稍有不同。但在乐人籍属管理上，原来乐户身份可能仍保留其原有的法律身份，但对于那些从民间征召来的音乐人可能不是以户为单

① 《旧唐书》卷二八《音乐一》，中华书局 1975 年版，第 1051 页。
② 《新唐书》卷二二《礼乐志十二》，中华书局 1975 年版，第 476 页。
③ （宋）李昉等编：《太平广记》卷二〇四“许云封”条引《甘泽谣》，中华书局 1961 年版，第 1554 页。
④ 《旧唐书》卷一二《德宗上》，中华书局 1975 年版，第 320 页。
⑤ 《旧唐书》卷二九《音乐二》，中华书局 1975 年版，第 1082 页。
⑥ （宋）王谠撰，周勋初校证：《唐语林校证》卷五《补遗》，中华书局 1987 年版，第 480 页。

位管理，而只是其个人籍于教坊，《太平广记》卷四五二《任氏传》里任氏说："某兄弟名系教坊，职属南衙，晨兴将出。"而其家族是世传的乐家，"某，秦人也，生长秦城。家本伶伦，中表姻族，多为人宠媵"。[①]《任氏传》虽是鬼狐故事，但却是以现实生活为依托，从中可反映当时社会的一些现象。《任氏传》里提到信安王祎，而信安王祎是开元天宝间人。任氏的兄弟仅是名系在教坊，与籍属太常的乐户和两重籍属的音声人的管理方式有所不同，这表明教坊机构已存在着不同于太常系统的对乐人的管理方式，并日渐冲击和影响着原有的管理体系。

二、音声人含义的扩延

唐前期太常在籍乐户有两类：一类是太常乐户，户籍只在太常，不贯州县，法律上属于不完全自由的贱类；另一类为太常音声人，具有两重籍属，他们的户籍在地方州县，但太常同样也有他们的簿籍，音声人的法律身份等同民例，但与太常乐户一样不能自由脱离太常乐籍，没有选择职业的自由，仍保留了依附民户的痕迹。显然，这是两类身份有所区别的官府乐人，其中音声人比太常乐户身份高，但两者在盛唐却出现了混同的情况，音声人已成太常乐人的总称。

高宗时所撰的《唐律疏议》对乐户和音声人的区分很清楚，但也正是在高宗时，两者在某种程度上已享有同等的待遇，高宗乾封元年（666）五月敕："音声人及乐户祖母老病应侍者，取家内中男及丁壮好手者充，若无，所取中丁。其本司乐署博士及别教子弟应充侍者，先取户内及近新充。"[②]如前所述，音声人与乐户分别称呼固然说明两者是身份有别的两类人，然两者在应侍的待遇上却一致，这似乎可看作两者趋同的最初表现。"侍丁"是唐政府施行孝治的一种举措，"依令'免役，唯输调及租'"[③]。但音乐人员不可暂缺，所以才会有这样一份敕书。从这份敕令上还可分析出乐户和音声人都是家传世业，户内只一人当役，

① （宋）李昉等编：《太平广记》卷四五二《狐·任氏传》，中华书局1961年版，第3692页。
② （宋）王溥：《唐会要》卷三四《杂录》，上海古籍出版社2006年版，第733页。
③ （唐）长孙无忌等：《唐律疏议》卷三《名例》，中华书局1983年版，第70页。

当家中有老人应服侍时，则顺次取家中其他人员来替代。值得注意的是，这份敕里提到的“乐署博士”和“别教子弟”，他们似乎与乐户和音声人身份不同，乐署博士应较一般乐人地位高，属乐师之类；“别教子弟”可能是为扩充音乐人员而在原有乐户和音声人之外从民间征召来的。因此，太常里可能集中了不少的乐人，他们的身份也呈现出复杂化。

太常机构里的当值乐人存在平民身份的情况早在隋炀帝时就已出现过，《隋书》记载炀帝时，“其六品已下，至于民庶，有善音乐及倡优百戏者，皆直太常。是后异技淫声咸萃乐府，皆置博士弟子，递相教传，增益乐人至三万余”[①]。这是因为统治者喜好音乐百戏，原有乐人无法满足需要之故，但他们只是临时当值，并不成为籍属太常的乐人。

唐建立后，随着社会的稳定发展，统治者的娱乐之需逐渐高涨。“上元元年九月，高宗御含元殿东翔鸾阁，大酺。当时京城四县及太常音乐，分为东、西朋，雍王贤为东朋，周王显为西朋，务以角胜为乐。”[②]高宗时统治上层的娱乐活动就已十分兴盛。中宗时，太常乐人的数量已很多，李峤上皇帝疏说：“又太常乐户已多，复求访散乐，独持大鼓者已二万员，愿量留之，余勒还籍，以杜妄费。”[③]可知，这时除了太常乐户及音声人外，尚有为数众多的散乐。这里所指“散乐”，应是太常所掌雅乐系统外具有音乐及百戏技能的人。“散乐者，历代有之，非部伍之声，俳优歌舞杂奏。”[④]自秦汉以来便有，“秦汉已来又有杂伎，其变非一，名为百戏，亦总谓散乐，自是历代相承有之”[⑤]。从李峤疏中可知，这些散乐应当是籍不在太常，所以李峤才说“余勒还籍”。仅持大鼓一项的音乐人员就有二万，可见太常供养的音乐人员人数之多，并且很多不是太常在籍乐人，因此需要访求，李峤才会说遣回籍。另《唐会要·论乐》也提到“百戏散乐，本非正声……近者，太常官司于人间借妇女裙襦五百余具，以充散乐之服”[⑥]，这里所提散乐可能

① 《隋书》卷六七《裴蕴传》，中华书局 1973 年版，第 1575 页。
② （宋）王溥：《唐会要》卷三四《论乐》，上海古籍出版社 2006 年版，第 729 页。
③ 《新唐书》卷一二三《李峤传》，中华书局 1975 年版，第 4370 页。
④ 《旧唐书》卷二九《音乐志二》，中华书局 1975 年版，第 1072 页。
⑤ （宋）郭茂倩编：《乐府诗集》卷五六《散乐附》，中华书局 1979 年版，第 819 页。
⑥ （宋）王溥：《唐会要》卷三四《论乐》，上海古籍出版社 2006 年版，第 727 页。

是临时征集来的不在籍乐人，所以太常里没有配备他们的衣服，只得向民间借取。

正是因为太常里集中了身份各异的音乐人，随着时间的流移，以至人们对他们的称呼出现混同。“唐之盛时，凡乐人、音声人、太常杂户子弟隶太常及鼓吹署，皆番上，总号音声人，至数万人。”[①] 所有在太常上番服役的音乐歌舞百戏的乐人都被称为音声人，原来的乐户似乎已与音声人没有了区别。张泽咸先生也就此史料对乐人杂户身份提出疑问“难道是唐代盛世时，乐人、杂户子弟的身份已有了改变吗？”[②] 依笔者之见，他们的身份在官府簿籍上可以分辨清楚，但所有在官府里作乐的乐人，不管他们是贱民还是民间征召来的平民，均从事同样的工作，为宫廷服务，技艺出众者还可能得到丰厚的赏赐。因此，在实际生活中，人们逐渐难以分辨出如此众多的乐伎在法律上的身份。太常里所有的音乐人员都称为音声人，很有可能在生活中人们已将他们同等看待。

杜佑的《通典》也是将音声人作为太常在籍乐人的总称：“国家每岁阅司农户容仪端正者归太乐，与前代乐户总名音声人，历代滋多，至有万数。”[③]《新唐书》对音声人的提法或许便是出自《通典》。两处“音声人”包含的范围是官府里所有在籍音乐人员。《通典》所说以“司农户容貌端正者归太乐”也见于《唐六典》，“司农户”属于官户奴婢，如果仅从字面上理解，这与《唐律疏议》里对音声人的解释是不一致的，但如果考虑到杜佑所撰《通典》距《唐律疏议》颁行已近百年，“音声人”一词使用范围发生了扩延，则不难理解。太常音乐人称音声人，玄宗时新设的教坊、梨园所属音乐人也同样称音声，“玄宗既知音律……梨园法部，更置小部音声三十余人”[④]。“每宴乐，则宰臣尽在，太常教坊音声皆至，恩赐酒馔，相望于路。”[⑤] 宫廷中歌舞宫人也称为音声人，“其后宫细人子弟音声人等，并宜放归”[⑥]。显然这里的音声已是泛指，

---

① 《新唐书》卷二二《礼乐志十二》，中华书局 1975 年版，第 477 页。
② 张泽咸：《唐代阶级结构研究》，中州古籍出版社 1996 年版，第 490 页。
③ （唐）杜佑：《通典》卷一四六《乐六•清乐》，中华书局 1988 年版，第 3718 页。
④ 《新唐书》卷二二《礼乐志》，中华书局 1975 年版，第 473 页。
⑤ （唐）李肇：《唐国史补》，上海古籍出版社 1979 年版，第 27 页。
⑥ （宋）宋敏求编：《唐大诏令集》卷二《顺宗即位赦》，学林出版社 1992 年版，第 9 页。

非唐前期所特指的太常音声人。

“音声”在时间长流中演变着，由原来官府用来指称太常一部分乐人的用语渐推广至全社会普遍使用。因此，仅从史籍文献中所出现的音声很难辨别其法律上的身份，这也是学界对音声人的身份存有疑义的关键。太常音声人在法律上的身份属于民，这一用语渐适用于所有的音乐人，似乎也表明在实际社会生活中，人们对于乐人法律上的身份并不是十分的在意。

如果从唐人对“乐户”一词的使用上分析，似乎也可说明。“乐户”这一名词自北魏出现，至唐前期的诏敕中仍被使用，但在中唐以后却淡出。《通典》提到：“国家每岁阅司农户容仪端正者归太乐，与前代乐户总名音声人，历代滋多，至有万数。”[①]这里之所以称前代乐户，是因为音声人取代了乐户的称呼。此后，“乐户”一词在唐宋人的记载中消失，宋欧阳修等所撰的《新唐书》中提到的“乐户”出自唐中宗时李峤的上皇帝疏，并非宋人的说法。当然“乐户”使用的淡出并不代表乐籍制度的消失，只是说明在籍乐人的身份发生了变化，人们对于在官府从事音乐歌舞百戏的人多称“音声人”。

总的说来，盛唐时期太常乐人的管理方法仍是沿袭着唐前期做法。从撰于玄宗时的《唐六典》及稍后的《通典》有关内容可以得知，这时期官户奴婢依然是太常乐人的补充来源之一。玄宗时曾赐哥舒翰“音声小儿”，这些小儿可能便是从官户中挑选的容貌端正者以归太乐的少年。此时期的官府对乐人的控制还是较严，要脱离乐籍并非易事。“（开元）二十三年敕……又音声人得五品已上勋，依令应除簿者，非因征讨得勋不在除簿之列。”[②]按令如果乐人得到五品勋可以从官府乐籍上除名，从而可以摆脱乐人身份，现在规定必须是征讨得勋才能除簿，这说明了官府对乐人的控制较严。但如果我们从另一角度考虑，做出这样的规定，是否说明当时音声人得五品勋的人数可能较多。“勋官在唐朝前期赐予给少数功劳者，从武则天执政时期开始，把勋官大量地赐予给一般百姓，把他们作为色役人大量地征集到各种役务，从而防止了役制上的损

① （唐）杜佑：《通典》卷一四六《乐六·清乐》，中华书局 1988 年版，第 3718 页。
② （宋）王溥：《唐会要》卷三四《杂录》，上海古籍出版社 2006 年版，第 734—735 页。

失。”[①] 音声人为宫廷服务，应有更多的机会获得赐勋，并依据法令从太常乐籍中除名，所以皇帝才不得已下此敕令遏制这种情况，这透露出在籍乐人为摆脱控制所做的努力。

教坊的扩建、梨园的设置使原来单一的太常管理系统发生变化，系于官府的在籍乐人身份变得混杂，但他们所从事的职业是一致的，并同属于乐人阶层。在乐舞兴盛的时代，人们往往会忽视了他们的出身，只看重他们的技艺，这也是唐代出现许多著名音乐人的原因。在这样一种风气影响下，在社会的一般观念上，人们渐将官府所有从事乐舞百戏的人看作同一类人，即音声人。在现实生活中，太常乐户，亦即那些配隶的乐人的身份已趋同于身份相当于百姓的音声人。这体现在人们从观念上对太常乐户和音声人不再区别，以身份相当于民的音声人称呼取代乐户的称呼。这表明北魏以来的乐户制度在隋唐之际发生变化，从原来乐户中离析出一类音声人后，进一步发生变化。

第二节　唐中后期的官府乐人

唐中期以后政治局势的发展，使得原来集中于京城的乐人纷纷向地方流散，中央太常、教坊对乐人的管理日渐松散。唐前期所规定的各地音声人、散乐到太常轮番服役、培训的制度遭到破坏，太常乐人由京畿州县居民挂籍充数，开始进一步向平民身份转化。

一、安史之乱后官府乐人的流散及变化

安史之乱及其后局势的发展，对乐籍制度的变化也产生极大的影响。原来集中于京城的乐伎向地方流散，中央太常教坊的乐籍变得混乱，管理已难以像过去那样严格。但盛唐以来崇尚乐舞的风气并没有因此有所消歇，反而此种风尚被推及至地方，地方藩镇势力的强盛，一定

① 〔韩〕金锡佑：《唐代百姓勋官考论》，《东方论坛》2004 年第 6 期。

程度上促使了地方乐舞的兴起，地方乐籍管理也随之凸显。

安史之乱发生后，玄宗逃往蜀，京城太常教坊的乐人只有极少部分跟随。“时梨园弟子善吹觱篥者，张野狐为第一，此人从至蜀，上因以其曲授野狐。”[①]余下的有的被安军所俘，“禄山尤至意乐工，求访颇切，不旬日间，获梨园弟子数百人”[②]。有的则逃往没被战争波及的江南或其他地方，杜甫诗《江南逢李龟年》中的李龟年、白居易诗《江南遇天宝乐叟》中的乐叟。“白头病叟泣且言，禄山未乱入梨园。能弹琵琶和法曲，多在华清随至尊。……从此漂沦落南土，万人死尽一身存。”[③]梨园法部音声许云封“其年安禄山叛，车驾还京，自后俱逢离乱，漂流南海，近四十载”[④]。“先时，有太常乐工刘玠流落至潞州，虔休因令造此曲以进，今《中和乐》起此也。”[⑤]其他不知名的乐人流落各地的当不在少数。社会重新安定之后，他们有的可能回到了京城，有的则可能落籍地方，而不再隶属中央的太常或教坊机构。如李龟年、江南乐叟、许云封等避乱至江南后，便不再返回京都，可能已落籍当地。他们避乱应该都是携带家口的。“龟年罢，忽闷绝仆地。以左耳微暖，妻子未忍心殡殓。”[⑥]

为了生存，流散到各地的乐人必然会利用自身的技艺依附于权势富豪之家，因为他们长久以来已脱离了生产劳动，只能依靠音乐技艺来谋生。在这种情况下，他们便会成为地方乐籍中人，像前面提到的太常乐工刘玠流落至潞州，便可能入了地方乐籍，所以虔休令他造曲进献。当然也有因世乱而隐居深山的乐人。“唐天宝末，禄山作乱，潼关失守，京师之人于是鸟散。梨园弟子有笛师者，亦窜于终南山谷，中有兰若，因而寓居。”[⑦]但不管游走官宦富家还是隐居深山，他们应该脱离了原来

---

① （唐）郑处诲：《明皇杂录》补遗，中华书局1994年版，第46页。

② （唐）姚汝能：《安禄山事迹》卷下，中华书局2006年版，第106页。

③ （清）彭定求等编：《全唐诗》卷四三五《江南遇天宝乐叟》，中华书局1960年版，第4811页。

④ （宋）李昉等：《太平广记》卷二〇四《乐》“许云封”条引《甘泽谣》，中华书局1961年版，第1555页。

⑤ 《旧唐书》卷一三二《王虔休传》，中华书局1975年版，第3652页。

⑥ （唐）范摅：《云溪友议》卷六，《丛书集成初编》2832，中华书局1985年版，第34页。

⑦ （宋）李昉等编：《太平广记》卷四二八《虎》“笛师”条引《广异记》，中华书局1961年版，第3482页。

的乐籍。当然，上面所列举的那些乐人都是当时有名气的音乐人，他们原来是乐户还是音声人出身我们无法辨别，即使当时记述的人也可能分辨不清。但这里想说明的是，战乱的局势为他们提供了脱离原有乐籍的机会，他们一旦籍在州县，便表明在籍属上与一般百姓等同。当然，如果原来即为音声人，他们本就已附贯州县。

安史之乱及后来长安的屡遭兵祸，使太常、教坊原有的乐人四散，乱后有一部分回到太常教坊。“某太常工人也，祖父传此艺，犹能此曲，近者张儒入长安，其家流散，父没河西，此曲遂绝。”[①] 此工人应是太常世袭的乐家，战乱中其家流散至河西，父亲也死于河西，他于乱后却是回到了太常。但很多乐工却散在民间，即使是在京城也并不一定回至太常或教坊，而是散居于京城。“歌歇，上问：‘有旧人乎？逮明为我访来。’翌日，力士潜求于里中，因召与同至，则果梨园子弟也。”[②] 像他这样的乐人还有很多。可见自战乱后官府对原来的乐工管理极为松散，因为政府在动乱局势下无暇顾及，也没有多余的财力来蓄养这些娱乐人员。

直至德宗时才下敕把这批人重新收系教坊。“德宗初登勤政楼，外无知者。望见一人衣绿乘驴戴帽至楼下，仰视久之，俯而东去。上立遣宣示京尹，令以物色求之。尹召万年捕贼官李镕，使促求访。李尉伫立思之曰：‘必得。’及出，召干事所由于春明门外数里内，应有诸司旧职事使艺人，悉搜罗之。而绿衣者果在其中。诘之，对曰：‘某天宝教坊乐工也。上皇时数登此。每来，鸱必集楼上，号随驾老鸱。某自罢居城外，更不复见。今群鸱盛集，又觉景象宛如昔时。心知圣人在上，悲喜且欲泣下。’以此奏闻。敕尽收此辈，却系教坊。”[③] 绿衣人原是教坊乐工但却并没有回到教坊，而是居于城外，他以何种方式取得生活物资，不得而知，从居于城外推测，他也许有一小块土地，或是以音乐技能为他人提供音乐服务。但他对于开天时期乐舞盛况显然十分的怀念，被收

① （宋）李昉等编：《太平广记》卷二〇五《乐》“李琬”条引《羯鼓录》，中华书局 1961 年版，第 1562 页。

② （唐）郑处诲：《明皇杂录》，中华书局 1994 年版，第 46 页。

③ （唐）赵璘：《因话录》卷一《宫部》，上海古籍出版社 1979 年版，第 71 页。

系教坊可能也是他心所愿。

宪宗即位后曾下令“罢教坊乐人授正员官之制”[①]，表明在这之前教坊乐人可以授予官职已成为一个制度，至宪宗才废罢。教坊乐人授正员官，应是玄宗开元扩建教坊以后的事，从前举德宗时所收系的原教坊乐工身着绿衣来看，他应是有一定品级。按唐舆服制度，不同品级的官员及庶民在着衣方面有不同的规定，其中，“六品服深绿，七品服浅绿，并银带。八品服深青，九品服浅青”，庶人则为白衣。[②]说明在天宝年间便已授教坊乐人以低级的品官。

在唐前期统治者一直强调各种伎术人员不能任本司以外官，武则天时的《定伎术官进转制》：“常秩清班，非无等差。比来诸色伎术，因营得官，及其升迁，改从余任……自今本色出身，解天文者进转官不得过太史令，音乐者不得过太乐鼓吹署令……”[③]《唐六典》也有相关的规定。显然，虽然自唐初以来一直存在着乐人任本司以外官的现象，但统治者一直企图从制度上加以限制。

然而制度与现实并不完全一致，乐人授官反而成为惯例。宪宗下令“罢教坊乐人授正员官之制”，但从后来一些教坊乐人仍得授予官职来看，宪宗的这一措施似乎并没有一直贯彻。文宗时教坊副使云朝霞被授帅府司马、伶官尉迟璋为王府率，虽遭到大臣反对，但仍分别授予润州司马和光州长史。懿宗时又授伶官李可及为左威卫将军。[④]这固然是他们得到皇帝的宠幸，大臣们的反对也仅是认为不应该授予太高的官职，并不是不能授予。从教坊乐人可授官职这一点来看，显然教坊乐人的身份应是平民之类。

从教坊乐人职业选择来看，唐后期名籍教坊的乐人似乎并没有强制规定其职业世袭，只因他们是一人，而非以整个家庭名系教坊。《太平广记》载：“教坊乐人有儿年十余岁，恒病……忽遇一道士于路……因白父母求遍历名山，寻访道士，母不许，其父许之曰：‘向使不愈，今

---

① 《旧唐书》卷一五上《宪宗上》，中华书局1975年版，第412页。

② 《旧唐书》卷四五《舆服》，中华书局1975年版，第1953页。

③ （清）董浩等编：《全唐文》卷九五《定伎术官进转制》，中华书局1983年版，第983页。

④ （宋）王溥：《唐会要》卷三四《杂录》、卷五二《忠谏》，上海古籍出版社2006年版，第736、1069页。

亦死矣，既志坚如此，或当有分也。’遂遣之，今不知所在。”① 此教坊乐人名系教坊，但其儿子却并非也一定为乐人，他可以有自己的选择，职业选择的自由说明教坊乐人具有与平民一样的权利。

二、太常乐人由京畿富人挂籍

唐前期对官府乐人的规定主要是针对太常乐人，因为当时中央官府音乐机构是太常，故下面对唐中后期的太常乐人再做一分析。

中唐以后所颁布的诏敕提到太常乐人时将他们与教坊乐人、一般的庶民视为同等。肃宗乾元二年（759）赦：“诸色人力役造作，非军国灼然要急及诸色率税，亦一切并停。太常寺音声，除礼用雅乐外，并教坊音声人等，并仰所司疏理，使敦生业，非祠祭大祀及宴蕃客，更不得辄有追呼。”② 停诸色人力役造作和省罢音声人固然是为了节省政府开支，因为太常教坊乐人的生活物资是由政府支给的，这是由于乐人们每天要进行音乐的练习，无暇从事别的生业。从赦书可分析出音声人即使被所司疏理减罢，另谋生计，但还是登记在籍，当政府需要时，可随时追呼。因为音声的服役方式便是为政府作乐，这是一种义务。但另一方面也表示政府对他们的控制不再像以前那样严格，他们在社会上从事何种职业，官府似乎并不干涉，只在有重大祭祀活动以及宴会蕃客时官府才追集他们。同时也暗示他们应该居住在京畿附近，官府有乐事活动时才有可能追集他们。

武宗会昌二年（842）五月敕：“今年庆阳节，宜准例，中书、门下等并于慈恩寺设斋，行香后，以素食合宴，仍别赐钱三百贯文，委度支给付。令京兆府量事陈设，不用追集坊市歌舞。”③ 时间一长，这些原属太常的乐人与太常的关系便渐疏松，而成为名系太常的坊市乐人。柳宗元在给裴封叔所写的墓志中提到：“为太常主簿，搜剔疑互，探抉遁隐，宿工老师，不得伏匿，皆来会堂下，耆股肱，役喉喙，以集乐事，作坐

---

① （宋）李昉等编：《太平广记》卷八五《异人》“教坊乐人子”条引《稽神录》，中华书局 1961 年版，第 556 页。

② （宋）王钦佑等编：《册府元龟》卷八七《帝王部·赦宥六》，中华书局 1960 年版，第 1040 页。

③ （宋）王溥：《唐会要》卷二九《节日》，上海古籍出版社 2006 年版，第 637 页。

立二部伎图。”[①]“宿工老师，不得伏匿”透露出平常太常官员对在籍的太常乐人管理并非很严格，往往形成人浮于事的局面，乐人并不一定就在太常里供役，只有需要时才会追集。而乐人也会利用官员的管理疏松，逃避乐役，为自己获得更多的自由支配时间。

唐中后期官府颁布的德音赦文中对太常音乐人员的用语也在变化，肃宗乾元二年（759）赦：“……太常寺音声，除礼用雅乐外，并教坊音声人等，并仰所司疏理，使敦生业，非祠祭大祀及宴蕃客，更不得辄有追呼。”[②]此处音声应是泛指所有音乐人员，代宗时的南郊赦文，仍提到音声人，“诸色丁匠幕士、供膳音声人、执祭斋郎、问事掌闲渔师”[③]。但敬宗及以后的赦文、诏书里的赐勋人员中，“乐人”用语取代了“音声人”，敬宗南郊赦文“诸司诸使，下白身人，及无品直司，定额长上，杂匠、巧儿……典钟、工人、乐人、主衣、主膳……”[④]之后诸帝的南郊赦文及即位赦文都是沿用此一套语。其他的诏书提到太常音乐人时用语也是“乐人”，如文宗时《委监察御史省视太庙郊社斋事诏》：“……应缘祠祭官下至斋郎及太常乐人吏等，致斋日有博弈饮酒喧呼争竞者，亦委御史台纠察闻奏。”[⑤]官府用语的变化说明在太常作乐的音乐人身份已趋同，没有再区别的必要。

这些例行的南郊赦文：“诸司诸使，下白身人，及无品直司，定额长上、杂匠、巧儿……典钟、工人、乐人……典书流外署等各赐勋两转。”[⑥]所列举的这些人如白身人等，身份都是平民，乐人与他们所受到的待遇相同，那么乐人与他们身份可能相类，这说明唐中后期在官府行文中已将太常乐人等同于民。

---

① （清）董浩等编：《全唐文》卷五八八《唐故万年令裴府君墓碣》，中华书局 1983 年版，第 5948—5949 页。

② （清）董浩等编：《全唐文》卷四二《推恩祈泽诏》，中华书局 1983 年版，第 470 页。

③ （宋）宋敏求编：《唐大诏令集》卷六九《广德二年南郊赦》，学林出版社 1992 年版，第 352 页。

④ （宋）宋敏求编：《唐大诏令集》卷七〇《宝历元年正月南郊赦》，学林出版社 1992 年版，第 361 页。

⑤ （清）董浩等编：《全唐文》卷七二《委监察御史省视太庙郊社斋事诏》，中华书局 1983 年版，第 761 页。

⑥ （宋）宋敏求编：《唐大诏令集》卷七〇《宝历元年正月南郊赦》，学林出版社 1992 年版，第 361 页。

武宗时的一份赦文更能反映中后期太常乐人的变化：

京畿诸县太常乐人及金吾角子，皆是富饶之户，其数至多，今一身属太常金吾，一门尽免杂差役，今日已后，只放正身一人差使，其家下并不在影庇限。[①]

《唐会要》有关此诏书的记载则较为简略。“会昌二年四月二十三日敕节文：京畿诸院太常乐及金吾角手，今后只免正身一人差使，其家丁并不在荫庇限。”[②]金吾角子也即角手，都是指乐人，“唯琴尚有箛声大角者，金吾所掌工人，谓之角手，备鼓吹之列”[③]。太常、金吾的乐人多为富户，人数不少，因而造成免役的人过多，成为问题，故皇帝不得不进行干预。这说明了两个问题：一是太常原有的乐户数量已相当的少，所以太常要从民间征求乐人。这就给了富户们挂籍太常借以逃避差徭的机会。人数过多，可能他们中有些并非乐人而是通过贿赂太常官员得以挂籍太常、金吾。二是社会上并不以充当太常乐人为耻，挂籍乐人反而成为富民避役方法。因为太常乐人的服役方式是为官府作乐，可以免其他繁重的杂差役。“太常乐鼓吹散乐音声人，并是诸色供奉，乃祭祀陈设、严警卤簿等用，须有矜恤，宜免征徭杂科。”“音声内教坊博士及曹第一第二博士房，悉免杂徭，本司不得驱使”[④]，“乐工原由罪隶配充转而为某些富户乐意投充，其间揭示着唐后期社会里已蕴藏着深刻的变化”[⑤]。这种变化应早在盛唐时便已开始，只是到武宗时已表现得非常明显。

民间为避繁重的差役也不仅是挂籍太常乐人一途。“如闻近年以来，京城坊市及畿甸百姓等，多属诸军诸使诸司。占补之时，都无旨敕，差科之际，顿异编氓，或一丁有名，则一户合免。往年制敕，无

① （清）董浩等编：《全唐文》卷七八《加尊号赦文》，中华书局1983年版，第814页。
② （宋）王溥：《唐会要》卷三四《杂录》，上海古籍出版社2006年版，第737页。
③ （宋）王溥：《唐会要》卷三三《北狄三国乐》，上海古籍出版社2006年版，第725页。
④ （宋）王溥：《唐会要》卷三三《散乐》、卷三四《杂录》，上海古籍出版社2006年版，第714、734页。
⑤ 张泽咸：《唐代阶级结构研究》，中州古籍出版社1996年版，第494页。

复遵行。”[①]因此以挂籍太常乐人为避役方法是当时社会避役现象的一个侧面，同时也反映出太常乐人的这种变化与社会的变化息息相关。

武宗的敕书中显示了太常原有乐人的减少，亦即透露出唐前期以官户容貌端正者归太常太乐、鼓吹的制度已出现了难以为继的情况。因为唐中后期的官户制度也走向了衰败，[②]代宗大历十四年（779）曾有官员指出：“又准格式，官户受有勋及入老者，并从良。比来因循，省司不立文案。伏恐日月滋深，官户逃散，其受勋及入老者无定数，伏请令诸司准式造籍送省，并孳生及死亡者，每季申报，庶凭勘会。”朝廷因此下令：“宜并准式处分。自今已后，有违阙者，委所司奏闻，准法科罪。”[③]说明官户逃散现象十分严重，虽然官府仍控制着一定数量的官户，宪宗时便有一些官户充当永昌公主的墓户，“然朕不欲破二十户百姓，当拣官户委之”[④]。然而官户数量减少却是无法阻挡的趋势。据学者统计，唐中后期籍没犯人家口的事件比前期要大大减少，表明官奴婢的来源也正在减少。[⑤]官户奴婢制度这种变化经唐末五代，至宋表现更充分。从制度上看，唐代掌管配没工作的都官郎中，“都官郎中、员外郎掌配没隶，簿录俘囚，以给衣粮、药疗，以理诉竞、雪免，凡公私良贱必周知之”[⑥]。像其职掌至宋时变成“掌徒流、配隶。凡天下役人与在京百司吏职皆有籍，以考其役放及增损废置之数”[⑦]。晚唐五代以后，官户名称已罕见于史册，至宋代其含义更发生了颠覆性的变化，由原来指称贱民的用语转而成为品官之家的称呼。正是由于官户奴婢在唐中期以后发生了如此巨大的变化，从而使太常乐人的补充来源出现了短缺，不得不更多地依赖民间招募或征召，促使乐户向平民身份转化。

唐末战乱，更使太常乐人流散殆尽。“广明初，巢贼干纪，舆驾播迁，两都覆圮，宗庙悉为煨烬，乐工沦散，金奏几亡。及僖宗还宫，购

---

① （清）董浩等编：《全唐文》卷七五《南郊赦文》，中华书局1983年版，第793页。
② 李天石：《中国中古良贱身份制度研究》，南京师范大学出版社2004年版，第405页。
③ （宋）王溥：《唐会要》卷八六《奴婢》，上海古籍出版社2006年版，第1861页。
④ 《旧唐书》卷一四八《李吉甫传》，中华书局1975年版，第3995页。
⑤ 李天石：《中国中古良贱身份制度研究》，南京师范大学出版社2004年版，第398页。
⑥ （唐）李林甫等撰，陈仲夫点校：《唐六典》卷六《刑部》，中华书局1992年版，第193页。
⑦ 《宋史》卷一六三《职官三》，中华书局1977年版，第3860页。

募钟县之器，一无存者。昭宗即位，将亲谒郊庙，有司请造乐县，询于旧工，皆莫知其制度。”[①] 在这种情况下，虽有旧工，但唐初以来的乐户的身份规定也已破坏无遗，乱离的时代对人们的法律身份又一次产生了极大的冲击。昭宗时唐王朝已是名存实亡，“唐昭宗末，京都名娼伎儿，皆为强诸侯有之”[②]。原有的所谓国工之类的乐人却是转入了各政权，从某种程度来说，他们仍是没有脱离官府的乐籍，这也是由他们的职业本身所具的依附性决定的。但他们却已有了不附乐籍的自由。“复有琵琶石潨者，号石司马。自言早为相国令狐公见赏，俾与诸子涣沨连水边作名，乱后入蜀不隶乐籍，多游诸大官家，皆以宾客待之。”[③] 这位号为石司马的琵琶手在蜀地没有再入当地的乐籍，以技游于“诸大官家”时也没有被当作低贱之人看待，而是被待以宾客之礼。这说明在唐末乱离的时代，原来着籍的乐人已有脱离乐籍的自由，亦即有了选择职业的自由。不管从法律上还是社会上他们的身份地位显然已与一般平民无异。

三、乐人的婚姻状况

关于官府乐伎的婚姻，《唐律疏议》载太常乐户是“当色为婚”，太常音声人则“婚同百姓”，但现实生活中是否严格执行制度上的规定则是存在疑问的。从现存的零星记载看，既存在乐伎群体的内群婚，也有群体外的联姻。

《教坊记》载：“筋斗裴承恩妹大娘，善歌，兄以配竿木侯氏。”[④] 这是典型的内群婚，乐伎本身职业决定了其群体容易形成这样的婚姻形式，但载籍中能反映这样的婚姻形式的史料相当少，仅能从相关的材料中加以推测。《太平广记》中有这样一则故事：“乾元中，自都入京，夜

① 《旧唐书》卷二九《音乐二》，中华书局 1975 年版，第 1081 页。
② （宋）李昉等编：《太平广记》卷二〇五《乐》“关别驾”条引《北梦琐言》，中华书局 1961 年版，第 1568 页。
③ （宋）李昉等编：《太平广记》卷二〇五《乐》“关别驾”条引《北梦琐言》，中华书局 1961 年版，第 1568 页。
④ （唐）崔令钦：《教坊记》，《丛书集成初编》2733，中华书局 1985 年版，第 2 页。

投野狐泉店宿……令呼蘧蒢三娘唱歌送酒，少间三娘至，容色甚丽，尤工唱《阿鹊监》……伶人至店，其妻暴疾亡，以苇席裹尸，葬将军坟侧，故呼曰蘧蒢三娘云，旬日前，伶官亦移其尸，归葬长安讫。”[①] 从故事中的蘧蒢三娘善歌来判断，伶人与其妻可能也属于乐伎群体内的婚姻。

歌手刘采春夫妇也应属于此类。“……及廉问浙东（指元载）……乃有俳优周季南、季崇，及妻刘采春，自淮甸而来。善弄陆参军，歌声彻云。”[②] 夫为俳优，妻善歌及弄陆参军，据此可推测原来可能俱出自乐人之家，属同类为婚。他们并不是太常属下乐人，应该是地方上的乐伎，而且从记载上看，他们的流动比较自由，但这是发生在中唐以后的事情。因此，可以判断，在乐伎群体内同类为婚是存在的，即使没有“法律”上的“当色为婚”。

然《教坊记》也载：“坊中诸女以气类相似，约为香火兄弟……辈有儿郎聘之……儿郎有任官僚者。”[③]“任官僚者”应该不是乐伎群体中人，这可视为乐伎与群体外的人婚姻，这种婚姻多体现在女性与群体外的男性之间的联姻。《太平广记》记载以善弄斗鸡而得到玄宗宠幸的东城老父贾昌，“（开元）二十三年，玄宗为娶梨园弟子潘大同女”[④]。娶梨园弟子女为妻，竟要玄宗出面，可见梨园弟子的女儿并非容易得到。而梨园弟子如前面所述，是从太常乐工中挑选出来的。

从前举《任氏传》里任氏所说其姻族多为人宠媵来看，身在伶伦之家的女性因其善歌舞，往往成为豪门富家纳妾的对象。如果是官宦之家，她们是很难成为正室，只能是另室安置的别宅伎女。即使是一般人家，要娶乐伎女，也得是殷实人家，《太平广记》卷四五“衡山隐者”条载：“……会乐人将女诣寺，其女有色，众欲取之，父母求钱五百千，莫不引退。隐者闻女嫁，邀僧往看，喜欲取之。……付金毕将去，乐

---

① （宋）李昉等编：《太平广记》卷三三六《鬼》“郑望”条引《潇湘录》，中华书局 1961 年版，第 2668 页。

② （唐）范摅：《云溪友议》卷九，《丛书集成初编》2832，中华书局 1985 年版，第 55 页。

③ （唐）崔令钦：《教坊记》，《丛书集成初编》2733，中华书局 1985 年版，第 2 页。

④ （宋）李昉等编：《太平广记》卷四八五《杂传·东城老父传》，中华书局 1961 年版，第 3992 页。

师时充官，人便仓卒使别，隐者示其所居。”[①]这位乐人是官府在籍的乐伎，当时正携家口准备去上番当役，众人想娶其女，乐人要求聘金五百千，数目不少，只有富有的隐者才拿得出这笔钱娶得其女。这则故事引自《广异记》，据顾况《戴氏广异记序》知其作者为戴孚，与顾况于唐肃宗至德二年（757）同登进士第，此书大约作于大历年间。[②]因此书中所述故事应以当时的社会现实为基础。

乐伎群体中稍有姿色的女性，一般都会为豪富之人所有，从物质层面上来说，她们的生活相当不错，白居易诗“老大嫁作商人妇”，从诗人角度来看是惋惜，因为“商人重利轻别离”。但如果考虑到生存状态，她们比一般的下层妇女可要好得多了，“贫家女为富家织……两日催成一匹半。输官上顶有零落，姑未得衣身不著。当窗却羡青楼倡，十指不动衣盈箱”[③]。

上举例子中我们看不出这些乐伎是太常乐户还是音声人，但显示出官府乐伎群体婚姻形态，更接近于太常音声人的“婚同百姓”。而这些材料都是中唐以后的，由此可以推测，在唐初，太常乐户确实存在着“当色为婚”的律令，这是不容置疑的，但社会的发展却使太常乐户与音声人的“婚同百姓”趋于一致。在社会安定时期，乐伎本来就是一个非常活跃的群体，若非情投意合，有姿色、善歌舞的女子又如何甘于嫁给同类中人呢？其父母如“衡山隐者”中提到的那样也会要求很高的聘金，而这只有富有之家才能出得起。乐伎群体中的女性如果大部分成为群体外的婚配对象，那么其群体内的男女婚配比例便失调，进而导致男性亦会娶群体外的女性为偶。这样即使原来必须“当色为婚”的乐户也会突破这一律令，而且法律是否得到严格执行也是个问题，因为这可通过贿赂等手段来改变。

因此，从官府在籍乐伎的婚姻来看，唐代官府乐人的身份趋于一致，即原来处于良人之下的太常乐户在婚姻上也渐取得与百姓一样的权

---

① （宋）李昉等编：《太平广记》卷四五《神仙》“衡山隐者”条引《广异记》，中华书局 1961 年版，第 283 页。

② （宋）李昉等编：《文苑英华》卷七三七《序》，中华书局 1982 年版，第 3838 页。

③ （清）彭定求等编：《全唐诗》卷二九八《当窗织》，中华书局 1960 年版，第 3380 页。

利，而婚姻状态在中古社会往往是表示身份贵贱的一个象征。这从一个侧面反映了官府乐户身份在社会现实中有了提高。

第三节　地方乐籍制度

唐中期以后，原来由中央太常及教坊控制大量乐人的情况发生了变化，集中于京城的乐户及音声人向地方城市扩散，地方音声人及散乐到中央上番的制度也在一定程度上遭到破坏，同时地方乐籍管理也随之凸显。地方乐籍其实是原来中央乐籍制度的延伸，因为原来太常音声人的籍贯是在地方州县，州县官府掌握着他们的户籍。乐营的设置是中央太常、教坊在地方上的翻版，是地方乐舞兴盛和地方藩镇势力兴起的反映。

一、乐营的兴起

唐中期以后，唐人诗歌文集大量记载地方官员饮宴的乐舞场面以及地方名伎。如代、德时来自江外的李衮，其歌声之美妙令京都众伎皆拜倒，“李衮善歌于江外，名动京师，崔昭入朝，密载而至，乃邀宾客，请第一部乐及京邑之名倡，以为盛会，昭言有表弟，请登末座。令衮弊衣而出，满座嗤笑之。少顷命酒，昭曰：‘请表弟歌。’座中又笑，及喉啭一声，乐人皆大惊，曰：‘是李八郎也。’罗拜之”①。女性歌手则有刘采春及其女周德华。“望夫歌者，即罗唝之曲也。采春所唱一百二十首，皆当代才子所作。”“胡州崔郎中初为越副戎，宴席中有德华周氏者，乃刘采春女也。虽罗唝之歌，不及其母，而杨柳之词，采春难及。”② 地方歌舞人才辈出，与安史乱后京都一些优秀的乐伎流落地方从而带动地方乐舞人才的培养有一定的关系。“自胡寇覆荡，伶伦分散，外方始有此

① （宋）李昉等编：《太平广记》卷二〇四《乐》“李衮”条引《国史补》，中华书局 1961 年版，第 1550 页。

② （唐）范摅：《云溪友议》卷九、卷一〇，《丛书集成初编》2832，中华书局 1985 年版，第 55、57 页。

妓，军州宴会，时或有之。”[①] 地方藩镇势力的强盛则是地方乐舞兴起的物质基础，他们为乐人们提供了庇身之所。也正因为如此，籍在州县的地方乐伎也是无法完全摆脱官府的控制，仍具有很大的依附性。但却和太常属下的乐户身份不同，法律上他们应当是平民。

乐舞兴盛，地方官府所需音乐人员增多，地方乐籍管理随之凸显，地方节镇州郡“乐营”的设置便是其反映。对“乐营”的出现，有学者认为：“从（敬宗）宝历二年起，节镇州郡长官之私家蓄乐转变为衙府蓄乐。余意节镇州郡设置乐营，当自此始。”[②] 然考之史籍，《旧唐书·陆长源传》载：“加以叔度苛刻，多纵声色，数至乐营与诸妇人嬉戏，自称孟郎，众皆薄之。”[③] 此处乐营乃指汴州乐营，“以行军司马陆长源检校礼部尚书、汴州刺史、御史大夫、宣武军节度度支营田、汴宋亳颍观察等使。……是日，汴州军乱，杀陆长源及节度判官孟叔度、丘颖”。此事发生在德宗贞元十五年，[④] 但军镇乐营的设置应该早于这一时间。《太平广记》载：“唐潞州节度使薛嵩家青衣红线者善弹阮咸，又通经史……时军中大宴，红线谓嵩曰：‘羯鼓之声，颇甚悲切，其击者必有事也。’嵩素晓音律……召而问之，云：‘某妻昨夜身亡，不敢求假。’嵩遽放归。是时至德之后两河未宁。”[⑤] 故事中虽没有提到乐营，但军中已掌有一批乐舞队伍，才能满足军中大宴所需的各种乐舞表演。而这支乐舞队伍应是军营编制，隶属于军队，羯鼓手妻子身亡也“不敢求假”，正是因为编在军籍中，又正值军中饮宴，不能随便请假。

军镇乐营的兴起，应该是以原来军队中的鼓吹为主而扩建。军队中掌有一支鼓吹乐队，可追溯得更早。“鼓吹，盖短箫铙哥。蔡邕曰：‘军乐也，黄帝岐伯所作，以振德建武，劝士讽敌也。’”[⑥] “横吹曲，其始亦谓之鼓吹，马上奏之，盖军中之乐也。北狄诸国，皆马上作乐，故自汉已来

① （唐）封演撰，赵贞信校注：《封氏闻见记校注》卷六，中华书局 2005 年版，第 55 页。
② 李正宇：《沙州归义军乐营及其职事》，见《敦煌吐鲁番研究》第五卷，北京大学出版社 2000 年版，第 217 页。
③ 《旧唐书》卷一四五《陆长源传》，中华书局 1975 年版，第 3938 页。
④ 《旧唐书》卷一三《德宗纪下》，中华书局 1975 年版，第 389 页。
⑤ （宋）李昉等编：《太平广记》卷一九五《豪侠》“红线”条引《甘泽谣》，中华书局 1961 年版，第 1460 页。
⑥ 《宋书》卷一九《乐志一》，中华书局 1974 年版，第 558 页。

北狄乐总归鼓吹署。其后分为二部，有箫笳者为鼓吹……有鼓角者为横吹，用之军中，马上所奏者是也。”[①]军乐当然得乐人来吹奏，显然，自汉以来军队中便存在着一支乐队，他们被称为鼓吹。他们的作用有二：

一是平时作为军将们的出行导从。汉末“燮兄弟并为列郡，雄长一州，偏在万里，威尊无上，出入鸣钟磬，备威仪，笳箫鼓吹，车骑满道”[②]。凿于唐末的莫高窟156窟西壁下部《张议潮统军出行图》仪仗中有导行鼓角八人，舞者八人，乐师十二人。同窟《宋国夫人河内郡夫人宋氏（即张议潮夫人）出行图》中，又有戴竿伎6人，伴奏乐师4人，舞伎4人，伴奏乐师7人。[③]可见，自汉末魏晋以来至唐末，军将出行都是备有导行鼓吹的，只不过到唐代时，这种导行更为壮观，除鼓吹外，还增加了舞者、乐师。

二是在战争中鼓舞士气，所谓“劝士讽敌也”。“（甘）宁引弓射敌，与统等死战。宁厉声问鼓吹何以不作，壮气毅然”[④]，鼓吹因害怕而忘了吹奏，会影响士气，所以甘宁才厉声叱问。《洛阳伽蓝记》卷四记载北魏征西将军崔延伯部下有一乐人田僧超，善于吹笳，能为《壮士歌》、《项羽吟》。“延伯危冠长剑耀武于前，僧超吹壮士笛曲于后，闻之者懦夫成勇，剑客思奋……延伯每临场，令僧超为壮士声，甲胄之士踊跃。”[⑤]这都是利用音乐鼓舞己方士气的作用。军队中鼓吹乐人的配置不可或缺，至唐仍是如此，《旧唐书·马燧传》载：“（田）悦谓燧明日复挑战，乃伏兵万人，欲邀燧。燧乃令诸军半夜皆食，先鸡鸣时击鼓吹角，潜师傍洹水径趋魏州，令曰：‘闻贼至，则止为阵。’又令百骑吹鼓角，皆留于后，仍抱薪持火，待军毕发，止鼓角匿其旁，伺悦军毕渡，焚其桥。”[⑥]

汉魏以来军队中一直存在着一支鼓吹队伍，前举薛嵩军中羯鼓手

---

① （宋）郭茂倩编：《乐府诗集》卷二一《横吹曲辞》，中华书局1979年版，第309页。

② 《三国志》卷四九《吴书·士燮传》，中华书局1959年版，第1192页。

③ 转引李正宇：《沙州归义军乐营及其职事》，见《敦煌吐鲁番研究》第五卷，北京大学出版社2000年版，第218页。

④ 《三国志》卷五五《吴书·甘宁传》，中华书局1959年版，第1295页。

⑤ （魏）杨衒之著，周祖谟校释：《洛阳伽蓝记校释》卷四《城西·法云寺》，中华书局1963年版，第143页。

⑥ 《旧唐书》卷一三四《马燧传》，中华书局1975年版，第3694页。

应该便是鼓吹之一。鼓吹以部来计算，一部鼓吹由多种乐器手组成，“其凯乐用铙吹二部，笛、筚篥、箫、笳、鼓，每色二人，歌工二十四人”[1]。鼓吹在军队中主要是作为军将的仪仗队存在，在战争中又作乐以鼓舞士气，平时则可能也作娱乐表演。然而随着乐舞风气的兴盛，原有的鼓吹无法满足军中饮宴之需，势必要进行扩张。军中有一部分军士兼习乐舞的现象在唐前期已出现，高宗“龙朔元年三月一日。上召李勣、李义府、任雅相、许敬宗、许圉师、张延师、苏定方、阿史那忠、于阗王伏阇、上官仪等，燕于城门，观屯营新教之舞”[2]。

唐中期后，公私饮宴必备伎乐风气极盛，“长庆初，穆宗皇帝观诸军杂乐，尝召给事中丁公著问曰：‘比闻外间自公卿至庶士，多为酣宴，皆极欢娱，此皆时和民安，有足抚慰。’……公著对曰：‘……国家自天宝已后，风俗奢靡，宴处群饮，以喧哗沉湎为乐。而居重位秉大权者，优杂倨肆于公吏之前，曾无愧耻。公私相效，渐以成俗。’”[3] 公私饮宴必有优杂已成风俗，军中饮宴自也不免，因此便有了《唐会要》所载：“宝历二年，京兆府奏：‘伏见诸道方镇，下至州县军镇，皆置音乐以为欢娱。’”[4] 军营乐舞可能最初仅在一些大的、有实力方镇才拥有，到敬宗时代，便普及于大大小小各军镇了。军镇乐营机构的出现一方面是因为社会上下盛行“置音乐以欢娱”的风气，另一方面则是因为中唐以后，地方藩镇势力兴起，中央政府对地方的控制大大削弱，藩镇权力很大，拥有地方的军政以及财权和用人权。这是地方藩镇设立乐营的前提基础，可以容纳一定数量的娱乐人员。

军营所需各种乐伎除原有的鼓吹外，其余的歌舞俳优杂伎之类自然得从地方召集，而地方官府却自唐初以来一直掌握着地方的乐人。“高宗御含元殿东翔鸾阁，大酺。当时京城四县及太常音乐，分为东、西朋，雍王贤为东朋，周王显为西朋，务以角胜为乐。”[5]“唐玄宗在东洛，大酺于五凤楼下，命三百里县令、刺史率其声乐来赴阙者，或谓令较其

---

① 《旧唐书》卷二八《音乐一》，中华书局1975年版，第1053页。
② （宋）王溥：《唐会要》卷三三《诸乐》，上海古籍出版社2006年版，第718页。
③ （宋）王溥：《唐会要》卷五四《省号上·给事中》，上海古籍出版社2006年版，第1103页。
④ （宋）王溥：《唐会要》卷三四《杂录》，上海古籍出版社2006年版，第736页。
⑤ （宋）王溥：《唐会要》卷三四《论乐》，上海古籍出版社2006年版，第729页。

胜负而赏罚焉。时河内郡守令乐工数百人于车上……时元鲁山遣乐工数十人，联袂歌《于蔿》……每赐宴设酺会，则上御勤政楼。……府县教坊，大陈山车旱船，寻橦走索，丸剑角抵，戏马斗鸡。”①可见，从唐高宗到玄宗时代，地方州县掌握着其辖境内的乐人，对从事音乐歌舞这一职业的人登记在籍。《唐律疏议》中所载的“太常音声人”其籍贯是在地方州县，对这批音声人州县籍中应是特别注明，因为他们的赋役与百姓不同，只到太常服役。“太常音声人，有县贯，仍各于本司上下，不从州县赋役者。”②除音声人外，地方还有一种散乐，他们和音声人一样也须到太常上番服役。“短番散乐一千人，诸州有定额。长上散乐，太常自访召。关外诸州者分为六番，关内五番，京兆府四番。”③

乐人在地方上的户籍登记，敦煌文书S.8655《年代未详（约10世纪）户王道员等地子籍》可为我们提供一些参考：

户王道员　受田陆拾贰亩半。纳麦两石五斗、粟两石一斗八升七合半、麻三斗一升两合半。

户邓义成　受田拾柒亩。纳麦六斗八升、粟五斗九升半、麻八升半。

户王进员　受田贰拾贰亩。纳麦八斗八升、粟七斗七升、麻一斗一升。

户王恒定　受田壹倾拾贰亩。纳麦四石四斗八升、粟三石九斗二升、麻三斗七升。

户王山子　受田肆拾玖亩。纳麦一石九斗六升、粟一石一升半、麻一斗四升半。

户田义信［音声］受田伍拾捌亩。④

由此推测，在户籍登记中，乐人可能也如这份地子簿一样在其户名

① （唐）郑处诲：《明皇杂录》卷上，中华书局1994年版，第26页。

② （唐）长孙无忌等：《唐律疏议》卷一八《贼盗》，中华书局1983年版，第342页。

③ （唐）李林甫等撰，陈仲夫点校：《唐六典》卷一四《太常寺》，中华书局1992年版，第406页。

④ 转引乜小红：《唐五代敦煌音声人试探》，《敦煌研究》2003年第3期。

后注上职业。音声人和散乐虽然待于太常上下，但下番日，他们仍属州县所管，州县乐舞之事也由他们来承担。前面史料中所说的州县乐工指的应该就是这些人。

州县掌管一方乐舞之事的官吏是司功参军，《唐六典》载："功曹、司功参军掌官吏考课、假使、选举、祭祀、祯祥、道佛、学校、表疏、书启、医药、陈设之事。"[①] 地方祭祀所需的乐舞自然由籍在州县的乐人担当。当州县举行盛大的乐舞活动时，也会征求乐人之外怀有技艺的人，"唐开元中，数敕赐州县大酺，嘉兴县以百戏，与监司竞胜精技，监官属意尤切，所由直狱者语狱于狱中云：'党若有诸戏劣于县司，我辈必当厚责。'……乃各相问，至于弄瓦缘木之技，皆推求招引。狱中有一囚笑谓所由曰：'某有拙技，限在拘系，不得略呈其事。'……主问轻重，吏云：'此囚人所累，逋缗不纳，余无别事。'……因曰：'众人绳技，各系两头，然后于其上行走周旋，某只须一条绳，粗细如指，五十尺，不用系着，抛向空中。'"[②] 为了在百戏竞技中求胜，甚至于囚犯中寻找身怀异技之人。

地方在籍的乐人和民间怀有技艺的人是乐营乐伎的主要来源，乐营主要设在节度使一级，节度使掌握军政大权，原来州县的乐人自然也在其调度之下。

乐营的出现，实际上颇有点礼乐下诸侯的意味，因为乐营的职能正类同于中央的太常。李正宇先生据敦煌文书对沙州归义军乐营机构做了考证，认为类同于中央的太常教坊。"乐营所掌，兼有雅乐（包括法部乐）、俗乐二部。中央太常寺太乐署、鼓吹署及宫廷梨园、教坊之所掌，在地方州镇则由乐营综于一身。因此乐营之职，既有太常之部分职能，又有梨园、教坊之职能。故州镇乐营自比于太常，又堪比于梨园、教坊。"[③] 许多原仅存于中央太常和教坊的乐舞也流传于地方。"自胡寇覆荡，伶伦分散，外方始有此妓，军州宴会，时或有之。"[④]

---

① （唐）李林甫等撰，陈仲夫点校：《唐六典》卷三〇《三府督护州县官吏》，中华书局 1992 年版，第 748 页。

② （宋）李昉等编：《太平广记》卷一九三《豪侠》"嘉兴绳技"引《原化记》，中华书局 1961 年版，第 1449 页。

③ 李正宇：《沙州归义军乐营及其职事》，《敦煌吐鲁番研究》第五卷，北京大学出版社 2000 年版，第 218 页。

④ （唐）封演撰，赵贞信校注：《封氏闻见记校注》卷六，中华书局 2005 年版，第 55 页。

沙州地区乐营只存在于节镇州郡一级，以下的县不设乐营但有官伎乐，[①] 不仅沙州归义军如此，中原各地的情况应该也是这样，沙州归义军乐营大概是仿中原而设。

二、乐营与军伶

军镇乐营的发展，使军中聚集了各种类别的乐伎，人数众多，由此在史籍上出现了对军营乐人的称呼“军伶”。伶指从事音乐工作的人员，《广韵》：“伶，乐人。”伶指乐人是因为“伶官，乐官也。伶氏世掌乐官而善焉，故后世多号乐官为伶官”[②]。军伶显然指的是军队中专门从事音乐表演的人。韩愈诗：“及去事戎辔，相逢宴军伶。”[③] 一种新的称呼代表着一种新现象的出现，“军伶”一词正是当时社会军镇乐营兴盛的反映。

军镇乐营中的伶人可分为男性和女性，乐营中的女性没有人身自由，常被称为营妓或官妓，详见于后文女性乐妓。此处所要讨论的主要是男性音乐人，被称为军伶的往往指的也是他们。军伶是一种泛称，其种类不仅包括原来的鼓吹乐人，还有其他各色的音乐人员。对于军伶的人员构成，从史籍中难以究知，但可以通过敦煌文书中有关敦煌地区沙州归义军乐营的材料分析，从而对唐代军营音乐人员作一管窥。沙州归义军乐营的结构与配置：“除行政官员外，应有乐伎、歌伎、舞伎、杂伎及作语人等诸色伎艺行当；又有导演、编撰、领班、道具及布景人员。各色伎艺人及后台人员，构成乐营内的专业班子。专业班子内不同行当领班叫做‘头’。高能技艺人员叫做‘音声博士’；一般技艺人统称‘音声人’、‘音声子弟’。”[④] 沙州归义军乐营大概是仿中原而设，所以从沙州乐营的设置可大略了解唐代中原各地的乐营情况。

乐人和音声人并非集中在乐营，当乐营有乐事时才会召集他们，敦

---

① 李正宇：《沙州归义军乐营及其职事》，《敦煌吐鲁番研究》第五卷，北京大学出版社 2000 年版，第 221 页。

② （汉）毛亨传，（汉）郑玄笺，（唐）孔颖达疏：《毛诗正义》卷二《简兮》，《十三经注疏》，北京大学出版社 2000 年版，第 189 页。

③ （清）彭定求等编：《全唐诗》卷三七七韩愈《答张徹》，中华书局 1960 年版，第 3779 页。

④ 李正宇：《沙州归义军乐营及其职事》，《敦煌吐鲁番研究》第五卷，北京大学出版社 2000 年版；《归义军乐营的结构与配置》，《敦煌研究》2000 年第 3 期。

煌文书里有两份关于归义军乐营召集音声的材料。P.4055背（5）《归义军乐营都史严某转帖》载：

> 奉处分：廿九日球乐，切要音声。不准常时，故须鲜净。应来师子、水出（饰）、零（铃）剑、杂物等，不得缺少一事。帖至，今月廿九日平明，于球场门前取齐。如不到者，官有重罚。其帖立递相分付。如违，准上罚。
>
> 五月廿八日都史严宝□（帖）
>
> 张苟子　石太平　白德子知　安安子　安和平知　张□□　张禄子　张再子　尹再晟　张再兴知　申骨仑　□□□　史老　刘驿驿　曹收收　安藏藏　张安多　谈□□　姚小俊

另P.3054（2）《乐营杨某转帖》：

> 今月七日，衙内案舞设。所要借色：牙十一□，花毡五□，白叠五分。次差头泛攜□、张保安、马庆、索小儿、索保保、阴定德、索再子。缘人作养，指须还报安住者。限七日寅时于衙内齐□集。不得怠慢者。九月五日杨□□[①]

当官府进行乐事活动时，由乐营使向乐人、音声人发出通知，要求其在规定的时间到官衙集中，否则会受到惩罚。收到通知的乐人要写上某某知，表示已通知到。

笔记小说里的一则材料也反映军营宴会时由主管人确定并召集各种表演人员的事实。“军中有透剑门伎。大宴日，庭中设幄数十步，若廊宇者，而编剑刃为榱栋之状。其人乘小马，至门审度，马调道端，下鞭而进，铮焉闻剑动之声。既过，而人马无伤。宣武军有小将善此伎。每飨军则为之，所获赏止于三数匹帛而已。一日，主者误漏其名，此将忿

---

① 转引李正宇：《归义军乐营的结构与配置》，《敦煌研究》2000年第3期。

恨，诉于所管大将，得复以名入。”[①] 从材料来看，到宴会上表演必须是在主管人安排下进行，没安排上的人不能进入表演，文中的宣武小将不一定是伶人，但他擅长透剑门杂技，故每次军中宴会时，主管人都会把他召集来。有次因“主者误漏其名”，他必须向更高级的军将申诉才可以补上，否则不能在宴会上表演。同时材料也反映了军中宴会上进行表演的各类艺人并不限定于乐营中人。因为在军宴上表演的伶人往往会因各自表演的水平得到数量不等的赏赐，“所获赏止于三数匹帛而已”，从文意分析这并不算多，但一般来说有一技之长的各种伎艺人还是乐于参加表演的。

军伶属军籍，但其活动范围很广，并不限于军营，因为如前面归义军乐营情况看，他们平时有较大的自由活动空间。《太平广记》“秀师言记”条载：“崔之异母弟晔携孤幼来于高安。晔落拓者，好远游。惟小妻殷氏独在（殷氏号大众，又号九天仙也），殷学秦筝于常守坚，尽传其妙，护食孤女，甚有恩意。会南昌军伶能筝者，求丐高安，亦守坚之弟子，故殷得见之。谓军伶曰：‘崔家小娘子，容德无比，年已及笄，供奉与他取家状，到府日，求秦晋之匹，可乎？’军伶依其请，至府以家状历抵士人之门，曾无影响。后因谒盐铁李侍御（即李仁钧也），出家状于怀袖中，铺张几案上。”[②] 南昌军伶从南昌到高安求丐，所谓求丐亦是到有一定权势的人家中求取钱物，这是乐人群体赚取生活物资的一种普遍方式，“近有优人李伯怜游泾州，乞钱得米百斛，及归，令弟取之，过期不至”[③]。实际上可能是凭其技艺而求取。他们可以出入各士人之家，虽属军籍，然与其他乐伎一样可四处求取生活物资。

军伶是唐中后期地方军镇兴起的一个反映，入宋后，藩镇割据的局面虽告结束，但由此而出现的军伶却并未有所稍减，军营之中仍然存在着一支军伶。在中央增添一新的音乐机构“钧容直”，人员取自军中善乐之人。“钧容直，亦军乐也。太平兴国三年，诏籍军中之善乐者，命

---

① （唐）赵璘：《因话录》卷六《羽部》，上海古籍出版社1979年版，第111页。

② （宋）李昉等编：《太平广记》卷一六〇《定数》“秀师言记”条引《异闻录》，中华书局1961年版，第1148—1149页。

③ （唐）段成式：《酉阳杂俎》前集卷八《梦》，中华书局1981年版，第85页。

曰引龙直。每巡省游幸，则骑导车驾而奏乐。若御楼观灯、赐酺，则载第一山车。”[①]具有原鼓吹、教坊的功能。在地方，“景佑末，诏以郑州为奉宁军，蔡州为淮康军。范雍自侍郎领淮康节钺，镇延安。时羌人旅拒戍边之卒，延安为盛。有卢押班者钤辖，心尝轻范，一日军府开宴，有军伶人杂剧，称参军梦得一黄瓜，长丈余，是何祥也？一伶贺曰：‘黄瓜上有刺，必作黄州刺史。’一伶批其颊曰：‘若梦见镇府萝卜，须作蔡州节度使。’范疑卢所教，即取二伶杖背，黥为城旦”[②]。唐以来军中会宴必有各种文娱表演的习惯一直沿至宋，而表演的节目紧随社会的时代潮流，宋杂剧兴起后，军伶中也备有相关的音乐人。这些军伶除用于军中宴饮外，更多是为节镇者个人服务。

不过宋代的军伶和唐代军镇乐营有宴会活动时临时征集伶人不同，他们平时可能完全隶属于军营，没有太多的活动自由。“钧容直，每遇旬休按乐，亦许人观看。”“或军营放停乐人，动鼓乐于空闲，就坊巷引小儿、妇女观看。”[③]钧容直和军营中乐人平时应该常值军营之中，所以才会有旬休和放停之说。宋代中央加强对地方的控制后，原来各方镇所设之乐营则可能转归地方州县所管。“翟院深，营丘伶人，师李成山水，颇得其体。一日，府宴张乐，院深击鼓为节。”[④]营丘伶人指明翟院深是属于营丘这个地方的音乐人，归属于地方管理，也要为地方官府的宴会服务。

第四节　乐户平民化的完成

唐末五代的混乱局面进一步加速乐户平民身份的转化，太常乐人由州县居民充数，教坊等其他机构的官府乐人一度在政治上十分活跃。入

---

① 《宋史》卷一四二《乐志十七》，中华书局 1977 年版，第 3360 页。

② （宋）张师正：《倦游杂录》之“军府杂剧”，见《宋元笔记小说大观》第 1 册，上海古籍出版社 2001 年版，第 755 页。

③ （宋）孟元老撰，伊永文笺注：《东京梦华录笺注》卷五《京瓦伎艺》、卷三《诸色杂卖》，中华书局 2006 年版，第 462、373 页。

④ （宋）王辟之：《渑水燕谈录》卷七《书画》，中华书局 1981 年版，第 91 页。

宋后，延续唐末五代的管理体系，官府所需乐人分系不同的部门，其来源主要是从民间征募。这表明魏晋以来处于半自由状态的官府乐户向平民转化的过程基本完成。

一、五代时期的官府乐人

五代十国实际上是唐末藩镇割据的继续，各政权所控制的名娼伎儿自然是有的，但对于太常来说却已无人可使。《五代会要》载：晋开运三年八月中书舍人陶穀奏："臣前任太常少卿，伏见本寺见管教坊二舞，本户州县居民，若不尽免差徭，无缘投名鼓舞。况正殿会朝，已久停废，其见管人数等，每有沦亡，皆拟填补，既不曾教习，但虚免差徭。伏乞且议停废。"敕："乐工宜令教习，舞郎权且停废。"其年十一月，太常丞刘涣奏："当寺全少乐工，或正、冬朝会，郊庙行礼，旋差京府衙门首乐官权充，虽曾教习，未免生疏，兼又各业胡部音声，不闲太常歌曲。伏乞宣下所司，量支请给，据见阙乐师添召，令在寺习学。"敕："太常寺见管西京雅乐，节级乐工共四十人，外更添六十人，内三十八人，宜抽教坊贴部乐官兼充；余二十二人宜令本寺招充填。仍令三司定支春冬衣粮月报闻奏。其旧管四十人，亦量添请。"①

透过这两则史料，我们可以分析出：一是唐前期每年从官户中挑选"容貌端正者归太乐"的制度已不复存在，太常乐人只能从附近州县居民中招选，并以全免差徭来吸引人们。二是太常与教坊、京兆衙门属下的乐人不相统属，太常无权调动其他衙门的乐人。当太常需要乐人时，需要上奏从其他部门中抽调过来，如京兆衙门和教坊，但抽调来的乐人并不熟悉祭祀雅乐。显然官府仍然支配着一定数量乐人，只是太常属下的乐人短少。三是面对太常乐人的沦亡，主管部门也是无可奈何，唐末以来太常乐人已不复唐前期的状况，太常已失去官户这一国家强制性配置的主要来源。太常招充乐人要向有关部门申请经费，增加原来乐工的资给才可能保持乐人的不流失。社会上从事音乐的乐人并不热衷于投向

---

① （宋）王溥：《五代会要》卷七《杂录》，上海古籍出版社 1978 年版，第 124 页。

太常，他们更多的是投奔教坊或其他衙门。

究其原因，主要是太常所奏之曲皆为传统的郊庙享祀的礼乐之曲，并非当时流行的时尚曲子。在太常工作的乐人往往只能领到政府所规定的廪食，在教坊及其他司的乐人则不同，除了正常的俸薪外，他们在各种宴会上的表演可能也会得到额外且较高的赏赐。

五代的官府乐人的身份变化不仅在管理上体现出来，从这一时代乐人活跃于政治舞台也可略见一斑，当然这也是五代这一特定时代给予他们的机遇。唐末五代是人们身份地位发生剧烈变动的一个时期，五代各政权建立者都出身下层。乐人阶层也在这种时势下走上政治前台，至后唐时达到了顶峰。

> 杜洪者，江夏伶人。钟传者，豫章小校。唐光启中，秦宗权凶焰飙起，屡扰江、淮，郡将不能城守。洪、传各为部校，因战立威，逐其廉使，自称留后，朝廷因而命之。[①]

纷乱的时局给处于下层的人更多改变地位的机会，出身低贱的伶人一方面可以通过战功而成为地方将领，另一方面可以利用自身的技能来获得君主的宠信从而把持政权。这一点在后唐庄宗时表现得最为明显，欧阳修撰《新五代史》为此而专立《伶官传》。“庄宗既好俳优，又知音，能度曲，至今汾、晋之俗，往往能歌其声，谓之‘御制’者皆是也。其小字亚子，当时人或谓之亚次。又别为优名以自目，曰李天下。自其为王，至于为天子，常身与俳优杂戏于庭，伶人由此用事，遂至于亡。”[②]欧阳修把后唐庄宗的亡归罪于伶人用事是否全面，姑且不论，但五代时乐人在政治上确实十分活跃，《伶官传》记载了庄宗时得宠的乐人有敬新磨、景进、史彦琼、郭门高，他们“出入宫掖，侮弄缙绅，群臣愤嫉，莫敢出气，或反相附托，以希恩幸，四方藩镇，货赂交行，而景进最居中用事”。“史彦琼者，为武德使，居邺都，而魏博六州之政

---

① 《旧五代史》卷一七《梁书》，中华书局1976年版，第231页。

② 《新五代史》卷三七《伶官传》，中华书局1974年版，第398页。

皆决彦琼，自留守王正言而下，皆俛首承事之。”[①] 其他有封为地方刺史者，如教坊使陈俊为景州刺史。五代时期已看不到乐人作为低贱之人的痕迹，他们的身份不管是在法律上还是社会现实上都与平民无异，甚至在这特定的时代里还曾经活跃于政治前台。

二、北宋的乐人

北宋结束了五代十国纷争的局面，社会重新走向稳定，宋代对官府乐人的管理基本承袭五代的方式。中央各音乐机构的乐人如有缺则从社会上招募，州县对从事乐舞职业的居民也登记在籍，军队系统也有隶于军队的军伶。这些系官伶人在法律上不再是半自由人，而是具有与百姓同等的平民身份。

宋初官府各机构所管乐人状况基本如五代时期，太常乐人稀少。“五代以来，乐工未具，是岁秋，行郊享之礼，诏选开封府乐工八百三十人，权隶太常习鼓吹。”[②] 开封府乐工是州县乐人，他们没有到太常服役的义务，诏书也只是让他们暂时到太常顶替一下。太常祭典所需除从开封临时抽调外，有的也来自教坊和军队在籍乐人。“二舞郎及引舞一百五十人，按视教坊、开封乐籍，选乐工子弟以备其列，冠服准旧制。”[③] “太常鼓吹署乐工数少，每大礼皆取之于诸军。一品已下丧葬则给之，亦取于诸军。又大礼，车驾宿斋所止，夜设警场，用一千二百七十五人。奏严用金钲、大角、大鼓，乐用大小横吹、觱篥、箫、笳、笛，角手取于近畿诸州，乐工亦取于军中，或追府县乐工备数。”[④] 官府仍然控制着一批乐人，但这种控制与唐前期律令里所规定的法律上低人一等的乐户不同，首先对太常乐人不再称为乐户，表明他们只是名系于官府，籍贯却不在太常。虽然《宋刑统》仍照抄了《唐律疏议》中有关工乐的条例，但事实上工乐已不再是隶于太常。其次，太常

---

① 《新五代史》卷三七《伶官传》，中华书局 1974 年版，第 400 页。
② 《宋史》卷一二六《乐志一》，中华书局 1977 年版，第 2940 页。
③ 《宋史》卷一二六《乐志一》，中华书局 1977 年版，第 2940 页。
④ 《宋史》卷一四〇《乐志十五》，中华书局 1977 年版，第 3302 页。

乐人来源没有保障，只能依靠招募或临时从别的部门抽调。即使是在籍的太常乐人也是一些为避役而充数的州县居民，并且还得请托权要，非一般人所得挂籍。“太常在籍乐工，不给于役，招募百姓，罕能习熟。郊祀事重，其乐工亲扆乘舆，和乐雅奏，期以接天地、享祖宗，请优其日廪，以籍田司钱给之，乐艺稍精，仍加赏劝。其缘托权要、送名充数者，严戢绝之。”① 因此这些充数的太常乐人大多是有钱人，“富人隶太常为乐工，侥幸免役者凡六十余家。扬休请悉罢之”②。虽然有些主管官员想改变这种状况，并采取增加月俸等方法来吸引乐人，“乃命翰林侍读学士夏侯峤、判寺郭贽同按试，择其晓习月律者，悉增月奉，自余权停廪给，再俾学习，以奖励之。虽颇振纲纪，然亦未能精备。盖乐工止以年劳次补，而不以艺进，至有抱其器而不能振作者，故难于骤变”。“考选乐工，汰其椎钝癃老，而优募能者补其阙员，立为程度，以时习焉。”但始终无法改变太常乐人人数既少技艺又差的状况，“崇宁元年，诏宰臣置僚属，讲议大政。以大乐之制讹缪残阙，太常乐器弊坏，琴瑟制度参差不同，箫篴之属乐工自备，每大合乐，声韵淆杂，而皆失之太高。……乐工率农夫、市贾，遇祭祀朝会则追呼于阡陌、闾阎之中，教习无成，瞢不知音”。③

宋教坊作用已大大超过了太常，所以在太常乐人缺少的情况下，要从教坊抽调。出现这种情况，主要是自中唐以来统治者对教坊的重视远较太常为甚，因为教坊最初是以掌管饮宴的俗乐为主，这自然得到统治者的喜欢而增置其规模。宋教坊乐人的情况，《宋史·乐志·教坊条》讲述较为清楚：

> 宋初循旧制，置教坊，凡四部。其后平荆南，得乐工三十二人。平西川，得一百三十九人；平江南，得十六人。平太原，得十九人。余藩臣所贡者八十三人。又太宗藩邸有七十一人。由是，

---

① 《宋史》卷一三一《乐志六》，中华书局 1977 年版，第 3048 页。

② 《宋史》卷二九九《石扬休传》，中华书局 1977 年版，第 9930 页。

③ 《宋史》卷一二六《乐志一》、卷一二八《乐志三》，中华书局 1977 年版，第 2945、2985、2997 页。

> 四方执艺之精者皆在籍中。
>
> 教坊本隶宣徽院，有使、副使、判官、都色长、色长、高班、大小都知。天圣五年，以内侍二人为钤辖。嘉祐中，诏乐工每色额止二人，教头止三人，有阙即填。异时或传诏增置，许有司论奏。使、副岁阅杂剧，把色人分三等，遇三殿应奉人阙，即以次补。诸部应奉及二十年、年五十已上，许补庙令或镇将，官制行，以隶太常寺。[①]

从记载来看，宋教坊的设置是沿袭了唐五代以来的旧制，教坊集中了全国优秀的执艺人，宋初统一全国过程中，把原来各政权下的优秀乐人都括于籍中。地方上也要把当地杰出的乐人进贡到教坊。“时召成都府乐工许朝天等补教坊。”[②]成都乐工许朝天应是当地较有名气的乐人，才会为远在开封的教坊知道而征召之。由此可知，教坊乐人确实是“四方执艺之精者皆在籍中”。这是太常乐工率皆农夫、市贾所不可比拟的，亦即说明自唐中期以来，教坊日渐发展，至宋已取代太常成为官府重要的音乐机构。对在教坊服务达到一定年限的乐人从制度上也给予安排，即“诸部应奉及二十年、年五十已上，许补庙令或镇将，官制行，以隶太常寺”。

太常、教坊之外，宋代又新设一“钧容直”的音乐机构，是唐后期五代以来军乐发展的结果。“钧容直，亦军乐也。太平兴国三年，诏籍军中之善乐者，命曰引龙直。每巡省游幸，则骑导车驾而奏乐。若御楼观灯、赐酺，则载第一山车。端拱二年，又选捧日、天武、拱圣军晓畅音律者，增多其数，以中使监视，藩臣以乐工上贡者亦隶之。淳化四年，改名钧容直，取钧天之义。初用乐工，同云韶部。大中祥符五年，因鼓工温用之请，增《龟兹》部，如教坊。其奉天书及四宫观皆用之。有指挥使一人、都知二人、副都知二人、押班三人、应奉文字一人、监领内侍二人。嘉祐元年，系籍三百八十三人。六年，增置四百三十四

---

① 《宋史》卷一四二《乐志一七》，中华书局 1977 年版，第 3347、3358 页。

② 《宋史》卷二八七《李纮传》，中华书局 1977 年版，第 9654 页。

人，诏以为额，阙即补之。”[①] 其设置与教坊相仿，人数也不少。

从太常、教坊、钧容直这几个机构对乐人的管理来看，乐籍制度仍然存在，官府依然需要控制着一批乐人，而乐人职业的依附性也决定了他们无法完全脱离官府。但这些在籍乐人的身份已不再是唐代法律规定上的贱民，其来源也不是配没的官户奴婢，而是从民间招募或征召。他们虽在籍，却仅是名系官府，不是以户隶于国家的相关机构，当然由于乐人职业自身世袭的特点，他们也有可能祖父辈为官府服务，但这毕竟与法律上强制规定有所不同。官府对这几个机构的乐人员额都作出了规定，有阙了才填补，而补充的来源或来自民间招募，“优募能者补其阙员，立为程度，以时习焉”。这种从民间优募能者补阙员的办法后来进一步发展为和雇：

> 绍兴末，台臣王十朋上章，省罢之，后有名伶达伎，皆留充德寿宫使臣，自余多隶临安府衙前乐。今虽有教坊之名，隶属修内司教乐所，然遇大宴等，每差衙前乐权充之。不足，则又和雇市人。近年，衙前乐已无教坊旧人，多是市井岐路之辈。欲责其知音晓乐，恐难必也。[②]
>
> （杂剧色）和顾（雇）：刘庆、梁师孟、朱和……（共三十人）
>
> （笛色）和顾（雇）：张亿、茆庆、张师颜……（共四十一人）[③]
>
> 乾道后，北使每岁两至，亦用乐，但呼市人使之，不置教坊，止令修内司先两旬教习。[④]

官府用乐采用和雇办法，是在宋王朝南渡以后，政府这种举措与北宋亡后，原有乐人、乐器被金人掳掠殆尽，教坊等音乐机构不复振兴有着极大的关系。政府没有采取强制的手段征召乐人，而用和雇的办法。“和雇是指官府与老百姓的劳务关系，即由原来的强制性征发改变为官

---

① 《宋史》卷一四二《乐志一七》，中华书局 1977 年版，第 3360 页。
② （宋）赵升：《朝野类要》卷一《故事》，中华书局 2007 年版，第 30—31 页。
③ （宋）周密：《武林旧事》卷四，《丛书集成初编》3217，中华书局 1985 年版，第 74—80 页。
④ 《宋史》卷一四二《乐志一七》，中华书局 1977 年版，第 3359 页。

府出资雇佣劳动力。它们的出现，可以说是社会上的一个重大进步，表明商品经济观念已开始引入官营体制。”[①] 和雇虽然在唐代已很普遍，“唐代的和雇由是遍及了有关劳役中的各个方面”[②]，但官府以和雇方式雇佣乐人在史料记载中却要晚得多。

宋代的乐籍制度不仅包括中央的乐籍管理，地方州县也有乐籍，如开封府就拥有数量不少的乐人。“二舞郎及引舞一百五十人，按视教坊、开封乐籍，选乐工子弟以备其列，冠服准旧制。”[③] 这里的开封乐籍，可能是开封府户籍中以乐舞百戏为职业的乐人，开封作为都城所在地，是全国政治经济中心，商业繁荣，其拥有的乐人也许要比其他地方要多。地方府县的乐人，如前举成都府乐工便应是成都府乐籍的乐人。实际上，宋代的乐籍制度基本上是沿承了唐以来就已存在的中央与地方乐籍并存的体制。

在宋代，名系官府的乐人不仅不再被视为贱民，反而可享受与一般百姓不同的待遇。“端拱二年，诏县镇场务诸色公人并庶人、商贾、伎术、不系官伶人，只许服皂、白衣，铁、角带，不得服紫。”[④] 虽然此诏书并未能得到贯彻，但诏书提到不系官伶人与其他的庶民一样只许服皂、白衣等，亦即暗示系官伶人是不受其限制的，表明在官方看来系官伶人即为官府服务的乐人要比庶人、商贾之类在衣着方面得到优待。“驸马都尉高怀德以节制领睢阳岁久，性颇奢靡，而洞晓音律，故声伎之妙，冠于当时，法部中精绝者，殆不过之。宋城南抵汴渠五里，有东西二桥，舟车交会，民居繁伙，倡优杂户，厥类亦众，然率多鄙俚，为高之伶人所轻诮。每宴饮乐作，必效其朴野之态，以为戏玩，谓之河市乐，迄今俳优常有此戏。”[⑤] 高怀德的伶人应为系于官府的在籍乐人，自认为技艺高于市井乐人而对“倡优杂户”十分轻视，然而也可看出宋朝在籍乐人相对于那些不系官的伶人具有某种优越感，这是宋朝在籍乐人身份地位与唐在籍乐户不同的表现。

---

① 唐任伍：《论唐代的籴和和雇》，《中国社会科学院研究生院学报》1995 年第 5 期。
② 唐任伍：《论唐代的籴和和雇》，《中国社会科学院研究生院学报》1995 年第 5 期。
③ 《宋史》卷一二六《乐志一》，中华书局 1977 年版，第 2940 页。
④ 《宋史》卷一五三《舆服志五》，中华书局 1977 年版，第 3574 页。
⑤ （宋）王曾：《王文正公笔录》，《丛书集成初编》3891，中华书局 1985 年版，第 8 页。

然而，我们也应看到，虽然官府乐人阶层身份较之唐代有完全变化，已与一般百姓同等，在法律上已不再是贱类，但统治者在抑乐人进入仕途方面却重新做出限制。宋王朝的建立者吸取后唐庄宗宠幸伶人而导致身死的教训，对唐后期五代以来教坊乐人频封为官的惯例进行整改，重新确定了伶人于本部中迁叙的制度。“开宝中，教坊使魏某，年老当补外，援后唐故事，求领小郡。太祖曰：‘伶人为刺史，岂治朝事，尚可法耶！’第令于本部中迁叙，乃以为太常太乐令。”[①] 太祖这一规定一直为其后世所遵守，终宋一代也不见乐人因宠幸而被封为高官的记载，这也正体现了宋恪守祖宗家法的传统。

在士大夫阶层观念里，音乐歌舞百戏始终是低贱的职业。“迥性坦率，无检操，雅善长笛。太祖常召于偏殿，令奏数曲。御史中丞刘温叟闻之，叩殿门求见，谏曰：‘禁署之职，典司诰命，不可作伶人之事。’”[②] 这与西晋嵇绍所说“岂能操执丝竹为伶人之事！”如出一辙。居官者不能随便为别人演奏音乐，即使演奏对象是皇帝也有损身份，对自身是一种侮辱。“冯吉，瀛王道之子，少学能文，而轻佻善谑，尤精胡琴。尝因家会，道命弹胡琴，曲终，赐之束帛以辱之。吉致帛于项，以左手抱琴，右手按膝，如伶人拜起，举家大笑。终以浮薄不登清近。”[③] 从记载中冯道对其子“赐之束帛以辱之”可以想象士人阶层是如何轻贱鄙视伶人，像冯吉那样不以伶人为耻显然不合时流，而他也因此不能“登清近”。记载此事的人，也是认为这种行为不合士人身份，所以才作为异常之举记载下来。宋徽宗大观四年（1110）企图仿《周礼》古制，“诏近选国子生教习二舞，以备祠祀先圣，本《周官》教国子之制。然士子肄业上庠，颇闻耻于乐舞与乐工为伍、坐作、进退。盖今古异时，致于古虽有其迹，施于今未适其宜。其罢习二舞，愿习雅乐者听”[④]。然而此举却遭到士子们的抵制，原因只是耻于与乐工为伍，朝廷只好以今古异时为由作罢。

---

① （宋）王辟之：《渑水燕谈录》卷一《帝德》，中华书局 1981 年版，第 1 页。
② 《宋史》卷四七九《世家二 • 西蜀孟氏世家》，中华书局 1977 年版，第 13894 页。
③ （宋）王辟之：《渑水燕谈录》卷一〇《谈谑》，中华书局 1981 年版，第 124 页。
④ 《宋史》卷一二九《乐志四》，中华书局 1977 年版，第 3003 页。

士人对乐人阶层的这种态度从魏晋以来是一以贯之的，汉末三国时祢衡不以先帝法服为伶人之事，到宋士子耻于与乐工为伍，显示了传统士人阶层对伶人轻贱的顽固态度。这种现象或许与伶人职业的特点有关，前面章节中已提到伶人以自身技能取悦他人来获得生存物资，具有很强的依附性。为了生存，他们只能依附于权贵豪富之门，为得到更多的赏赐，他们只能竭尽全能、卑躬屈膝从事其业。从唐代著名画家阎立本对其儿子所说的一番话或可略窥士人阶层对伶人的这种心态，《大唐新语》载唐太宗传召立本："阁外传呼云：'画师阎立本。'立本时为主爵郎中，奔走流汗，俯伏池侧，手挥丹青，不堪愧赧。既而戒其子曰：'吾少好读书，幸免面墙。缘情染翰，颇及侪流。唯以丹青见知，躬厮养之务，辱莫大焉。汝宜深戒，勿习此也。'"[①] 唐初的主爵郎中即后来的司封郎中，为从五品官，[②] 阎立本只因以丹青见知，便在众人面前"奔走流汗，俯伏池侧"，这种躬厮养之务使他感到十分的难堪，因而告诫其子不许学丹青。而伶人从事的音乐歌舞百戏也是躬厮养之类，清高的士人阶层自然要视为低贱远避之。

然而从另一些笔记小说的记述来看，士人视乐人为低贱的态度似乎并非代表所有社会阶层对伶人、乐伎的态度，尤其对于下层的普通百姓来说，却有着另一种看法。"谭意歌，小字英奴，随亲生于英州。丧亲，流落长沙……年八岁，母又死，寄养小工张文家。文造竹器自给。一日，官妓丁婉卿过之，私念：苟得之，必丰吾屋。乃召文饮，不言而去。异日复以财帛贶文，遗颇稠叠。文告婉卿曰：'文廛市贱工，深荷厚意，家贫，无以为报。不识子欲何图也？'……文竟以意归婉卿。"[③] 丁婉卿是官府妓女，而手工业者张文却对其自称廛市贱工，如果从法律地位论，工匠地位并不比官妓低，而只有更高。张文之所以这么说，只因丁婉卿比他更富有，这是宋代社会人们更多的是以财富多少而不是身份贵贱来论人的表现。这则记述虽然并不表示所有的下层民众都持有相同的态度，但却也从侧面反映了社会下层的普通民众与士人阶层在价值观等方面并不处于同一层面上。

---

① （唐）刘肃：《大唐新语》卷一一《惩戒》，中华书局 1984 年版，第 167 页。
② 《旧唐书》卷四三《职官二》，中华书局 1975 年版，第 1820 页。
③ （宋）刘斧：《青琐高议别集》卷二《谭意歌》，上海古籍出版社 1983 年版，第 212 页。

需要说明的是，即使法律上没有规定乐人必须职业世袭，事实上他们也会保持世代相传其业，毕竟这是一个谋生的技能，虽然社会地位低，但比起贫苦的农民或租种别人土地的佃农来说，他们的经济状况却相对较好，因此，如果不是有着更好的谋生出路，乐人们一般不会改从别的行业。乐人不同于其他行业，他们必须依靠自身的技能取乐他人从而获得生存的物资，这就决定了他们具有较重的依附性。

第五节　乐户变化的原因

唐中后期官府乐户向平民转化，至五代宋初这一过程完成，这反映了唐中期以后社会的变化，也是人身依附关系进一步松弛的结果。乐户的变化既与整个社会的变化密切相连，也与这一群体自身特点有关。

一、唐中后期政治局势与政策的变化

安史之乱至德宗朝，唐都城经历几次战火，聚集于长安的乐户很容易脱离官府的控制。如果他们不愿意再受控于官府的话，在籍的乐人逃离原籍到其他地方落户，在两税法后，便有实现的可能，两税法规定"户无土客，以现居为簿"，这是"承认外来户和逃户，并从法律上承认客户，而不论他们是自己耕种着一块土地，还是租种别人的土地。这是对原有户籍制度的一次松动。也是政府通过户籍制度对农民实行直接的人身控制的一次松动"[①]。虽然此法主要是针对广大的农民，但事物都是有联系的，整个社会户籍管理的松动不能不对乐户也产生一定的影响。在社会人身控制松动的大趋势之下，乐户对官府的依附性也会相应地减弱，社会的实际情况也提供了乐户脱离乐籍的可能性。如众所知，唐代一直存在着外来户和逃户的问题，在这些逃户中当然是以逃亡的农民为主，但亦有可能有流落到地方的乐户。因为这些大量存在的"浮客"是

① 吴宗国：《试论中国中古社会变迁》，见张国刚主编：《中国中古史论集》，天津古籍出版社2003年版，第6页。

“包括各种各样的人，有通过买卖或开垦荒地而获得小块土地的自耕农，有流入城市的商贩和待雇的佣作，还有没有一定职业的所谓‘游食’，甚至还有少数地主”[①]。那些逃离原籍的乐人也应属“浮客”，在这种情况下，两税法中“户无土客，以现居为簿”实行，就使乐户们落籍州县具有现实可能性。唐后期五代太常所控制的乐人数量之少也正说明了这一点。

中央与地方的关系也成为影响乐籍制度变化的一个因素。中唐以后，中央政府对地方的控制大大削弱，地方藩镇权力很大，拥有军政以及财权和用人权，这是地方藩镇设立乐营的前提基础。可以容纳一定数量的娱乐人员，这使具有很大依附性的乐人群体可以在地方找到依托之所。为便于管理与控制，可能沿用了地方上原有的乐籍制度，即对乐人另行编籍，但他们法律身份是一般编户，他们只是以个人名义编入乐籍，其后代却并非一定从事乐人职业。虽然实际上乐人群体内职业世袭普遍存在，但这与法律上规定还是有所区分。唐前期附贯州县的音声人轮番到太常上番的制度也遭到了破坏，故后期系于太常的乐人基本上是京畿附近的居民。

二、城市商品经济的发展

商品经济的发展，城市经济的繁荣，是促使乐户身份进一步变化的经济因素。唐统一局面，为经济的恢复和发展造就了相对稳定的社会环境，并在玄宗时期达到了鼎盛期，安史之乱虽使唐朝转向衰落，但唐前期发展起来的商品经济却并没有衰歇，而是继续发展着。商品经济发展的表现之一是城市经济的繁荣，唐时著名的大城市有长安、洛阳、扬州、益州、广州等，中后期还出现了许多因经济发展而兴起的城镇。城市经济的发展促进了民间文化活动的繁荣，从而为官府乐人走出官府服务于民间提供了广阔的天地，这也正是乐户身份趋向平民化的经济基础。

---

① 唐长孺：《唐代的客户》，见朱雷、唐刚卯选编：《唐长孺文存》，上海古籍出版社 2006 年版，第 521 页。

城市经济的发展也使城市富商大贾涌现，他们拥有雄厚的财力，已形成极强的势力，甚至有富可敌贵之说。“长安富民王元宝、杨崇义、郭万金等，国中巨豪也，各以延纳四方多士，竞于供送。朝士名僚往往出于门下，每科场文士集于数家，时人目之为‘豪友’。”[①]这些富豪的饮宴之会当然也少不了乐伎的歌舞表演，隶属官府的乐人在物质利益的驱使下，也会采取多种手段挣脱官府的控制，而游走于官家及富豪之家，故宋人叶适言：“游手末作，俳优伎艺，传食于富人。”[②]实际上，在社会商品经济发展下，人的身份开始变得次要，“人们的职业分别正变得越来越模糊和不重要，重要的是是否占有财富和占有财富的多少”[③]。正是在商品经济的冲击下，魏晋以来以贵贱划分人等的状况得到改变，贵族社会向平民社会转化，原来高高在上的士族跌入平民之流，低于平民的贱民阶层则趋向于与平民齐等，乐户自然也包括在内。

三、上层统治者喜好对社会风尚的影响

上层统治者的喜好对整个社会的风气起着导向作用，所谓“越王好勇，而民多轻死。楚灵王好细腰，而国中多饿人”[④]。隋唐诸帝都十分热衷于乐舞百戏，且多擅于音律，并在节日期间经常组织大型的歌舞百戏表演。这样的记载在史籍中比较多：

> （隋炀帝）每岁正月，万国来朝，留至十五日，于端门外，建国门内，绵亘八里，列为戏场。百官起棚夹路，从昏达旦，以纵观之。至晦而罢。伎人皆衣锦绣缯彩。其歌舞者，多为妇人服，鸣环佩，饰以花毦者，殆三万人。[⑤]

---

① （宋）王仁裕撰，曾贻芬点校：《开元天宝遗事》卷上，中华书局2006年版，第17页。
② （宋）叶适：《水心别集》卷二《民事下》，《叶适集》第三册，中华书局1961年版，第657页。
③ 谷更有、林文勋：《唐宋乡村社会力量与基层控制》，云南大学出版社2005年版，第34页。
④ （清）王先慎撰，钟哲点校：《韩非子集解》卷二《二柄》，中华书局1998年版，第42页。
⑤ 《隋书》卷一五《音乐志下》，中华书局1973年版，第381页。

（唐高祖）武德元年六月二十日，万年县法曹孙伏伽上书曰：百戏散乐，本非正声，有隋之末，始见崇用，此谓淫风，不可不改。近者，太常官司于人间借妇女裙襦五百余具，以充散乐之服，云拟于玄武门游戏。

高宗御含元殿东翔鸾阁，大酺。当时京城四县及太常音乐，分为东、西朋，雍王贤为东朋，周王显为西朋，务以角胜为乐。

二年正月，胡僧婆陀请夜开门燃百千灯。其夜，太上皇御安福楼门观乐，凡四日方罢。是月，又追作。先天元年，大酺，太上皇御诸楼观之，以夜继昼，尽月不息。[①]

唐玄宗在东洛，大酺五凤楼下，命三百里县令、刺史率其声乐来赴阙者，或谓令较其胜负而赏罚焉。时河内郡守令乐工数百人于车上，皆衣以锦绣，伏厢之牛，蒙以虎皮，及为犀象形状，观者骇目。时元鲁山遣乐工数十人……每赐宴设酺会，则上御勤政楼。金吾及四军兵士未明陈仗，盛列旗帜，皆帔黄金甲，衣短后绣袍。太常陈乐，卫尉张幕后，诸蕃酋长就食。府县教坊，大陈山车旱船，寻橦走索，丸剑角抵，戏马斗鸡。又令宫女数百，饰以珠翠，衣以锦绣，自帷中出，声雷鼓为《破阵乐》、《太平乐》、《上元乐》。又引大象、犀牛入场，或拜舞，动中音律。每正月望夜，又御勤政楼，观作乐。贵臣戚里，官设看楼。[②]

节庆之日皇家举行大型的乐舞表演是隋唐以来的传统，并随着唐朝国力的兴盛而规模越见壮观。上有所好，下必效之，皇家这种行为无疑会对社会上追崇歌舞百戏之风起着一种渲染的作用，以至于出现先天元年（712）八月七日敕书中所称“自有隋颓靡，庶政凋缺，征声遍于郑、卫，衒色矜于燕、赵。广场角觝，长袖从风，聚而观之，寖以成俗”[③]的现象。虽然敕书把这种风俗的形成归罪于“有隋颓靡”，但更多是唐以来皇家提倡的结果。上层统治者的喜好对民间风气的影响之巨大，从

① （宋）王溥：《唐会要》卷三四《论乐》，上海古籍出版社2006年版，第727—732页。
② （唐）郑处诲：《明皇杂录》卷下，中华书局1994年版，第26页。
③ （宋）王溥：《唐会要》卷三四《论乐》，上海古籍出版社2006年版，第731页。

玄宗时斗鸡之风便可略见一斑。“玄宗在藩邸时，乐民间清明节斗鸡戏。及即位，治鸡坊于两宫间。索长安雄鸡，金毫铁距，高冠昂尾千数，养于鸡坊，选六军小儿五百人，使训扰教饲。上之好之，民风尤甚。诸王世家，外戚家，贵主家，侯家，倾帑破产市鸡，以偿鸡直。都中男女，以弄鸡为事。贫者弄假鸡。”[①] 只因皇帝的喜欢，便造成全长安城男女皆以弄鸡为事，没钱的甚至以弄假鸡过瘾，这不能不让人慨叹上层社会对民间风气的影响力。由这一事例不难推知隋以来诸帝热衷乐舞百戏对民间风气的影响，恐怕比弄鸡之风有过之而无不及。

不仅如此，帝王往往对技艺出众的乐伎赐以钱物及官职，这也成为刺激民间从事乐舞之人增多的因素。隋炀帝时高颎曾谏炀帝收天下散乐，他说：“此乐久废。今若征之，恐无识之徒弃本逐末，递相教习。”[②] 高颎很清楚帝王之好对民众的影响力，所以他担心炀帝诏收天下散乐会引起下层民众从事乐舞的人增多从而对国家的根本农业产生影响。

唐代由乐人而入仕的例子很多，从高祖时的安叱奴为散骑常侍，太宗时王长通、白明达“列在士流，超授官爵”，到文宗时尉迟璋为光州长史、霍朝霞为润州司马，这些事实无不对乐户身份造成强大的冲击力。皇帝对技艺出众的乐人的恩遇令人十分艳羡。“唐开元中，乐工李龟年、彭年、鹤年兄弟三人，皆有才学盛名。彭年善舞，鹤年、龟年能歌，尤妙制《渭川》，特承顾遇。于东都大起第宅，僭侈之制，踰于公侯。宅在东都通远里，中堂制度甲于都下。”[③]

对宫廷乐伎的赏赐物也十分诱人，据《唐会要》载：

> （元和）八年四月，诏除借宣徽院乐人官宅制。自贞元以来，选乐工三十余人，出入禁中。宣徽院长入供奉，皆假以官第，每奏伎乐称旨，辄厚赐之。及上即位，令分番上下，更无他锡，至是收

① （宋）李昉等编：《太平广记》卷四八五《杂传·东城老父传》，中华书局 1961 年版，第 3992 页。

② 《隋书》卷四一《高颎传》，中华书局 1973 年版，第 1184 页。

③ （唐）郑处诲：《明皇杂录》卷下，中华书局 1994 年版，第 27 页。

所借。

（元和）十五年，赐教坊本钱五千贯文。

长庆四年三月，赐教坊乐官绫绡三千五百匹，又赐钱一万贯，以备行幸。乐官十三人并赐紫衣鱼袋。①

这仅是比较特殊的例子才会被记载下来，平时的赏赐应该是不少的，《因话录》里记载了文宗时的一些故事："文宗将有事南郊，祀前，本司进相扑人。上曰：'我方清斋，岂合观此事？'左右曰：'旧例皆有，已在门外祇候。'上曰：'此应是要赏物，可向外扑了。'即与赏物令去。又赏观斗鸡，优人称叹大好鸡，上曰：'鸡既好，便赐汝。'"②可见乐伎百戏技人除每月的月俸外，表演时也会得到很多的赏赐。这种职业所能带来的物质诱惑对清高的士大夫阶层来说当然是不可取的，但对于下层的民众而言，却是心向往之。"生儿不用识文字，斗鸡走马胜读书。贾家小儿年十三，富贵荣华代不如。"③对于一般的平民百姓来说，虽然他们也有入仕的权利，但这种权利对其而言仅是一种虚设，门荫入仕自然不可能，科举入仕也是无此心力。因此，通过一些旁门左伎以获得富贵便是下层普通百姓理想之路，上举谚语便是这种心态的反映。音乐歌舞百戏自隋唐以来便为历代帝王所喜，也同样促使民间从事乐舞之人增多，这对于原来身隶于官府的乐户来说，一方面他们可能通过帝王的恩遇而改变身份，另一方面，大量具有平民身份的音乐人进入官府作乐，使得在籍的乐人身份复杂化，从而对乐户身份的提高具有很大影响。

本章小结

唐代历史诚如陈寅恪先生所指出："唐代之史可分前后两期，前期

---

① （宋）王溥：《唐会要》卷三四《杂录》，上海古籍出版社 2006 年版，第 735—736 页。

② （唐）赵璘：《因话录》卷一《宫部》，上海古籍出版社 1979 年版，第 72 页。

③ （宋）李昉等编：《太平广记》卷四八五《杂传·东城父老传》，中华书局 1961 年版，第 3992 页。

结束南北朝相承之旧局面，后期开启赵宋以降之新局面，关于政治社会经济者如此，关于文化学术者亦莫不如此。”[①] 就乐户制度来说，唐前期也是继承了南北朝以来的做法，但在隋唐之际有了某些变化。

唐初，前朝“乐户”成为法律上等同于民的“音声人”，但仍保留着原来作为贱民的痕迹，即必须到太常上番服役，不得随意脱离本业，否则为违法。音声人的出现是乐户向自由民转化过程中的一个过渡性阶段。唐史前后期的划分，一般以安史之乱为界，但一种制度的变化是不可能以某一时间为断限的。对于乐户制度来说，盛唐时期便孕育着新的变化。唐玄宗开元初年新的音乐机构“教坊”的设置，使太常单一管理官府乐伎的方法出现变化。教坊由皇帝指派专使即教坊使掌管，一般由宦官担任，这也是使职差遣中的一种。这与宫廷官府的娱乐活动增多，表演事务繁忙，太常无法兼顾有关，故玄宗设教坊掌非雅乐正声以外的俳优百戏。教坊乐人籍在教坊，并不隶属于太常。从民间征召的乐伎并不以户为单位隶于教坊，而是以个人名义系于教坊，开始中央音乐机构音乐工作人员由户向个人的转变。经过唐初“太常音声人”与“乐户”并存的阶段后，在盛唐歌舞兴盛的社会环境下，两者开始出现混同，差别在消失，这种混同是乐户向身份地位较高的音声人靠拢，最后两者不再有区别。

安史之乱后唐代的政治局势发生变化，地方藩镇兴起，州县音声人轮番到太常服役的制度遭到破坏，州县原有的乐人转而主要为地方服务，军镇乐营的出现吸纳了大批以音乐百戏为业的乐伎。在中央，官户作为太常乐人的来源已枯竭，太常日益成为京畿诸县富民避役的所在，至五代宋初则完全从民间招募补充官府乐人的阙员。官府乐人由原来半自由的贱民向法律上的自由民转化至此基本完成，当乐户向自由民转化的过程完成后，音声人作为其过渡阶段的称呼，也在逐渐淡出使用。虽然官府乐人在身份上不再是半自由的贱民阶层，但国家的乐籍制度仍然存在，一如工匠的“匠籍”、商人的“商籍”。当他们中的一部分为官府服务时，由国家发给俸钱，属于系官乐人，而政府对系官乐人较之一般

---

① 陈寅恪：《金明馆丛稿初编》，上海古籍出版社 1980 年版，第 296 页。

的百姓在某些方面似乎更为优待。国家的乐户已消失，但民间的乐人因古代社会对某种技艺有着家传其业的传统习惯而往往造成事实上的世袭乐家。

官府乐人在盛唐以来的变化，与整个社会的变动息息相关。一方面唐中叶以后官贱民制度已衰落和发生演变，官府中的官户逐渐减少以至消失，而官户是太常乐人补充来源，从而也使官府开始面向民间征募所需乐人。另一方面，在整个社会崇尚乐舞风气的影响下，以及城市商品经济的发展，流动人口增加等原因，市民文化娱乐活动日益繁荣，从而促使民间从事这一职业的人数也在增多，他们在官府需要时可随时应征召。原属于太常的乐户、音声人在中唐以后户籍管理松动情况下也有脱离原籍的可能。

官府在籍乐人由原来的半自由的贱民群体转为具有平民身份的群体，这一过程与中古时期的人身依附关系的变化过程基本上是一致的。乐户是伴随着魏晋时期人身依附加强的背景出现的，是当时国家多种依附民中的一种，身份属于半自由民。南北朝后期，人身依附关系开始松动，政府放免半自由民的举措时有发生，一些乐户也得到放免成为编户齐民，法律身份与民同，唐初音声人的出现便是这种变化的表现。但半自由民的解放是个长期的过程，在唐初作为半自由民的乐户仍然存在。经过唐前期的发展，到唐中后期乐人身份变化日益明显，这个时期整个社会的人身依附关系走向松弛，原有的身份制正在走向消灭，那些半自由民获得了解放，社会民众的身份趋于同一。①

在宋代，乐人身份朝着两个方向发展，一方面，在法律上，乐户在官方制度层面上较之以前有了改变，他们取得了与自由民一样的法律身份。另一方面，社会的主流思想仍然视乐伎、伶人为低贱的职业，士人阶层不仅贱视之，甚至耻于与之有所交往。“秘书监刘几好音，与国工花日新游，是时监贵幸，其弟卫卿谏，不用，乃戒门下勿通。”② 刘几

① 〔日〕宫崎市定：《从部曲走向佃户》，载《日本学者研究中国史论著》五代宋元卷，中华书局 1992 年版，第 56 页。

② （宋）陈师道：《后山谈丛》卷四，中华书局 2007 年版，第 55 页。

与乐工花日新交往显然不合时流，故遭到其弟的强烈劝阻，此种情况和唐代乐人与文人有着颇多交游迥然不同。这反映了乐人阶层虽然在法律上取得了与自由民一样的身份地位，但在社会地位上仍是处于社会的底层，其职业为人们所轻贱。

第四章　官府乐人的管理与使用

自先秦以来国家便掌控着一批乐人用于祭祀和礼仪典礼的乐舞演奏，并设立专门的音乐机构对其进行管理。音乐管理机构负责乐人的调度使用和培训练习。乐人所隶属的音乐机构随着朝代的变更有所变化，对其沿革上溯至秦汉下延至唐，以便有一清晰的梗概。

第一节　音乐管理机构

国家设置音乐管理机构的最初目的是为了满足国家祭祀和典礼仪式音乐使用的需要，但后来因为统治者娱乐需求的发展，新声散乐的不断涌现，导致在掌管礼乐的音乐机构之外另设管理新声散乐事务的部门。

一、礼乐机构中的太乐

"国之大事，惟祀与戎。"祭祀与军事是中国古代两件最重要的事。不管祭祀还是军事都离不开"乐"，因此在很早的时候国家便已设置专门机构以掌管乐。《周礼·春官》载"大司乐掌成均之法"，大司乐下有乐师、大胥、大师、典同、磬师、钟师、笙师、鎛师、韎师、旄人、籥师、籥章、鞮鞻氏以及《周礼·地官》中的掌军乐的鼓人和舞师。[①]

秦汉时的音乐机构是掌管礼仪的太常之下的太乐。《汉书·百官公卿表第七上》："奉常，秦官，掌宗庙礼仪，有丞。景帝中六年更名太常。

① （汉）郑玄注，（唐）贾公彦疏：《周礼注疏》卷二二《春官宗伯下》卷一二《鼓人》、《舞师》，《十三经注疏》，北京大学出版社2000年版，第674—744、371、377页。

属官有太乐、太祝、太宰、太史、太卜……”[①]太常卿是九卿之一，主要负责宗庙礼仪，乐为礼仪的一部分，自然归太常所管。太乐主要负责宗庙祭祀和各种朝廷大典上的礼仪音乐。《续汉书》载太乐令“掌伎乐。凡国祭祀，掌请奏乐，及大飨用乐，掌其陈序”[②]。这些记载都说明太乐是一个负责官府所需礼仪音乐的部门，管理乐舞人员，并一直为后世所沿袭不变。

太乐之外，见于史籍的还有乐府。关于乐府，秦朝就已有“乐府”这一机构的存在。1977年，陕西省临潼县秦始皇墓附近出土的秦代编钟上刻有秦篆“乐府”二字，说明乐府是一个与音乐相关的机构，但这时的乐府可能仅是制造乐器的部门。汉承秦制，也有乐府，《汉书·百官公卿表》“少府，掌山海池泽之税，以给共养”[③]，其属官有乐府令丞。少府是负责供给宫廷官府各种物品的机构，它属下的乐府最初的职能是提供乐器一类物品，但制造乐器也需要一批懂得音乐的人，其职能便发生了一些变化。《史记·乐书》里说：“高祖过沛，诗《三侯之章》，令小儿歌之。高祖崩，令沛得以四时歌舞宗庙。孝惠、孝文、孝景，无所增更，于乐府习常肄旧而已。”[④]《汉书·礼乐志》也载：“房中乐楚声也。孝惠二年，使乐府令夏侯宽备其箫管，更名曰安世乐。”[⑤]乐府不仅制造乐器，也成为保留和演习乐曲的部门。汉武帝时，由于汉武帝对音乐的喜欢，对乐府进行改造，使之成为太乐之外的音乐机构，“乃立乐府，采诗夜诵，有赵、代、秦、楚之讴。以李延年为协律都尉，多举司马相如等数十人造为诗赋，略论律吕，以合八音之调，作十九章之歌”[⑥]。乐府主要掌管礼仪用乐之外的新声散乐，乐伎人数也骤增。

东汉时，太乐改名为太予乐。《续汉书·百官志》：“大予乐令一人，六百石，掌伎乐，凡国祭祀，掌请奏乐及大飨用乐，掌其陈序，丞一人。”[⑦]这里的太予乐令实际上就是西汉的太乐，为东汉明帝所改，（明

---

① 《汉书》卷一九上《百官公卿表第七上》，中华书局1962年版，第726页。
② 《后汉书》卷一一五《百官志二》，中华书局1965年版，第3573页。
③ 《汉书》卷一九上《百官公卿表第七上》，中华书局1962年版，第731页。
④ 《史记》卷二四《乐书第二》，中华书局1959年版，第1177页。
⑤ 《汉书》卷二二《礼乐志》，中华书局1962年版，第1043页。
⑥ 《汉书》卷二二《礼乐志》，中华书局1962年版，第1045页。
⑦ 《后汉书》卷一一五《百官志二》，中华书局1965年版，第3573页。

帝）永平三年（60）“秋八月戊辰，改大乐为大予乐”[①]。

汉武帝时兴起的乐府则不见载于东汉的文献，汉以后的人提及乐府时，往往是作为诗歌的一种体裁，而不是音乐机构。但东汉时却有一个掌管黄门鼓吹的承华令，《唐六典》卷一四《太常寺·鼓吹署》曰：“后汉少府属官有承华令，典黄门鼓吹百三十五人，百戏师二十七人。”[②]这里的承华令与西汉乐府都是少府属官，可能两者具有承继关系，但承华令所典黄门鼓吹已不如西汉武帝时的乐府那样兴盛。

魏晋南北朝是分裂动荡的时期，虽有西晋的短暂统一，但总体是处于分裂状态。在这几百年的历史时期里，社会发生了巨大的变化，官府机构也出现了调整，但作为礼乐机构的太常却没有太多的变化，其属下的太乐也仍然是掌管礼仪之乐的所在。《宋书·乐志》载：“太乐，汉旧名，后汉依谶改太予乐官，至是改复旧。”同书《百官志》云：“魏复为太乐令。”[③]东汉时少府属下的承华令在曹魏可能不再统管黄门鼓吹，然黄门鼓吹仍是有的，繁钦《与魏文帝笺》：“顷诸鼓吹，广求异妓……及与黄门鼓吹温胡，迭唱迭和。”[④]黄门鼓吹可能归于新设立的鼓吹署所管，《晋书·乐志》载：“泰始九年，光禄大夫荀勖以杜夔所制律吕，校太乐、总章、鼓吹八音……律成，遂班下太常，使太乐、总章、鼓吹、清商施用。”[⑤]太常属下乐官除原来太乐外，还有总章、鼓吹、清商，顾名思义，鼓吹所管应为鼓吹乐，其设置适应了汉以来鼓吹乐的发展，时间应当在曹魏时期。

清商，曹魏时所设，《魏志·齐王芳纪》裴注引《魏书》曰：“每见九亲妇女有美色，或留以付清商。”同书还提到当时的清商令令狐景、丞庞熙。[⑥]说明清商与太乐一样设有令、丞。《晋书·职官志》云：“光禄勋，统武贲中郎将、羽林郎将、冗从仆射、羽林左监、五官左右中郎

---

① 《后汉书》卷二《明帝纪》，中华书局1965年版，第106页。

② （唐）李林甫等撰，陈仲夫点校：《唐六典》卷一四《太常寺》，中华书局1992年版，第406页。

③ 《宋书》卷一九《乐志一》、卷三九《百官志》，中华书局1974年版，第535、1229页。

④ （梁）萧统编，（唐）李善注：《文选》，卷四〇繁休伯《与魏文帝笺》，中华书局1977年版，第564—565页。

⑤ 《晋书》卷二二《乐志上》，中华书局1974年版，第692页。

⑥ 《三国志》卷四《魏书·齐王芳纪》引《魏书》，中华书局1959年版，第130页。

将、东园匠、太官、御府、守宫、黄门、掖庭、清商、华林园、暴室等令。”① 则清商归光禄勋所统，《资治通鉴》卷一三四《宋纪》升明二年（478），胡三省注："魏太祖起铜爵台于邺，自作乐府，被于管弦。后遂置清商令以掌之，属光禄勋。”② 胡三省认为清商在曹操时就设置了，并隶属于光禄勋，晋承之。

东晋南朝的音乐机构设置大体如魏晋。永嘉之乱，西晋的官属乐伎人员有的在战乱中死亡，有的落入了北方少数民族政权，“永嘉之乱，海内分崩，伶官乐器，皆没于刘石”。因此，偏安江左的东晋音乐管理机构因为乐伎人员的减少设置非常简单，“以无雅乐器及伶人，省太乐并鼓吹令，是后颇得登歌，食举之乐。……成帝咸和中，乃复置太乐官”③。宋齐沿置，《宋书·百官志》:“太乐令，一人。丞一人。掌凡诸乐事。”④《南齐书·百官志》:“太乐令一人，丞一人。”⑤ 但没有鼓吹署，《唐六典》卷一四《太常寺·鼓吹署》:“元帝省太乐，并于鼓吹，哀帝又省鼓吹，而存太乐，宋、齐并无其官。”⑥

魏晋时期的清商令，东晋及宋齐无明确记载，不知是否存在，有的话大概并于太常了。《宋书·乐志》曰："鞞舞故二八，桓玄将即真，太乐遣众伎。”⑦ 鞞舞在汉魏与相和歌同隶黄门鼓吹，据此推测，大约这时清商曲已由太常兼掌了。⑧

梁时已基本恢复魏晋时的建置，“天监七年，以太常为太常卿……太常视金紫光禄大夫，统明堂……太乐、鼓吹……等令丞……又置协律校尉、总章校尉监、掌故、乐正之属，以掌乐事。太乐又有清商署丞”⑨。魏晋时的鼓吹、协律校尉、清商署都已见复置，并且统一由太常

① 《晋书》卷二四《职官志》，中华书局 1974 年版，第 736 页。
② 《资治通鉴》卷一三四《宋纪》，中华书局 1956 年版，第 4220 页。
③ 《晋书》卷二二《乐志上》，中华书局 1974 年版，第 697 页。
④ 《宋书》卷三九《百官志上》，中华书局 1974 年版，第 1229 页。
⑤ 《南齐书》卷一六《百官志》，中华书局 1972 年版，第 316 页。
⑥ （唐）李林甫等撰，陈仲夫点校：《唐六典》卷一四《太常寺》，中华书局 1992 年版，第 406 页。
⑦ 《宋书》卷一九《乐志一》，中华书局 1974 年版，第 552 页。
⑧ 王运熙：《汉魏两晋南北朝乐府官署沿革考略》，见《乐府诗述论》，上海古籍出版社 1996 年版，第 173 页。
⑨ 《隋书》卷二六《百官志上》，中华书局 1973 年版，第 724 页。

统辖了。陈承梁，官制无所变动。

从魏晋南朝音乐机构的变化，我们可以看到，原来在太常系统之外的音乐机构鼓吹、清商署在南朝后期转入了太常系统。《宋书•百官志》亦说："太乐掌凡诸乐事。"《南齐书•崔祖思传》："太乐雅、郑，元徽时校试千有余人。"[①] 说明太乐掌管了一切有关音乐的事务。

鼓吹和清商原来都是俗乐，但鼓吹至曹魏时已入雅乐，清商在南朝成为了雅乐，"汉代的短箫铙歌，多采民间谣曲，现曹魏以后的鼓吹曲，则都由文士撰述，成为歌功颂德的庙堂之作了，鼓吹曲由俗乐趋向雅乐了"[②]。清商乐的发展也是如此，清商乐是汉魏六朝时代俗乐的总名。一切俗乐的特点是声音清越，哀怨动人。清商乐也是如此。这种特点跟雅乐的所谓和平中正之音互相对立。[③] 如前所述，南朝梁时却归入雅乐系统太常。原来属于俗乐的鼓吹和清商最终纳入了雅乐系统，这一方面说明了雅乐对俗乐吸纳，俗乐经过长时间发展后，被新的俗乐所代替，原来的俗乐则成为雅乐。

在北方，永嘉之乱后，少数民族政权在灭亡西晋的同时，也直接获得了晋室的礼仪乐器及伶人，这些乐器伶人随着每一个政权的灭亡不断在不同政权中转换。"永嘉之乱，海内分崩，伶官乐器，皆没于刘、石。……而王猛平邺，慕容氏所得乐声又入关右。"[④] 又南燕的乐人都是前朝乐人："又太乐诸伎皆是前世伶人，不可与彼，使移风易俗。"[⑤] 说明十六国时期存在着太乐官，这基本上继承魏晋制度。

北魏统一北方后，依西晋旧制建立音乐管理机构，《魏书•乐志》："（道武帝）天兴六年冬，诏太乐、总章、鼓吹增修杂伎。"[⑥] 到孝文帝时则出于复古，对音乐机构进行了简化。"太和十五年冬，高祖诏曰：'乐者所以动天地……末俗陵迟，正声顿废，多好郑卫之音以悦耳目。故使乐章散缺，伶官失守，今方鏊革时敝，稽古复礼，庶令乐正雅颂，各得

---

① 《南齐书》卷二八《崔祖思传》，中华书局 1972 年版，第 519 页。
② 王运熙：《汉魏两晋南北朝乐府官署沿革考略》，见《乐府诗述论》，上海古籍出版社 1996 年版，第 171 页。
③ 王运熙：《清乐考略》，见《乐府诗述论》，上海古籍出版社 1996 年版，第 180—181 页。
④ 《晋书》卷二三《乐志下》，中华书局 1974 年版，第 697 页。
⑤ 《晋书》卷一二八《慕容超载记》，中华书局 1974 年版，第 3178 页。
⑥ 《魏书》卷一〇九《乐志》，中华书局 1974 年版，第 2828 页。

其宜。今置乐官，实须任职，不得仍令滥吹也。’遂简置焉。”①

北齐的音乐管理机构继承了北魏，《隋书·百官志中》：“北齐太常寺属官有协律郎二人，掌监调律吕音乐，统太署令丞，掌诸乐及行礼节奏等事。鼓吹署令丞，掌百戏鼓吹乐人等事。太乐兼领清商部丞，掌清商音乐等事。鼓吹兼领黄户局丞，掌供乐人衣服。……中书省管司王言及司进御之音乐，监令各一人；侍郎四人。并司伶官西凉部直长，伶官西凉四部、伶官龟兹四部、伶官清商部直长，伶官清商四部。”② 北齐的音乐管理有一个较特别之处，就是在中书省下也统管着一部分乐人，这在以前是没有的。

北周按《周礼》建官，以恢复古制，故乐官也是按《周礼》设置，和汉魏以来的乐官名称完全不同，“后周有大司乐，掌成均之法。后改为乐部，有上士、中士”③。北周乐官的品级也是按周礼，在后周官品乐官属于春官，正五命的大司乐为中大夫，正四命的小司乐为下大夫。正三命的小司乐为上士。正二命的乐师、乐胥、司歌、司钟磬、司鼓、司吹、司舞、籥章，掌散乐、典夷乐为中士。正一命的乐胥、司歌、司钟磬、司鼓、司吹、司舞、籥章，掌散乐、典夷乐为下士。④

隋代的官制并没有沿袭北周，而是恢复汉魏旧制：“太常寺又有博士四人，协律郎二人……统郊社、太庙、诸陵、太祝、衣冠、太乐、清商、鼓吹、太医、太卜、廪牺等署。各置令、并一人。太乐、太医则各加至二人。丞。各一人。郊社、太乐、鼓吹则各至二人。……太乐署、清商署，各有乐师员。太乐八人，清商二人。鼓吹署有哄师。二人。”⑤

唐承隋制，掌礼乐的太常属官也如隋制，“太常卿之职，掌邦国礼乐、郊庙、社稷之事，以八署分而理之：……四曰太乐，五曰鼓吹”。太乐署掌管“邦国之祭祀享宴”，设有“令一人，丞一人，府二人，史六人，乐正八人，典事八人，掌固八人，文武二舞郎一百四十人”⑥。鼓

① 《魏书》卷一〇九《乐志》，中华书局 1974 年版，第 2829 页。
② 《隋书》卷二七《百官志中》，中华书局 1973 年版，第 755 页。
③ （唐）杜佑：《通典》卷二五《职官七》，中华书局 1988 年版，第 696 页。
④ （唐）杜佑：《通典》卷三九《职官二十一》，中华书局 1988 年版，第 1066—1071 页。
⑤ 《隋书》卷二八《百官志下》，中华书局 1973 年版，第 776 页。
⑥ 《旧唐书》卷四四《职官三》，中华书局 1975 年版，第 1872 页。

吹署掌管“鼓吹施用调习之节，以备卤簿之仪”。设有“令一人，丞三人，府二人，史六人，乐正四人，典事四人，掌固四人”[1]。魏晋以来的清商则并入了鼓吹署，“唐并清商、鼓吹为一署，增令一人”[2]。

汉唐间国家音乐管理机构的演变基本上以太常之下的太乐官为主，不断吸纳雅乐之外的俗乐机构。因为太乐掌管国家祭祀享宴，是礼乐制度中非常重要的部分，是不可或缺的机构。但历来的统治都是不喜雅乐而更喜欢来自民间的俗乐，故往往在太乐之外另设一负责俗乐的音乐机构，时间一长，前代的俗乐渐被后代看成雅乐，从而归之于太常，如汉的鼓吹、魏晋的清商。

二、唐代俗乐管理机构

自汉以来在太常雅乐之外一直存在着统管俗乐的音乐机构，西汉的乐府、东汉的承华令所管鼓吹、魏晋的清商都可看作是雅乐系统之外的民间俗乐的管理机构，至隋唐归入了太常。但统治者在雅乐之外另设管理俗乐的机构的历史在唐依然延续。

唐前期太常是雅俗乐兼掌，既负责各种祭祀庆典，也负责宫廷里帝王的娱乐。随着唐代社会经济的繁荣、乐舞的兴盛，在实际生活中，人们比较喜欢流行时尚轻松的“郑卫之音”，帝王也是如此。太乐名义上掌雅乐正声，对于皇帝平时的娱乐终究有些不便，太常属下的太乐鼓吹已无法满足统治者娱乐需要。唐代出现的俗乐管理机构是教坊和梨园，它们的出现既是帝王喜好伎乐的结果，同时也反映了民间俗乐的繁荣发展。

教坊原来并不是音乐机构的专称，而是指宫中教习宫人文学、音乐等方面知识的所在，如习艺馆“本名内文学馆，选宫人有儒学者一人为学士，教习宫人。则天改为习艺馆，又改为翰林内教坊，以事在禁中故也”[3]。这里的教坊并不教习音乐而是文学知识，但也称内教坊。音乐的

① 《旧唐书》卷四四《职官三》，中华书局1975年版，第1875页。
② 《新唐书》卷四八《百官志三》，中华书局1975年版，第1241页。
③ 《旧唐书》卷四三《职官二》，中华书局1975年版，第1854页。

内教坊在武德时已置，“武德已来，置于禁中，以按习雅乐，以中官人充使。则天改为云韶府，神龙复为教坊”[①]。教习宫人音乐的教坊一直存在，中间曾改名为云韶府。宫中设内教坊一方面是宫中日常娱乐需要乐人，另一方面因为后宫中也有一定的礼仪制度，礼乐分不开，需要乐人奏乐。宫廷中为此设有专门的司乐官，宫官尚仪之下有“司乐四人，典乐四人，掌乐二人，女史二人……司乐掌率乐人习乐，陈悬、拊击、进退”[②]。这些宫中乐人与太常乐人有别，主要以女性为主，“时太常少卿祖孝孙以教宫人声乐不称旨，为太宗所让”[③]。祖孝孙是唐初著名的音乐家，他所教宫人应是在宫中内教坊。宫中教习宫人的内教坊有唐一代始终存在，顺宗时“出掖庭教坊女乐六百人于九仙门”[④]，此教坊便是唐初以来相沿的内教坊。

唐前期的内教坊置于宫中，并不是一个独立的机构，没有从太常中分离出来，直至玄宗时，于宫廷之外再设一教坊，才使教坊之名大为显现，在唐中后期成为太常之外的重要音乐机构。

唐玄宗是一个对音乐有特别爱好的皇帝，他本人也是精通音律。在他统治期间，对原来的内教坊进行扩建。“开元二年，又置内教坊于蓬莱宫侧，有音声博士、第一曹博士、第二曹博士。京都置左右教坊，掌俳优杂技。自是不隶太常，以中官为教坊使。”[⑤] 此条史料容易使人误以为教坊是开元二年所设，但如前面论述所指出，内教坊始于唐初，开元二年可能是把它移到蓬莱宫侧。但于宫禁外设教坊确实是始自开元年间。只因玄宗感到由太常掌管俗乐俳优杂技与太常所典礼乐宗旨不合，同时可能因为由太常传召俳优杂技不太方便。崔令钦《教坊记•序》载：“翌日，诏曰：太常礼司，不宜典俳优杂伎。乃置教坊，分为左右而隶焉，左骁卫将军范安及为之使。”[⑥] 教坊的最高统领是教坊使，一般都是由宦官担任。京都左右教坊分别在延政坊和光宅坊，右教坊善歌，左教

---

① 《旧唐书》卷四三《职官二》，中华书局 1975 年版，第 1854 页。
② 《旧唐书》卷四四《职官三》，中华书局 1975 年版，第 1868 页。
③ 《旧唐书》卷七〇《王珪传》，中华书局 1975 年版，第 2528 页。
④ 《旧唐书》卷一四《顺宗纪》，中华书局 1975 年版，第 406 页。
⑤ 《新唐书》卷四八《百官二》，中华书局 1975 年版，第 1244 页。
⑥ （清）董浩：《全唐文》卷三九六《教坊记序》，中华书局影印本 1983 年版，第 4041 页。

坊善舞。“西京右教坊在光宅坊，左教坊在延政坊。右多善歌，左多善舞，盖相因习。”东京洛阳也设有教坊“东京两教坊俱在明义坊，而右在南，左在北也。坊南西门外，即苑之东也”[①]。教坊使下的教坊官有判官、都知。“崇因长入人许小客求教坊判官。”[②]“咸通中，俳优恃恩，咸为都知。”[③]

玄宗时与教坊同具盛名的另一音乐机构为梨园。实际上梨园算不上一个音乐机构，它只是玄宗在宫中设立的乐舞团队，因在禁苑的梨园附近得名。《新唐书•礼乐志》:“玄宗既知音律，又酷爱法曲，选坐部伎子弟三百教于梨园，声有误者，帝必觉而正之，号‘皇帝梨园弟子’。宫女数百，亦为梨园弟子，居宜春北院。”[④]《唐会要》卷三四《杂录》云:“开元二年，上以天下无事，听政之暇，于梨园自教法曲，必尽其妙，谓之‘皇帝梨园弟子’。”[⑤]《资治通鉴》卷二一一《唐纪》则记曰:“旧制，雅俗之乐，皆隶太常。上精晓音律，以太常礼乐之司，不应典倡优杂伎;乃更置左右教坊以教俗乐，命右骁卫将军范及为之使。又选乐工数百人，自教法曲于梨园，谓之‘皇帝梨园弟子’。又教宫女使习之。”[⑥]梨园的设立与教坊同时，实际上类似于内教坊性质。是于太常乐工中挑选一些优秀者于宫禁中由皇帝亲自教习。

因为梨园并不是一个真正意义上的机构，只是兴盛一时，安史乱后便衰落了，最终被取消。“大历十四年五月……停梨园使及伶官之冗食者二百人，留者皆隶太常。”[⑦]但梨园作为与音乐相关的名称却保留下来，至后世梨园子弟成为对戏剧演员的称呼，其渊源即来自玄宗的梨园弟子。

玄宗时的梨园虽罢，但宫禁中音乐内教坊却一直存在。“(元和)八年四月乙未，罢宣徽院乐人所借官宅。自贞元已来，选乐工三十余人，

---

① (唐)崔令钦:《教坊记》，《丛书集成初编》2733，中华书局1985年版，第1页。
② (宋)王谠撰，周勋初校证:《唐语林校证》卷一《政事上》，中华书局1987年版，第53页。
③ (宋)钱易:《南部新书》卷丙，中华书局2002年版，第34页。
④ 《新唐书》卷二二《礼乐志十二》，中华书局1975年版，第476页。
⑤ (宋)王溥:《唐会要》卷三四《杂录》，上海古籍出版社2006年版，第734页。
⑥ 《资治通鉴》卷二一一《唐纪》，中华书局1956年版，第6694页。
⑦ 《旧唐书》卷一二《德宗上》，中华书局1975年版，第320页。

出入禁中，号宣徽院长入供奉，皆假以官第。”[①] 宣徽院乐人自德宗贞元已有，也是从太常乐工中挑选。文宗时有仙韶院，“（开成三年）己酉，改法曲为仙韶曲，仍以伶官所处为仙韶院”[②]。

教坊设置后，其作用渐超过了太常，大有取代太常中太乐、鼓吹之势。但终唐一代，对太常雅乐还是较为注重，虽然实际上雅乐的地位在中唐时已备受冷落，为此白居易曾写诗慨叹：“太常部伎有等级，堂上者坐堂下立。……立部贱，坐部贵，坐部退为立部伎，击鼓吹笙和杂戏。立部又退何所任，始就乐悬操雅音。雅音替坏一至此，长令尔辈调宫徵。”诗的自注曰：“太常选坐部伎，无性识者退入立部伎，又选立部伎，绝无性识者退入雅乐部，则雅乐可知矣。”[③]

经过唐末战乱，五代时太常乐人已凋零到无乐工可使的地步，只能从教坊、地方州县和军部中抽调。后晋开运年间太常丞奏：“当寺全少乐工，或正、冬朝会、郊庙行礼，旋差京府衙门首乐官权充。”皇帝因此下敕：“太常寺见管两京雅乐节级乐工共四十人外，更添六十人，内三十八人，宜抽教坊帖部乐官兼充，余二十二人，宜令本寺招召充填。”[④] 这种状况一直持续至北宋，《宋史·乐志》里多有反映：“诏选开封府乐工八百三十人，权隶太常习鼓吹。”“二舞郎及引舞一百五十人，按视教坊、开封乐籍，选乐工子弟以备其列。”“太常鼓吹署乐工数少，每大礼皆取之于诸军。”[⑤]

宋依唐旧制仍置教坊，且规模作用都超过太常，《宋史·乐志·教坊条》载：

> 前代有宴乐、清乐、散乐，本隶太常，后稍归教坊，有立、坐二部。宋初循旧制，置教坊，凡四部。其后平荆南，得乐工三十二

---

① （宋）王钦若等编：《册府元龟》卷一六〇《帝王部·革弊二》，中华书局 1960 年版，第 1929 页。

② 《旧唐书》卷一七下《文宗下》，中华书局 1975 年版，第 573 页。

③ （清）彭定求等编《全唐诗》卷四二六白居易《立部伎－刺雅乐之替也》，中华书局 1960 年版，第 4691 页。

④ （宋）王溥：《五代会要》卷七《杂录》，上海古籍出版社 1978 年版，第 124 页。

⑤ 《宋史》卷一二六《乐志一》、卷一四〇《乐志十五·鼓吹条》，中华书局 1977 年版，第 2940、3302 页。

> 人。平西川，得一百三十九人。平江南，得十六人。平太原，得十九人。余藩臣所贡者八十三人。又太宗藩邸有七十一人。由是，四方执艺之精者皆在籍中。……教坊本隶宣徽院，有使、副使、判官、都色长、色长、高班、大小都知。天圣五年，以内侍二人为钤辖。嘉祐中，诏乐工每色额止二人，教头止三人，有阙即填。异时或传诏增置，许有司论奏。使、副岁阅杂剧，把色人分三等，遇三殿应奉人阙，即以次补。诸部应奉及二十年、年五十已上，许补庙令或镇将，官制行，以隶太常寺。同天节，宝慈、庆寿宫生辰，皇子、公主生，凡国之庆事，皆进歌乐词。[①]

此段史料对宋教坊的沿革及建制讲得较清楚，教坊内集中了全国各地优秀的艺人，他们除从其他割据势力接收而来，还主要从民间征集而来。教坊内部管理层级分明，对乐工的进升也有规定。教坊内部建制的严密是经过唐中后期、五代发展的结果，不仅如此，教坊还承担了原来属于太常太乐的一部分功能，“凡国之庆事，皆进歌乐词”，太常机构可能只负责祭祀之乐了。

宋的音乐机构，还有一个新设的钧容直。“钧容直，亦军乐也。太平兴国三年，诏籍军中之善乐者，命曰引龙直。每巡省游幸，则骑导车驾而奏乐。若御楼观灯、赐酺，则载第一山车。端拱二年，又选捧日、天武、拱圣军晓畅音律者，增多其数，以中使监视，藩臣以乐工上贡者亦隶之。淳化四年，改名钧容直，取钧天之义。”[②]从“骑导车驾而奏乐”来看，钧容直的作用类似于太常鼓吹署。它的设置是太常鼓吹自五代以来极为衰落，同时也是唐后期五代军营乐舞发展的结果。钧容直的建制类于教坊，“有指挥使一人、都知二人、副都知二人、押班三人、应奉文字一人、监领内侍二人。嘉祐元年，系籍三百八十三人。六年，增置四百三十四人，诏以为额，阙即补之。七年，诏隶班及二十四年、年五十以上者，听补军职，隶军头司”[③]。

---

① 《宋史》卷一四二《乐志十七》，中华书局1977年版，第3358页。
② 《宋史》卷一四二《乐志十七》，中华书局1977年版，第3360页。
③ 《宋史》卷一四二《乐志十七》，中华书局1977年版，第3360页。

从上面的论述，我们可以看出从汉到唐的音乐机构的演变呈现出这样一种趋势：作为掌管雅乐正声的太常属官太乐始终保留不变，因为国家的祭祀庆典少不了它，它所演奏的都是前代流传下来的传统乐曲。这些乐曲适合庄严肃穆的场合，却无法满足帝王的耳目之欲，俗乐的机构由此出现，但经过一段时期后，这些机构又回归了太乐。从汉的乐府鼓吹到魏晋的清商，至隋唐时都纳入了太常系统。唐中期以来太常乐的衰落表明汉魏以来的雅乐系统受到冷落，统治者也不再以此为意，虽然在形式上太常雅乐仍存在。这一方面固然是由于雅乐本身古音难存，另一方面也是因为唐中期以后社会的发展使统治者难以稳定保持一定数量的乐人专习不受人们喜欢的雅乐。至五代、宋初太常属下乐人因人数少，又缺乏训练难以按要求完成国家的各种祭祀仪式中"乐"的工作，其作为国家礼乐机构的功能在减弱。

第二节 乐人的培训与上番

乐人为官府服役有一定的程序，历代只有唐王朝对乐人的上番及培训的制度见诸史籍，这些规定都是针对太常乐人而设，而对后来的教坊乐人则未见相关规定。

唐前期的官府乐户的服役部门主要是中央的太常机构，太常掌管着全国的官府乐户。不管是直隶太常，身份属于官户的"乐户"，还是籍在州县的音声人、散乐，这些乐户的服役方式均为轮番服役。《唐六典》载：

> 凡乐人及音声人应教习，皆著簿籍，核其名数而分番上下。（原注：短番散乐一千人，诸州有定额。长上散乐一百人，太常自访召。关外诸州者分为六番，关内五番，京兆府四番，并一月上；一千五百里外，两番并上。六番者，上日教至申时；四番者，上日教至午时。）皆教习检察，经供其事。[①]

① （唐）李林甫等撰，陈仲夫点校：《唐六典》卷一四《太常寺》，中华书局 1992 年版，第 406 页。

《唐会要》、《旧唐书》也有记载："旧制之内，散乐一千人，其数各系诸州多少，轮次随月当番，遇闰月六番。""凡乐人及音声人应教习，皆著簿籍，核其名数，分番上下。"[①] 但显然都是摘自《唐六典》。音声人和散乐都是分散在各州，他们籍贯在州县，身份类同于编户。制度上规定散乐人数为一千人，但实际上集中于太常里的散乐并不止此数，中宗时李峤上皇帝疏："又太常乐户已多，复求访散乐，独持大鼓者已二万员，愿量留之，余勒还籍，以杜妄费。"[②] 仅持鼓的就有二万人，可见当时太常聚集的音乐人之多。这些散乐是从各地征集来的，故李峤提出让他们回原籍。

身份同于官户的"工乐"也是分番服役，"唐之盛时，凡乐人、音声人、太常杂户子弟隶太常及鼓吹署，皆番上，总号音声人，至数万人"[③]。杂户便是包括了"工乐"在内，关于杂户、官户，《唐六典》载："番户一年三番，杂户二年五番，番皆一月。"番户即指官户，"诸律令格式有言官户者，是番户之总号，非谓别有一色"[④]。每年从官户中挑选的容貌端正的青少年应当是按官户式上番。

上番期间的乐人必须在专业的乐师指导下学习乐曲，《新唐书·百官志》载：

> 凡习乐，立师以教，而岁考其师之课业为三等，以上礼部。十年大校，未成，则五年而校，以番上下。有故及不任供奉，则输资钱，以充伎衣乐器之用。散乐，闰月人出资钱百六十，长上者复徭役，音声人纳资者岁钱二千。博士教之，功多者为上第，功少者为中第，不勤者为下第，礼部覆之。十五年有五上考、七中考者，授散官，直本司，年满考少者，不叙。教长上弟子四考，难色二人、次难色二人业成者，进考，得难曲五十以上任供奉者为业成。习难

① （宋）王溥：《唐会要》卷三三《散乐》，上海古籍出版社 2006 年版，第 714 页；《旧唐书》卷四四《职官三》，中华书局 1975 年版，第 1875 页。

② 《新唐书》卷一二三《李峤传》，中华书局 1975 年版，第 4370 页。

③ 《新唐书》卷二二《礼乐志十二》，中华书局 1975 年版，第 477 页。

④ （唐）李林甫等撰，陈仲夫点校：《唐六典》卷六《刑部》，中华书局 1992 年版，第 193 页。

色大部伎三年而成，次部二年而成，易色小部伎一年而成，皆入等第三为业成。业成、行修谨者，为助教。博士缺，以次补之。长上及别教未得十曲，给资三之一。不成者隶鼓吹署。习大小横吹，难色四番而成，易色三番而成。不成者，博士有谪。内教博士及弟子长教者，给资钱而留之。[①]

上引史料对授业的博士及学习的乐人制定了严格的奖惩方法，并根据乐曲的难易规定学习的时间。各个乐曲学习的具体时间《唐六典》卷一四《太常寺》有记载："太乐署教乐：雅乐大曲，三十日成；小曲，二十日。清乐大曲，六十日；文曲，三十日；小曲，十日。燕乐、西凉、龟兹、疏勒、安国、天竺、高昌大曲，各三十日；次曲，各二十日；小曲，各十日。高丽、康国一曲。鼓吹署：桐鼓一曲十二变三十日；大鼓一曲十日；长鸣三声十日；铙鼓一曲五十日，歌、箫、笳一曲各三十日；大横吹一曲六十日，节鼓一曲二十日，笛、箫、觱篥、笳、桃皮篥一曲各二十日；小鼓一曲十日；中鸣三声十日；羽葆鼓一曲三十日，錞于一曲五日，歌、箫、笳一曲各三十日；小横吹一曲六十日，箫、笛、觱篥、笳、桃皮篥一曲各三十日成。"教得好和学得好都可依次升迁，反之则加以责罚。乐人的学习时间也有规定："六番者，上日教至申时；四番者，上日教至午时。"[②]

上引材料还反映在籍乐人如果事出有因也可纳资代役，其他史料也多有记载，如《唐六典》："若有故及不任供奉，则输资钱以充伎衣、乐器之用。"材料中对散乐和音声人分开说明，音声人每年纳资为二千文，散乐则只提到闰月纳百六十，似乎两者有所区别。但据《唐会要》所载散乐平均每月为一百六十七文："旧制之内，散乐一千人，其数各系诸州多少，轮次随月当番，遇闰月六番，人各征资钱一百六十七文。"[③]音声人岁资二千文，均算后每月便与散乐几乎等同。

除了番上音声人和太常乐人，另有一种长上的乐人，他们一般是

---

① 《新唐书》卷四八《百官志三》，中华书局1975年版，第1240页。
② （唐）李林甫等撰，陈仲夫点校：《唐六典》卷一四《太常寺》，中华书局1992年版，第399页。
③ （宋）王溥：《唐会要》卷三三《散乐》，上海古籍出版社2006年版，第714页。

技艺较高的乐伎，并不一定是从在籍乐伎中挑选，也有可能是从民间访求。“长上散乐一百人，太常自访召。”[①]或是深得皇帝欢心的乐伎，“以每日长在至尊左右为长入”[②]。如玄宗时黄幡绰，“玄宗一日不见，则龙颜为之不舒”[③]。这些长上的乐人不是轮番执役，而是随时听候皇帝的召唤，他们的自由度相对其他乐人来说要少，但他们得到的物质回报却是丰厚的。“贞元已来，选乐工三十余人，出入禁中，号‘宣徽长’入供奉。皆假以官第。每奏伎乐称旨，辄厚赐之。至元和八年，始分番上下，更无他锡，所借宅亦收之。”[④]往往成为其他乐人羡慕的对象。

乐户和音声人都可以有忧假。“仪凤二年十一月六日，太常少卿韦万石奏：太常博士弟子等有遭忧者，请百日之后，量追赴上，奏敕依。”“开元十三年，车驾将赴东岳，太常追孝假音声人从驾。”[⑤]虽然这些乐人假未完毕即被追回，但制度上他们有假却是事实，实际上执行的情况如何则另当别论。所以韦万石奏请追集遭忧乐人时曾受到侍御史刘思立的劾奏：“移风易俗，莫善于乐；睦亲化人，莫善于孝。所以三年之礼，天下通丧。今遣音声人释服为乐，带绖治音，岂以小人不能执礼，遂欲约为非法？万石官太常，首紊风化，请付吏论罪。”[⑥]可见在其他官员看来此种做法不仅紊乱风化也是“非法”的。后来设置的教坊乐人也可因事请假：“謩，开元中吹笛为第一部，近代无比，有故，自教坊请假至越州。”[⑦]

乐户还可以得到“侍丁”的照顾。“乾封元年五月敕：音声人及乐户祖母老病应侍者，取家内中男及丁壮好手者充。若无所取中丁，其本司乐署博士及别教子弟应充侍者，先取户内人及近新充。”[⑧]关于侍丁，

① （唐）李林甫等撰，陈仲夫点校：《唐六典》卷一四《太常寺》，中华书局 1992 年版，第 406 页。
② （唐）崔令钦：《教坊记》，《丛书集成初编》2733，中华书局 1985 年版，第 2 页。
③ （唐）高彦休：《阙史》卷下，《丛书集成初编》2839，中华书局 1985 年版，第 25 页。
④ （宋）钱易：《南部新书》壬，中华书局 2002 年版，第 142 页。
⑤ （宋）王溥：《唐会要》卷三八《夺情》，上海古籍出版社 2006 年版，第 806 页。
⑥ 《新唐书》卷九八《韦万石传》，中华书局 1975 年版，第 3905 页。
⑦ （宋）李昉等编：《太平广记》卷二〇四《乐》“李謩”条引《逸史》，中华书局 1961 年版，第 1553 页。
⑧ （宋）王溥：《唐会要》卷三四《杂录》，上海古籍出版社 2006 年版，第 733 页。

《唐律疏议》解释：“老谓八十以上，疾谓笃疾，并依令合侍”；“侍丁，依令免役，唯输调及租。”[①] 这便是唐代徭役制度中的侍丁制度，对于被征调去服役的乐户也是适用的。[②]

除定期上番外，唐中央政府对地方乐工也会根据需要临时征调，具有不定期性。[③] 但这种征调亦只可能适用于京都周围的州县，《明皇杂录》载：“唐玄宗在东洛，大酺于五凤楼下。命三百里内县令刺史，率其声乐来赴阙者。”[④] 此其声乐便是地方的乐工，而且是因事而召，事罢即还。太常乐户中的音声人及散乐按规定他们只需到太常服役，他们像杂户一样“课役不同百姓”，但由于他们籍在州县，总免不了要像编民一样被地方州县政府差派杂徭，故中宗时为此曾下敕免他们的征徭：“神龙三年八月敕，太常乐鼓吹散乐音声人，并是诸色供奉，乃祭祀陈设、严警卤簿等用，须有矜恤，宜免征徭杂科。”[⑤] 但这敕令是否得到了贯彻呢？

《天圣令赋役令》唐 15：“……牧尉、史，杂职，驿长，烽帅，烽副，防阁，邑士，庶仆，传送马驴主，采药师，猎师，宰手，太常寺音声人……并免课役。”[⑥]《天圣令》所载之唐令为开元令，说明中宗神龙三年（707）的音声人免杂役的敕令可能是纳入新的令里。但居于长安城内的音声人家庭除了完成太常所规定的演出任务外，可能有时也要承担一些与太常礼乐相关的营作：“其太常祭服、羽葆、技（伎）衣及杂女功作，并令音声家营作，彩帛调度，令太常受领，付作家。”[⑦] 这些音声家应该是居住在京城之内，可能属于长安或万年县贯，这样才比较容易领受营作的任务。开元二十三年（735）敕：“音声内教坊博士及曹第

---

① （唐）长孙无忌等：《唐律疏议》卷三《名例》，中华书局 1983 年版，第 56、70 页。

② 卢开万：《隋唐五代的乐工乐户》，见武汉大学历史系魏晋南北朝史研究室编：《魏晋南北朝隋唐史资料》第十二辑，1993 年版，第 60 页。

③ 卢开万：《隋唐五代的乐工乐户》，见武汉大学历史系魏晋南北朝史研究室编：《魏晋南北朝隋唐史资料》第十二辑，1993 年版，第 58 页。

④ （宋）李昉等编：《太平广记》卷二〇四《乐类》“大酺”引《明皇杂录》，中华书局 1961 年版，第 1544 页。

⑤ （宋）王溥：《唐会要》卷三三《散乐》，上海古籍出版社 2006 年版，第 714 页。

⑥ 《天一阁藏明钞本天圣令校证（附唐令复原研究）》校录本，《赋役令》唐 15，中华书局 2006 年版，第 272 页。

⑦ 《天一阁藏明钞本天圣令校证（附唐令复原研究）》校录本，《营缮令》附 1，中华书局 2006 年版，第 349 页。

一、第二博士房，悉免杂徭，本司不得驱使。”[①]内教坊设在宫禁中，从太常抽调的乐人到宫中充当博士还需服从太常本司的差遣，玄宗为示优矜才免却他们的杂徭。那些下番后回到地方的音声人散乐恐怕也是得承担当地官府差派的杂徭。

吐鲁番出土文书中有一份《吐蕃酉年（844）正月沙州乐人奉仙等牒附荣照判》：

> 1 牒，奉仙等虽沾乐人，八音未辨。常蒙抚恤，频受赏荣。
> 2 突课差科，优矜至甚。在身所解，不敢隐欺。自恨德薄
> 3 无能，不升褒荐。数朝惶怖，希其重科，免有悚遣
> 4 却加重赏。奉仙等四人，弟子七人，心中忻喜，贵
> 5 荷非常。所赐赏劳，对何司取。请处分，谨牒。
> 6 酉年 正月 日奉仙等谨牒。
> 7 检习博士乡乡、奉仙、君君、荣荣已上四人，各赏绢
> 8 一匹。太平已下弟子七人，各赏布一匹。付S036司
> 9 依老宿商量，断割支给分付。二十日，荣照

这一牒文和判文所反映的虽是吐蕃统治时期的事，但这些乐人是唐朝西州地区沿袭下来的。从他们被“突课差科”判断，乐人是要服差科的。[②]

散居各地的在籍乐工在地方需承担的差役之一可能便是地方祭祀活动。地方官吏中的功曹、司功参军所掌之一便为祭祀，“功曹、司功参军掌官吏考课、假使、选举、祭祀、祯祥、道佛、学校、表疏、书启、医药、陈设之事”[③]。从唐代文人所写与祭祀有关的祭文看，“这类祭文种类名目之多，正是祭祀方式繁多的反映”[④]。除祭祀外，还包括儒家的一

---

① （宋）王溥：《唐会要》卷三四《杂录》，上海古籍出版社2006年版，第734页。
② 卢开万：《隋唐五代的乐工乐户》，见武汉大学历史系魏晋南北朝史研究室编：《魏晋南北朝隋唐史资料》第十二辑，1993年版，第59页。
③ （唐）李林甫等撰，陈仲夫点校：《唐六典》卷三〇《三府督护州县官吏》，中华书局1992年版，第748页。
④ 董乃宾、程蔷：《唐帝国的精神文明》，中国社会科学出版社1996年版，第514页。

些礼仪："凡贡人行乡饮酒之礼，牲用少牢。若州县春、秋二社及释奠之礼，亦皆以少牢。"[①] 所有这些祭祀礼仪所需之音乐演奏便是由乐工来承担，因为他们在中央受过专门的培训。

唐中后期，藩镇势力兴起，官方饮宴活动频繁，其间的各种乐舞百戏表演自然由地方乐人承担。除去演出外，表演所需的各种服装道具也由乐人家庭负责，P.4640 号《唐己未年——辛酉年（899—901）归义军衙内破用布、纸历》：

> 又支与乐营使张怀惠助葬粗布两匹。
> 同日，支与音声张保升造胡滕衣布贰丈肆尺
> [二月]，十四日，支与王建铎队武额子粗纸壹帖[②]

这和中央太常把类似的工作交给音声家一样，可能是因为乐人家庭较为熟悉相关的服饰制作。

第三节　乐户的使用

乐户的使用范围非常广泛，但凡国家官府需要音乐演奏的场合，都在乐户服务的范围之内。不仅在祭祀和军事方面，在皇家庆典、宫廷官府的饮宴以及礼佛事道方面的音乐演奏和歌舞百戏表演，也都由乐户们承担。大致可分为以下几个方面。

一、祭祀和各种朝廷庆典

"国之大事，惟祀与戎。"祭祀作为国家头等大事，历代政府自然非常重视。太常是国家礼乐典制的机构，其下属的太乐、鼓吹署是负责各

---

① （唐）李林甫等撰，陈仲夫点校：《唐六典》卷三〇《三府督护州县官吏》，中华书局 1992 年版，第 748 页。

② 张弓：《敦煌艺术宗教与礼乐文明》，中国社会科学出版社 1996 年版，第 517 页。

种典礼中所需乐的部门。这种职能自汉以来一直相沿不替。《续汉书·百官志二》："大予乐令一人，六百石。本注曰：掌伎乐。凡国祭祀，掌请奏乐，及大飨用乐，掌其陈序。"[①]《唐六典》："太乐令掌教乐人调合钟律，以供邦国之祭祀、飨燕；丞为之贰。"[②] 从汉至唐太乐的职责基本上没有改变，主要负责国家祭祀和重要飨燕时的奏乐事宜，指挥乐伎的演奏。鼓吹署魏晋时设置，并为后世所相承，其职掌主要是负责皇家人物出行时各种仪仗："鼓吹令掌鼓吹施用调习之节，以备卤簿之仪；丞为之贰。"同时也要负担一部分祭祀仪式："凡合朔之变，则帅工人设五鼓于太社，执麾旒，于四门之塾置龙床焉。有变则举麾，击鼓齐发，变复而止。马射，则设㭎鼓、金钲，施龙床，而偶作焉。大傩则帅鼓角以助侲子之唱。"[③]

祭祀和庆典时所用的音乐是所谓的雅乐正声，统治者历来都是非常重视，每一个政权当它的统治稳定下来后，都会修乐，所谓"五帝不同乐，三王不同礼，遭时为法，因事制宜"[④]。一方面是因为"郊庙乐章，每随世改，雅声正典，咸有遗文"[⑤]。另一方面则是新王朝需要有新的乐章歌颂王朝的丰功伟绩，"国家平定天下，革命创制，纪功旌德"。史书中有关新王朝建立后修乐的记载甚多，如《旧唐书·音乐志》载隋至初唐便已几次修订乐律："隋文帝家世士人，锐兴礼乐，践祚之始，诏太常卿牛弘、祭酒辛彦之增修雅乐。""高祖受禅……时军国多务，未遑改创，乐府尚用隋氏旧文。武德九年，始命孝孙修定雅乐。""及孝孙卒后，协律郎张文收复采《三礼》，言孝孙虽创其端，至于郊禋用乐，事未周备。诏文收与太常掌礼乐官等更加厘改。"[⑥] 不同形式的祭祀用不同的乐章，这在历代的正史《音乐志》中都有非常详细的记载，此不赘述。

---

① 《后汉书》卷二一五《百官志二》，中华书局 1965 年版，第 3573 页。
② （唐）李林甫等撰，陈仲夫点校：《唐六典》卷一四《太常寺》，中华书局 1992 年版，第 402 页。
③ （唐）李林甫等撰，陈仲夫点校：《唐六典》卷一四《太常寺》，中华书局 1992 年版，第 407—408 页。
④ 《旧唐书》卷二六《礼仪六》，中华书局 1975 年版，第 992 页。
⑤ 《宋书》卷一一《律历志》，中华书局 1974 年版，第 204 页。
⑥ 《旧唐书》卷二八《音乐一》，中华书局 1975 年版，第 1042 页。

庆典中使用乐伎，正史《礼志》中亦都有详细记载，《新唐书·礼乐志》对各种典礼仪式的步骤记述尤详，这些仪式必少不了太乐。如元正、冬至的朝会："其会，则太乐令设登歌于殿上，二舞入，立于县南。""皇帝若服翼善冠、袴褶，则京官袴褶，朝集使公服。设九部乐，则去乐县，无警跸。太乐令帅九部伎立于左右延明门外，群官初唱万岁，太乐令即引九部伎声作而入，各就座，以次作。"[①]

总而言之，在各种祭祀和庆典仪式中乐人的使用必不可少，每进行一道程序都要奏乐，所奏的音乐都有所不同。而且不仅有各种演奏的乐伎，还有专门的歌者和舞人，所谓"饰牲举兽，载歌且舞"[②]。这也是国家设立音乐机构的主要目的之一。

二、服务军事

乐人用于军事可分为两部分，一是中央政府方面，中央太常属下的鼓吹署负责国家有重大军事活动时所需用乐，主要是凯乐。这在上古时期国家机构便已设有相关官职，后世亦继承之，魏晋以后设立鼓吹署专司其职，《旧唐书·音乐志》："《周礼·大司乐》：'王师大献，则奏凯乐。'……又《大司马》：'师有功，则凯乐献于社。'……魏晋已来鼓吹曲章，多述当时战功。是则历代献捷，必有凯歌。"其献捷仪式：

> 凡命将征讨，有大功献俘馘者，其日备神策兵卫于东门外，如献俘常仪。其凯乐用铙吹二部，笛、筚篥、箫、笳、铙、鼓，每色二人，歌工二十四人。乐工等乘马执乐器，次第陈列，如卤簿之式。鼓吹令丞前导，分行于兵马俘馘之前。将入都门，鼓吹振作，迭奏《破阵乐》等四曲。……候行至太社及太庙门，工人下马，陈列于门外。候告献礼毕，复导引奏曲如仪。至皇帝所御楼前兵仗旌门外二十步，乐工皆下马徐行前进。兵部尚书介胄执钺，于旌门内中路前导。次协律郎二人，公服执麾，亦于门下分导。鼓吹令丞引

① 《新唐书》卷一九《礼乐九》，中华书局 1975 年版，第 427、429 页。
② （宋）郭茂倩编：《乐府诗集》卷三《郊庙歌辞》，中华书局 1979 年版，第 37 页。

> 乐工等至位立定。太常卿于乐工之前跪，具官臣某奏事，请奏凯乐。协律郎举麾，鼓吹大振作，遍奏《破阵乐》等四曲。乐阕，协律郎偃麾，太常卿又跪奏凯乐毕。兵部尚书、太常卿退，乐工等并出旌门外讫，然后引俘馘入献及称贺如别仪。别有献俘馘仪注。俟俘囚引出方退。[1]

二是乐户中有一部分在军队服役，主要充当军乐队，在两军交战时演奏，起着鼓舞士气、瓦解敌军军心的作用。“鼓吹，盖短箫铙哥。蔡邕曰：‘军乐也，黄帝岐伯所作，以扬德建武，劝士讽敌也。’”[2]《周礼·地官·司徒》：“鼓人，掌教六鼓、四金之音声，以节声乐，以和军旅。”“舞师，掌教兵舞。”[3]汉以来军中乐主要为鼓吹，《乐府诗集》：“《东观奏记》曰：‘建初中，班超拜长史假鼓吹麾幢。’则短箫铙歌，汉时已名鼓吹，不自魏、晋始也。”[4]三国时孙权观魏军“权行五六里，回还作鼓吹”[5]。这是军队中的军乐队，另据《三国志》载：“（孙策）与周瑜率二万人步袭皖城，即克之，得术百工及鼓吹部曲三万人。”[6]显然至少在汉末军队中便已有鼓吹队伍。军队中鼓吹的作用主要是“扬德建武，劝士讽敌”，孙吴战将甘宁在一次作战时：“宁引弓射敌，与（凌）统等死战。宁厉声问鼓吹何以不作，壮气毅然。”[7]战斗时鼓吹的作用显而易见，并相沿至唐，《旧唐书·马燧传》载：“（田）悦谓燧明日复挑战，乃伏兵万人，欲邀燧。燧乃令诸军半夜皆食，先鸡鸣时击鼓吹角，潜师傍洹水径趋魏州，令曰：‘闻贼至，则止为阵。’又令百骑吹鼓角，皆留于后，仍抱薪持火，待军毕发，止鼓角匿其旁，伺悦军毕渡，焚其桥。”[8]

---

① 《旧唐书》卷二八《音乐一》，中华书局1975年版，第1053—1054页。
② 《宋书》卷一九《乐志一》，中华书局1974年版，第558页。
③ （汉）郑玄注，（唐）贾公彦疏：《周礼注疏》卷一二《地官》，《十三经注疏》，北京大学出版社2000年版，第371—377页。
④ （宋）郭茂倩编：《乐府诗集》卷一五《鼓吹曲辞》，中华书局1979年版，第224页。
⑤ 《三国志》卷四七《吴书·吴主传》引《吴历》，中华书局1959年版，第1119页。
⑥ 《三国志》卷四六《吴书·孙策传》引《江表传》，中华书局1959年版，第1108页。.
⑦ 《三国志》卷五五《吴书·甘宁传》，中华书局1959年版，第1295页。
⑧ 《旧唐书》卷一三四《马燧传》，中华书局1975年版，第3694页。

除鼓吹外，军中有时还使用其他的乐人来为战争服务，后魏时“（元）琛为秦州刺史，诸羌外叛……琛令朝云假为贫妪，吹篪而乞，诸羌闻之，悉皆流涕，迭相谓曰：何为弃坟井在山谷为寇也。即相率归降”[1]。这是用乐来瓦解敌军的军心。北魏“（崔）延伯危冠长剑，耀武于前，僧超吹壮士笛曲于后，闻之者懦夫成勇，剑客思奋……延伯每临场，令僧超为壮士声，甲胄之士踊跃”[2]。这两则例子都是利用音乐所产生的不同效果来达到瓦解对方军心、鼓舞己方士气的作用。另《周书·陆腾传》载陆腾讨陵州木笼獠时，也利用乐伎。“獠既因山为城，攻之未可拔。腾遂于城下多设声乐及诸杂伎，示无战心。诸贼果弃其兵仗，或携妻子临城观乐。”[3]

魏晋以来的军中鼓吹在唐中后期及五代进而扩展为集军乐娱乐为一体的乐营机构，据敦煌资料，沙州归义军乐营机构内有着多种技艺行当，其中包括雅乐、法乐（如道曲、佛曲）、军乐、四方乐（亦称四夷乐）、燕乐杂歌舞、散乐（即百戏，如戴竿伎、球乐、相扑伎、师子伎、水饰伎、跳丸伎）。[4]原来军中之鼓吹即军乐只是其中的一种，显然已不是单纯的军乐队伍，而兼有娱乐等多种功能。这反映的仅是敦煌沙州地区的乐营机构，其他地区的乐营机构是否也如沙州乐营有完备的建制，据存世文献无法得知，但乐营具有娱乐功能却是肯定的。《太平广记》载：“唐潞州节度使薛嵩家青衣红线者善弹阮咸，又通经史……时军中大宴，红线谓嵩曰：‘羯鼓之声，颇甚悲切，其击者必有事也。’嵩素晓音律……召而问之，云：‘某妻昨夜身亡，不敢求假。’嵩遽放归。”[5]军中宴乐所需乐舞杂技表演应由军中所拥有的乐伎人员来承担，如材料中的羯鼓手便是属军队。

① （魏）杨衒之著，周祖谟校释：《洛阳伽蓝记校释》卷四《城西·开善寺》，中华书局1963年版，第161页。

② （魏）杨衒之著，周祖谟校释：《洛阳伽蓝记校释》卷四《城西·法云寺》，中华书局1963年版，第154页。

③ 《周书》卷二八《陆腾传》，中华书局1971年版，第471页。

④ 李正宇：《归义军乐营的结构与配置》，《敦煌研究》2000年第3期。

⑤ （宋）李昉等编：《太平广记》卷一九五《豪侠》“红线”条引《甘泽谣》，中华书局1961年版，第1460页。

三、官方演出及各种宴会表演

在官府组织的乐舞演出和各种宴会上表演是官府乐人工作范围之一，也是乐人有可能得到统治者宠幸的机会。隋唐五代官府经常组织大型乐舞百戏演出，以示与民同乐。

> 上元元年，高宗御含元殿东翔鸾阁观大酺。时京城四县及太常音乐分为东西两朋，帝令雍王贤为东朋，周王讳为西朋，务以角胜为乐。①
>
> 睿宗好乐，听之忘倦，玄宗又善音律。先天二年正月望，胡僧婆陀请夜开门燃百千灯，睿宗御延喜门观乐，凡经四日。又追作先天元年大酺，睿宗御安福门楼观百司酺宴，以夜继昼，经月余日。②

每当大酺时，必备有相应的乐舞娱乐，官府所用之各种乐人主要来自官府的在籍乐人，当然也可能有从民间临时征调的乐人。像上举的这些情况在史书中还有不少记载，此不再详述。至于君主平时的娱乐，乐人供奉更是必不可少，而历代的君王少有不喜欢乐舞之人。

乐府机构中的乐伎一般只有宫廷及官府才能使用，私人不能私自役使，乐伎除了为皇帝服务外，皇族成员也可得到官府乐人的服务。自南北朝以来皆然，“宋文帝元嘉十三年，司徒彭城王义康于东府正会，依旧给伎。总章工冯大列：相承给诸王伎十四种，其舞伎三十六人”③。宋承旧制给诸王伎，它所承的应是魏晋旧制，在宋之后的齐梁陈应该也不会有太大的变化。在北朝情况也是如此，“今诸王纳室，皆乐部给伎以为嬉戏”④。显然官家乐人为皇家成员服务有着历史的惯例，唐太宗时，于志宁谏太子书中也曾提到“大乐伎儿，入便不出”⑤。

---

① 《旧唐书》卷八四《郝处俊传》，中华书局 1975 年版，第 2799 页。
② 《旧唐书》卷九九《严挺之传》，中华书局 1975 年版，第 3103 页。
③ 《宋书》卷一九《乐志一》，中华书局 1974 年版，第 547 页。
④ 《魏书》卷四八《高允传》，中华书局 1974 年版，第 1074 页。
⑤ 《旧唐书》卷七八《于志宁传》，中华书局 1975 年版，第 2695 页。

四、出行时的仪仗导从

帝王出行非同一般，必有专门的仪仗队，前后部导从，其他的皇族成员的出行仪仗也有一定的规定，达到一定品级的官员也可享受相应的待遇。官府乐人有一部分便是担当皇帝和有一定品级的官员出行时的仪仗队，即卤薄及送葬时的导从。

在仪仗队里的乐人主要是鼓吹，自汉以来就有。“按《西京杂记》汉大驾祠甘泉、汾阴，备千乘万骑，有黄门前后部鼓吹。”[①] 出行时部鼓吹已成为一种礼仪制度，至隋唐仍是如此。“有箫笳者为鼓吹，用之朝会、道路……自隋已后，始以横吹用之卤簿，与鼓吹列为四部，总谓之鼓吹，并以供大驾及皇太子、王公等。”[②] 自皇帝以下所用鼓吹都有相应规定，规格不同，《唐六典》载：“凡大驾行幸，卤簿则分前、后二部以统之。法驾则三分减一，小驾则减大驾之半。皇太后、皇后出，则如小驾之制。凡皇太子鼓吹亦有前、后二部。亲王已下，亦各有差。”[③] 其本注还对各个级别所用之鼓吹数量、种类有详细的说明。

官员要达到一定品级才可能享有鼓吹导从的待遇，不能随便使用。在汉时只赐予有功诸侯。“崔豹《古今注》曰：短箫铙歌，鼓吹之一章，间亦以赐有功诸侯。”[④] 鼓吹赐给将领大臣主要是作为出行时的仪仗，这种仪仗只有官家赐给才能拥有，是一种威仪，一种荣耀。南朝陈后主曾说：“鼓吹军乐，有功乃授，蔡征不自量揆，紊我朝章。”[⑤] 臣下想得到鼓吹，必须得到君主的同意，由君主赐予。“（桓）崇祖闻陈显达、李安民皆增给军仪，启上求鼓吹横吹。上敕曰：‘韩、白何可不与众异。’给鼓吹一部。”[⑥] 北魏“仪曹郎中房景先驳礼官议曰：‘……若以王公位重，威饰宜崇，鼓吹公给，不可私辞者。魏绛和戎，受金石之赏，钟公勋

---

① （宋）郭茂倩编：《乐府诗集》卷一五《鼓吹曲辞》，中华书局 1979 年版，第 224 页。
② （宋）郭茂倩编：《乐府诗集》卷二一《横吹曲辞》，中华书局 1979 年版，第 309 页。
③ （唐）李林甫等撰，陈仲夫点校：《唐六典》卷四《太常寺》，中华书局 1992 年版，第 407 页。
④ （宋）郭茂倩编：《乐府诗集》卷一五《鼓吹曲辞》，中华书局 1979 年版，第 224 页。
⑤ 《陈书》卷二九《蔡征传》，中华书局 1972 年版，第 393 页。
⑥ 《南齐书》卷二五《桓崇祖传》，中华书局 1972 年版，第 463 页。

茂，蒙五熟之赐。'"[①] 汉时鼓吹只赐给有功诸侯，而"魏、晋世给鼓吹甚轻，牙门督将五校，悉有鼓吹"[②]。刘宋时期给鼓吹只限于部分朝内重臣，齐时范围扩大，梁时，一般方镇、刺史都得到鼓吹。[③] 在北朝，方镇、刺史亦可得到鼓吹。至隋唐，则在制度上规定了一定品级的官员可配有相应的鼓吹导从，《唐六典·太常寺》"鼓吹署"条对四品以上官员使用鼓吹都作出了规定。

人死如生，生前出行有鼓吹导从，死后也要鼓吹相送。《晋书·礼志》："汉魏故事，将葬，设吉凶卤簿，皆以鼓吹。"[④] 北朝的礼仪也依魏晋，《魏书·冯熙传》载："将葬，赠假黄钺……前后部羽葆鼓吹，皆依晋太宰、安平献王故事。"[⑤] 至隋唐也是如此，"（唐高宗）长女追封安定公主，谥曰思，其卤簿鼓吹及供葬所须，并如亲王之制"[⑥]。皇族以外的官员死后鼓吹亦需皇帝赐予，作为一种殊荣。

一般来说女性死后出葬时不能部鼓吹，但这一传统至唐高祖时被打破。"武德六年二月十二日，平阳公主葬，诏加前后鼓吹。太常奏议，以礼，妇人无鼓吹。高祖谓曰：'鼓吹是军乐也。往者，公主于司竹举兵，以应义军，既常为将，执金鼓，有克定功。是以周之文母，列于十乱。公主功参佐命，非常妇人之匹也，何得无鼓吹？宜特加之，以旌殊绩。'"[⑦] 按照礼仪，平阳公主出葬不能有鼓吹，所以遭到太常的反对，但高祖却坚持自见，特给之，并成为惯例，前举高宗长女亦有卤簿鼓吹以送葬。中宗景龙三年（709），皇后更进一步建议："自妃、主及五品以上母、妻，并不因夫、子封者，请自今婚葬之日，特给鼓吹。宫官准此。"[⑧] 并为皇帝采纳。

在籍乐人为官府所控制，除完成制度规定内的任务外，也随时要听

---

① 《魏书》卷一〇八之四《礼志四》，中华书局1974年版，第2799页。
② 《宋书》卷一九《乐志一》，中华书局1974年版，第559页。
③ 曹文柱：《东晋南朝时期的几种国家依附民》，见《北京师范大学研究生论文集》，1983年，第57页。
④ 《晋书》卷二〇《礼志中》，中华书局1974年版，第626页。
⑤ 《魏书》卷八三上《外戚传上·冯熙传》，中华书局1974年版，第1820页。
⑥ 《旧唐书》卷四《高宗上》，中华书局1975年版，第85页。
⑦ （宋）王溥：《唐会要》卷三八《葬》，上海古籍出版社2006年版，第809页。
⑧ （宋）王溥：《唐会要》卷三八《葬》，上海古籍出版社2006年版，第809页。

命于临时的差遣，亦即是说，皇家及官府所有的用乐事务都要由他们来完成。

如一些皇家宗教活动所需的音乐演奏便由官府乐人来承担。皇家给佛寺供养音乐的传统始自魏晋，佛教传入中国后，深为上层统治者所崇信，常常举办各种佛事，凡是皇家或官方介入的佛法活动都会有官府乐伎的参与。“（梁武）帝既笃敬佛法，又制《善哉》、《大乐》、《大欢》、《天道》、《仙道》、《神王》、《龙王》、《灭过恶》、《除爱水》、《断苦轮》等十篇，名为正乐，皆述佛法。又有法乐童子伎、童子倚歌梵呗，设无遮大会则为之。”[①] 演奏这些佛乐的法乐童子伎应该便是由官府所派出。皇家不仅在参与佛事活动中派出官府乐伎，甚至为某些寺庙提供长年的音乐供养，北周明帝请朔州高僧惠云，任五台山大孚灵鹫寺上座：（供养）乐音一部，工伎百人，箫、笛、箜篌、琵琶、筝、瑟。吹螺振鼓，百戏喧阗，舞袖云飞，歌梁尘起，随时供养，系日穷年。隋文帝以昙延为“帝师”，改太行南麓之昙延本寺——中朝山云居寺为“栖岩寺”，并敕太乐令齐树提，“造《中朝山佛曲》，见（现）传供养”。[②]

这种情况至唐仍然是如此。“寺本净觉故伽蓝，因而营建焉……初三藏自西域回，诏太常卿江夏王道宗设九部乐，迎经像入寺。”“崇义坊招福寺。本曰正觉，国初毁之，以其地立和第赐诸王……长安二年，内出等身金铜像一铺，并九部乐。南北两门额，上与岐、薛二王亲送至寺。”[③]

李唐王朝以老子之后居之，十分尊崇道教，故官府乐工也用于道教方面的活动。“高宗自以李氏老子之后也，于是命乐工制道调。”[④]“调露二年，皇太子使乐工于东宫新作《宝庆》之曲成，命工者奏于太清观。”[⑤] 佛教、道教之外，其他的祭祀活动也会差遣官府乐工。“自天后、中宗朝，多祈雨有验，岁旱，遣中使持锦织，及镇宣徽乐工三五十人作乐于祠庭。”[⑥]

---

① 《隋书》卷一三《音乐志上》，中华书局 1973 年版，第 305 页。
② 转引自张弓：《汉唐佛寺文化史》（下册），中国社会科学出版社 1997 年版，第 855 页。
③ （唐）段成式：《酉阳杂俎续集》卷六《寺塔记下》，中华书局 1981 年版，第 259 页。
④ 《新唐书》卷二一《礼乐志十一》，中华书局 1975 年版，第 472 页。
⑤ （宋）王溥：《唐会要》卷三四《论乐》，上海古籍出版社 2006 年版，第 729 页。
⑥ （宋）江少虞：《宋朝事实类苑》卷六九《杨文公谈苑·湫神》，上海古籍出版社 1981 年版，第 92 页。

一般的百官宴会也会给予乐人以事娱乐，“故事，赐百官宴曲江，教坊倡颗杂侍”[①]。通常大臣个人不能使用官府乐人，但有时皇帝为表示对某一臣子的优宠，会特别下令官府乐人为其提供服务，如北魏时“（高）允年涉危境，而家贫养薄，可令乐部丝竹十人，五日一诣允，以娱其志”[②]。唐代宗和德宗时也曾分别赐郭子仪和李晟以教坊乐。“诏宰相百僚送上，遣射生五百骑执戟翼从，自朝堂至省，赐教坊乐。子仪不受。”“赐永崇里第及泾阳上田、延平门之林园、女乐八人。入第之日，京兆府供帐酒馔，赐教坊乐具，鼓吹迎导，宰臣节将送之，京师以为荣观。”[③] 这些都是统治者对臣下进行笼络的一种手段。

本章小结

在本章里，主要论述了三个方面的内容：国家音乐机构的沿革，唐王朝对官府在籍乐人的培训和上番规定，官府乐人的使用。

国家音乐机构自秦汉以来主要隶属于太常，太常之下有属官太乐，负责朝廷的各项宗庙祭祀，以及朝廷宴乐。太乐作为国家礼乐机构的一个组成部分，历经汉魏两晋南北朝至隋唐五代宋，一直相沿不替。但由于太乐旧有的乐曲并不能满足统治者的娱乐需求，同时音乐本身也随着时代的发展而会不断涌现出新的乐曲新声。因此，在太常太乐之外往往会设立一新的主管俗乐的音乐机构，如汉的乐府、鼓吹，魏晋的清商，唐的教坊、梨园等机构的出现都是各时代音乐百戏歌舞发展的产物。当一朝代曾经盛行的音乐渐渐为后起的新声乐曲所取代时，由此而兴的音乐机构也随之被纳入太常礼乐系统或是被取消。如汉之乐府、唐之梨园都曾喧嚣一时，但时间并不长久，留给后世的只是一个与音乐相关的名称。汉代兴起的鼓吹乐，属于军乐的一种，却被作为军礼纳入了太常礼

---

① 《新唐书》卷一四六《李栖筠传》，中华书局 1975 年版，第 4737 页。

② 《魏书》卷四八《高允传》，中华书局 1974 年版，第 1088 页。

③ 《旧唐书》卷一二〇《郭子仪传》、卷一三三《李晟传》，中华书局 1975 年版，第 3460、3671 页。

乐系统。“汉代的短箫铙歌，多采民间谣曲，现曹魏以后的鼓吹曲，则都由文士撰述，成为歌功颂德的庙堂之作了，鼓吹曲由俗乐趋向雅乐了。”[①]清商乐也属于这种情况，它最初为民间俗乐，后来亦被归入太常，至唐初完全并入太常之下的太乐，故唐前期中央音乐机构仍然是太常之下设太乐、鼓吹署的基本格局。唐中叶以后，太常作为国家礼乐机构，其执行“乐”的功能在减弱，大有被盛唐新兴的教坊机构所取代之势。虽然太常乐已衰微，但作为国家礼乐的组成部分却不可少，至宋初统治者便一度重整太常的太乐、鼓吹，但作用不大。

为保证前代留存的乐曲能得到继续流传，国家对官府乐人制定了一定的培训规定。但这些相关的规定却仅见于唐王朝。唐前期的法令对在籍乐人根据其户籍的远近对上番的时限做了不同的规定，并对服役的乐人在上番时间里所习的乐曲及难易均有相关要求。然而这些规定随着唐中后期社会的变化，逐渐失去效用，太常机构对于乐人已无法实行有效的管理，在籍乐人已多是挂名的州县居民，唐前期有关乐人的上番和培训之令便也随之成为一纸空文。

官府乐人的使用范围虽然细分起来名目较多，但归纳起来主要只有两大方面，即礼仪和宴乐。古代礼仪有五：吉、宾、军、嘉、凶。礼乐不可分，每一套礼仪必配有相应的“乐”。故凡是国家举行礼仪的地方一般来说都会使用到乐人。而官府举行宴会时自然也是少不了乐人歌舞百戏的表演以助兴。唐中后期，太常乐虽已衰落，但国家对乐人的需要并不减少，只是使用的方式已在逐渐改变，由原来规定的一部分专门服役的乐户变成从民间招募雇佣。

① 王运熙：《汉魏两晋南北朝乐府官署沿革考略》，见《乐府诗述论》，上海古籍出版社 1996 年版，第 171 页。

第五章　乐妓

乐人群体中的女性由于性别的原因，她们相较于男性乐人来说有其特殊性，她们的身份和生活更为复杂。前文所论乐人群体的身份变化主要是从国家制度层面论述，主要侧重于男性乐人，同时也包括出身于乐人之家的女性，但并不能完全涵盖所有的女性乐人。本章以乐妓一词来概称女性乐人，指具有某种技艺的女性，这种技艺包括音乐、歌舞以及各种杂艺，她们依凭这些技艺为他人提供表演服务。唐代史籍中乐妓被频繁提及，既有私人所有的女妓，即私妓，有宫廷中的宫妓，也有隶属官府的官妓，还有民间从事音乐百戏各种技艺的女性。

第一节　女乐、女伎和女倡析义

乐妓一词源自于乐伎，乐伎最初一般用于称呼隶属于太常音乐机构太乐署的各类音乐和伎艺人，没有性别的区分。“送太乐伎一百二十人于姚兴。”[①]“王公上寿礼毕，食。食毕，乐伎奏。”[②]在这两则材料里提到的乐伎皆属太乐署，太乐伎人既有男性伎人也有女性伎人，“简男女二千五百，付太乐教之”[③]。乐伎之所以连用，因为伎的含义指有一定技巧的人，也称为伎术人。音乐在古代也是被视作一种技术，“(陆亢）又解音乐伎术”[④]。具有音乐技能的女性则为了突出其女性身份，往往在乐和伎前贯以“女”。如女乐、女伎或女妓。

---

① 《晋书》卷一二八《慕容超传》，中华书局 1974 年版，第 3179 页。

② 《隋书》卷九《礼仪四》，中华书局 1973 年版，第 182 页。

③ 《晋书》卷一二八《慕容超传》，中华书局 1974 年版，第 3180 页。

④ 《晋书》卷五五《张载传》，中华书局 1974 年版，第 1524 页。

最先用以称呼从事“乐”相关技艺的女性的是女乐，《管子》曰：“昔者桀之时，女乐三万人，端操晨乐闻于三衢。”[①]夏桀时有女乐三千，表明早在夏王朝时便已有专门的女性习乐舞以取悦于人，不过这些女乐有可能是从奴隶阶层中培训而来。春秋战国时期的女乐一般是指从事音乐歌舞的女性。“于是选齐国中女子好者八十人，皆衣文衣而舞《康乐》，文马三十驷，遗鲁君。陈女乐文马于鲁城南高门外。”[②]从女乐“端操晨乐”以及齐国女子舞《康乐》的描述来看，女乐所从事的主要是乐舞。女乐的用法一直为后世所沿用，《晋书·礼下》：“别置女乐三十人于黄帐外，奏房中之歌。”[③]梁“赐法僧甲第女乐及金帛前后不可胜数”[④]。唐代也仍有时用女乐称女性乐舞人员，“凡私家不得设钟磬，三品已上，得备女乐，五品女乐不得过三人”[⑤]。

以女伎称女性乐舞人员是随着乐伎一词的使用而出现，魏晋时文献有时也称之为伎人，“出掖庭才人石英等十一人，与曹爽为伎人”[⑥]。掖庭为宫廷机构，才人是宫廷中的女性，此处的伎人所指为女性。后来为了突出具有音乐技艺女性的女性身份，便在伎前贯以“女”，称为女伎，一如前述之女乐之称。“（蔡）谟性方雅。丞相王导作女伎，施设床席。谟先在坐，不悦而去。”[⑦]“又令女伎为佾舞，雄健壮妙。”[⑧]随着社会上女乐、女性伎人的增多，便以女伎来称呼这类女性乐舞人员。女伎的写法后来进一步演化为女妓或妓女，妓指向女性伎人是后起之义。东汉许慎在《说文解字》里把妓解释为“妇人小物也”，表明东汉时，妓这一文字符号并非指人。故北宋刘攽在给《后汉书》考证时指出书中的妓当为伎，“（梁）冀又遣客出塞，交通外国，广求异物。因行道路，发取妓女御者”，注曰“案古无妓字，当作伎”。[⑨]妓逐渐成为女性伎人的指称，

---

① 黎翔凤：《管子校注》卷二三《轻重甲》，中华书局2004年版，第1398页。
② 《史记》卷四七《孔子世家》，中华书局1959年版，第1918页。
③ 《晋书》卷二一《礼下》，中华书局1974年版，第651页。
④ 《梁书》卷三九《元法僧传》，中华书局1973年版，第553页。
⑤ 《旧唐书》卷四三《职官二》，中华书局1975年版，第1830页。
⑥ 《晋书》卷一《宣帝纪》，中华书局1974年版，第16页。
⑦ 《晋书》卷七七《蔡谟传》，中华书局1974年版，第2041页。
⑧ 《新唐书》卷二二《礼乐十二》，中华书局1975年版，第478页。
⑨ 《后汉书》卷三四《梁统传》，中华书局1965年版，第1181页。

是在社会上涌现众多的女性伎人群体后。《华严经音义》解释妓乐时引魏《埤苍》曰："妓，美女也。"又引隋陆法言《切韵》称："妓，女乐也。"[①] 所谓妓乐是以美女为乐。大概一是因为宫廷或私人所畜之女乐往往都是色艺皆具，二是社会上女性伎人大量出现，故人们使用女字偏旁的"妓"指向女性伎人以突出其女性特征。

唐代"妓"仍带有伎人的意思，女妓所指乃是具有某种技艺的女性，这种技艺不仅指音乐舞蹈也包括各种杂技。所以唐人文献中也常把从事杂技百戏的女性称为女妓或妓女。"今乐人又有蹋毬之戏，作彩画木毬，高一二尺，女妓登蹋，毬转而行，萦回去来，无不如意，盖古蹴鞠之遗事也。"[②]"上降日，大张音乐，集天下百戏于殿前。时有妓女石火胡，本幽州人也。挈养女五人，才八九岁，于百尺竿上，张弓弦五条，令五女各居一条之上……"[③] 此两则材料中的的女妓、妓女指的是擅于蹋毬或杂技的女性。

除女乐、女妓之外，女倡也是汉晋以来文献中常见的对女性乐舞人员的称呼，东汉时"（马）融外戚豪家，多列女倡歌舞于前"[④]。三国"（曹）洪置酒大会，令女倡著罗縠之衣，蹋鼓，一坐皆笑"[⑤]。女倡也有称倡女，《宋书·乐志》："以两大丝绳系两柱头，相去数丈，两倡女对舞，行于绳上，相逢切肩而不倾。"[⑥] 女倡或倡女之称与倡相关，"倡"汉许慎《说文解字》解释为"乐也，从人昌声"。清段玉裁注曰："汉有黄门名倡，常从倡，秦倡，皆郑声也。《东方朔传》有幸倡郭舍人。"[⑦]《周礼·乐师》："凡军大献，教凯歌，遂倡之。"注：故书"倡"为"昌"。郑司农云："乐师主倡也。"[⑧] 所以倡是指从事音乐歌唱的人，其指并非女性。汉武帝时的"李延年，中山人也。父母及身兄弟及女，

① 《华严经音义》卷一一《毗卢遮那品》，守山阁丛书本。
② （唐）封演撰，赵贞信校注：《封氏闻见记校注》卷六，中华书局 2005 年版，第 54 页。
③ （唐）苏鹗：《杜阳杂编》卷中，《丛书集成初编》2835，中华书局 1985 年版，第 17 页。
④ 《后汉书》卷六四《卢植传》，中华书局 1965 年版，第 2113 页。
⑤ 《三国志》卷二五《杨阜传》，中华书局 1959 年版，第 704 页。
⑥ 《宋书》卷一九《乐一》，中华书局 1974 年版，第 546 页。
⑦ （汉）许慎撰，（清）段玉裁注：《说文解字注》卷八上《人部》，上海古籍出版社 1981 年版，第 379 页。
⑧ （汉）郑玄注，（唐）贾公彦疏：《周礼注疏》卷二三《乐师》，《十三经注疏》，北京大学出版社 2000 年版，第 707 页。

皆故倡也”[①]。这里李延年一家不管男女都称为倡，他们是整个家庭都以倡为业，所以对这类家庭称其为倡家。“先主愍其若斯，群僚大会，使倡家假为二子之容，效其讼阋之状，酒酣乐作，以为嬉戏。”[②] 倡是战国秦汉时期的一种职业，大概以音乐歌舞为主。战国时著名的邯郸倡便是擅长乐舞的女性。因为倡也可指音乐歌舞，所以女性之倡有时便简称为倡女或女倡。唐代时也偶用女倡来指称宫中乐舞人员，《新唐书》载：“即取坊工刘楚才等数人付京兆榜杀之，及禁中女倡十人毙永巷。”[③]

女乐、女倡或女妓是时人对女性乐舞百戏人员的概称，她们的共同点都是依靠自身所具有的技艺为他人提供才艺表演，是社会出现大量这一类乐舞女性的反映。汉魏以来为满足社会对这一类女性乐伎的需要，甚至催生出相应的培训乐伎歌舞地方。于兢《大唐传》载：“湖州德清县南前溪村，则南朝习乐之处。今尚有数百家习音乐，江南声伎，多自此出，所谓舞出前溪者也。”[④] 湖州德清县前南溪村是南朝时为社会提供乐伎的主要地方，隋唐以后全国的政治中心在长安，江南乐伎的盛况可能有所衰退，但至唐代前溪村也仍有数百家习音乐，由此可推想社会中对乐伎人员的需求量之大。唐代女性乐妓频繁见诸文人的诗词、笔记小说，显示出这是一个十分活跃而特殊的女性群体。她们具有一定的才艺，不同于一般女性，她们以技艺取悦于人，她们的命运有着某种相似性，但具体而言，她们的法律身份却是复杂不一。

唐代律法中对女性乐妓的身份地位没有明确的规定，在《唐律疏议》中有对户籍系在太常的乐户、音声人的身份定义。“工乐者，工属少府，乐属太常，并不贯州县。”[⑤] 乐户依令“当色为婚”，若异色相娶者，律无罪名，并当“违令”。“杂户及太常音声人，各附县贯，受田、进丁、老免与百姓同。其有反、逆及应缘坐，亦与百姓无别。”[⑥] 在婚姻

① 《史记》卷一二五《佞幸列传第六五》，中华书局 1959 年版，第 3195 页。
② 《三国志》卷四二《许慈传》，中华书局 1959 年版，第 1023 页。
③ 《新唐书》卷八二《庄恪太子传》，中华书局 1975 年版，第 3634 页。
④ （宋）胡仔：《苕溪渔隐丛话后集》卷二引于兢《大唐传》，人民文学出版社 1962 年版，第 15 页。
⑤ （唐）长孙无忌等：《唐律疏议》卷三《名例》，中华书局 1983 年版，第 74 页。
⑥ （唐）长孙无忌等：《唐律疏议》卷一七《贼盗》，中华书局 1983 年版，第 324 页。

方面也与民相同，“太常音声人，依令‘婚同百姓’，其有杂作婚姻者，并准良人”①。分析《唐律疏议》对乐户与音声人的规定，乐户和音声人的户籍都在太常，乐户的身份处于奴婢与平民之间，为半自由人；音声人除了户籍在太常外，其他各方面身份规定都与平民相同。这些规定应该也适用于出身于这些乐户、音声人家庭的女性乐妓。但唐中期以后，地方乐人到太常服役的制度渐遭破坏，身份趋于民同。与此相应，出身于乐人家庭的女性乐妓的法律身份也会发生变化。然而律法只是制度层面上的一种规定，在现实的生活中却并不一定按照律法行事，女性乐妓因为性别的关系，她们不管原来是什么出身，她们的身份标签往往会伴随着她们的归属而变化。

第二节　宫妓

宫妓是指在宫廷中以音乐歌舞才艺为皇家服务的女子。《开元天宝遗事》载：“念奴者，有姿色，善歌唱，未尝一日离帝左右。每执板当席顾眄，帝谓妃子曰：‘此女妖丽，眼色媚人，每啭声歌□则声出于朝霞之上，虽钟鼓笙竽嘈杂而莫能遏。’宫妓中帝之钟爱也。”“宫妓永新者，善歌，最受明皇宠爱，每对御奏歌，丝竹之声莫能遏，帝尝谓左右曰：‘此女歌直千金。’”②这两则材料提到的宫妓都是唐玄宗时宫廷中擅长歌唱者，宫廷中备有专门的乐舞女性古来有之，夏桀时的女乐三千便是夏王宫中的女性乐舞人员，实际上便相当时唐时的宫妓了。

宫妓是具有一定才艺的宫中女性，她们既不列于嫔妃也不同于一般的服侍性宫女，是宫廷中较为特殊的一类人员，人数颇多，唐顺宗时“又出掖庭教坊女乐六百人于九仙门，召其亲族归之”③。顺宗时一次便放出宫廷教坊女乐六百人，这也仅是宫妓人数的少部分而已，由此可推想宫妓人数之多。宫妓一般是作娱乐表演，不过在唐代内官系

---

① （唐）长孙无忌等：《唐律疏议》卷一四《户婚》，中华书局1983年版，第271页。

② （五代）王仁裕撰，曾贻芬点校：《开元天宝遗事》卷下，中华书局2006年版，第52页。

③ 《旧唐书》卷一四《顺宗纪》，中华书局1975年版，第406页。

统中另设有负责宫廷内部事务的各类宫官，其中六尚宫之一的尚仪局之下设“司乐四人，正六品；典乐四人，正七品；掌乐四人，正八品”，“司乐掌率乐人习乐、陈悬、拊击、进退之事”。[①] 这类司乐的宫官所掌应该主要是宫廷礼仪当中的用乐部分，所掌率的乐人是宫中女乐，她们所习之乐也需专业音乐人员培训，所以唐初，唐宫廷中已设有相关的教习宫人的教坊，称内教坊。“武德以来置于禁中，以按习雅乐，以中官人充使，则天改为云韶府，神龙复为教坊。”[②] 置于禁中，那么学习者自为宫中之人，教习之人可能是由太常机构所派出的乐师，唐太宗时“时太常少卿祖孝孙以教宫人声乐不称旨，为太宗所让”[③]。唐玄宗开元时更置专门教习音乐的各类博士“有音声博士、第一曹博士、第二曹博士”[④]。

宫妓的共同之处是具有某种音乐歌舞才艺，但其出身却不尽相同，部分是由宫女中培训而来，有的是从地方进贡而来。如前举之永新，便为庐陵永新尹氏女，因在当地以善歌闻名，为太守表荐进宫。“尹氏之歌，闻于长安。时刺史因行部至邑，闻而问之，左右或对以尹氏之女，乃使召之。见其容质娉婷，年方及笄，因表进入宫，封为唱歌供奉，日受恩宠，喉音妙绝，为天下第一。于时海内乐人及至王公贵戚，共以邑名呼为尹永新。”[⑤] 敬宗“宝历二年浙东贡舞女二人，一曰飞燕，一曰轻凤”[⑥]。地方向宫廷进贡乐舞女子为常有之举，文宗即位之初曾下诏：“今年已来诸道所进音声女人，各赐束帛放还。”[⑦] 诏书所反映的是地方各道经常进贡优秀的乐妓给皇帝。

有的宫妓则从配没到掖庭中的犯罪家属中挑选。“天宝末，番将阿布思伏法。其妻配掖庭，善为优，因隶乐工。”[⑧] “时有宫人沈阿翘，为

---

① （唐）李林甫等撰，陈仲夫点校：《唐六典》卷一二《宫官》，中华书局 1992 年版，第 350 页。

② 《旧唐书》卷四三《职官二》，中华书局 1975 年版，第 1854 页。

③ 《旧唐书》卷七〇《王珪传》，中华书局 1975 年版，第 2528 页。

④ 《新唐书》卷四八《百官三》，中华书局 1975 年版，第 1244 页。

⑤ （宋）龙衮：《江南野史》卷六《尹琳》，朱易安等编：《全宋笔记》第一编第三册，大象出版社 2003 年版，第 193 页。

⑥ （宋）李昉等编：《太平广记》卷二七二《浙东舞女》，中华书局 1961 年版，第 2142 页。

⑦ 《旧唐书》卷十七上《文宗纪上》，中华书局 1975 年版，第 524 页。

⑧ （唐）赵璘：《因话录》卷一《宫部》，上海古籍出版社 1979 年版，第 69 页。

上舞《河满子》，调声风态，率皆宛畅，曲罢，上赐金臂环，即问其从来，阿翘曰：'妾本吴元济之妓女，济败，因以声律得为宫人。'……上因令阿翘奏《凉州曲》，音韵清越，听者无不凄然。上谓之天上乐，乃选内人与阿翘为弟子焉。"[①]阿布思妻和沈阿翘都是被配入到掖庭的罪隶之身，但因具有音乐之长才"得为宫人"。沈阿翘因歌舞出众，更是令她教习宫中内人。也有从宫外的教坊中挑选优秀者入宫，《教坊记》载唐玄宗时"妓女入宜春院，谓之内人，亦曰'前头人'，常在上前也。其家犹在教坊，谓之内人家。……平人女以容色选入内，教习琵琶三弦箜篌筝等者，谓搊弹家"[②]。此则材料记述了教坊出身的女妓选入宫中宜春院，称为内人，同时也提到一些从民间选进宫廷的平人家女儿也会被教以音乐技能，以备供奉。这些宫妓不管其出身如何，宫廷中看重的是她们的技艺水平，只要技艺突出便会得到重用，如沈阿翘歌舞俱佳，皇帝赐予金臂环并令其教习内人。在宫廷外的人看来，她们之所以和其他女妓不同，是因为属于宫廷是她们的身份标签。

宫妓作为皇家宫廷御用乐舞演出乐妓，是专属于皇家所有，她们的人身支配权在皇家。为笼络大臣，宫妓还经常被皇家赐给有功之臣。"顺宗听政，加（张茂昭）中书门下平章事，且令还镇，赐女乐二人……茂昭立谓中使曰：'女乐出自禁中，非臣下所宜目睹。'""（戴休颜）扈驾至京师，赐女乐甲第。"[③]赐给张茂昭的应该便是宫廷中的女妓，所以他才会说是出自禁中，是为皇帝至尊所服务的，作臣下的不敢拥有。

这些宫妓生活在宫廷中，在物质上她们衣食无忧，但精神上她们便如笼中的金丝鸟，一入宫禁，便失去了自由，成为皇室成员的御用品。她们无法过着普通女性一般的婚姻家庭生活，除非皇帝颁布恩令放归民间，如德宗时"放后宫及教坊女妓六百人"[④]。文宗时下令"今年已来诸道所进音声女人，各赐束帛放还"，"内出音声女妓四十八人，令

① （唐）苏鹗：《杜阳杂编》卷中，《丛书集成初编》2835，中华书局1985年版，第18页。
② （唐）崔令钦：《教坊记》，《丛书集成初编》2733，中华书局1985年版，第1页。
③ 《旧唐书》卷一四一《张茂昭传》、卷一四一《戴休颜传》，中华书局1975年版，第3858、3914页。
④ 《新唐书》卷七《德宗纪》，中华书局1975年版，第206页。

归家”。[1] 但这种机会是稀有的，要视不同的皇帝对乐舞的喜好程度而定。大部分的宫妓只能在宫廷中待到年老无法提供表演服务后才得以回归民间，才艺优秀者更是难以离开宫禁。如德宗时的宫妓萧炼师：“炼师，贞元初自梨园选为内妓，善舞柘枝，宫中莫有伦比者，宠锡甚厚。及驾幸奉天，以病不获随辇，遂失所止。洎复宫阙，上颇怀其艺，求之浃日，得于人间。后闻神仙之事，谓长生可致，乞奉黄老，上许之，诏居嵩南洞清观，迨今八十余矣。”[2] 这位入选宫禁的萧炼师因战争原因一度脱离宫廷，但因为皇帝思念其艺便令人四处寻访追回，直到年老请求事神仙之事。回到民间的宫妓们无处可去，只能如萧炼师一样寄身于道观或寺庵以终天年，另一位宫妓杨志姑也是如此：“某门中有乐吏杨志，善琵琶，其姑尤更妙绝。姑本宣徽弟子，后放出宫，于永穆观中住。”[3]

第三节　官妓

一、官妓的来源

官妓顾名思义指官府所属之妓，从宽泛的含义来说，官妓包括宫廷中的女妓即宫妓和隶属于州县官府的女妓，即史籍中常称的官妓。唐人史籍中所提到的官妓一般指地方州县官府所属的妓女，唐人使用这一指称比较含糊，仅意指官属的女妓，所以官妓在唐人的笔记诗词中便有着多种的别称，如营妓、酒妓、饮妓等。官妓和营妓两者俱为官属女妓，但所隶属官府级别不同。营妓隶属于军镇乐营，故常称为营妓，因同样也是官属女妓，所以也被称为官妓。罗虬《比红儿》序：“比红者，为雕阴官妓杜红儿作也，美貌年少，机智慧悟，不与群辈妓女等。……广明中，虬为李孝恭从事。籍中有善歌者杜红儿，虬令之歌，赠以彩。孝

① 《旧唐书》卷一七上《文宗纪上》、卷一七下《文宗纪下》，中华书局 1975 年版，第 524、568 页。

② （清）彭定求等编：《全唐诗》卷五三七许浑《赠萧炼师》，中华书局 1960 年版，第 6128 页。

③ 段安节：《乐府杂录》，《丛书集成初编》1659，中华书局 1985 年版，第 25—26 页。

恭以红儿为副戎所盼，不令受，虬怒，手刃红儿。既而追其冤，作比红诗。”序中称杜红儿为官妓，但在诗中却是认为红儿是乐营中人：“乐营门外柳如阴，中有佳人画阁深。若是五陵公子见，买时应不啻千金。”[①]这是因为营妓也属官府所有，故两者经常混称。乐营只是在军镇一级才设，州县一般不设乐营。官妓的主要职责是在官府各种宴饮上侑酒助兴，因而有时她们也被称为酒妓。“李相绅镇淮南，张郎中又新罢江南郡。……张尝为广陵从事，有酒妓尝好致情，而终不果纳。”[②]或称为饮妓。“薛宜僚，会昌中为左庶子……籍中饮妓段东美者，薛颇属情。”军镇的乐营对其辖下州县的官妓有支配权。“韩晋公滉镇浙西，戎昱为部内刺史。郡有酒妓，善歌，色亦闲妙，昱情属甚厚。浙西乐将闻其能，白滉，召置籍中。”[③]对于辖内州县的女妓，如果出众者，军镇乐将可将其召至乐营，州县长官也不敢阻。不管是营妓也好，酒妓、饮妓也罢，只是文人对她们的一种随意性的称呼，她们在身份属性上都是隶属于官府。官府完全控制着她们的人身自由，与乐籍中其他的男性乐伎不同，也与乐家中的女性乐伎不同。

官妓的来源，据现有史料分析，大致有两种。一是民间乐人家族中女子，因为出身音乐家族，从小得到训练，具有歌舞才艺，很容易为官府收入官籍。“李尚书讷，夜登越城楼，闻歌曰：雁门山上雁初飞。其声激切。召至，曰：‘在籍之妓盛小丛也。’曰：‘汝歌何善乎。’曰：‘小丛是梨园供奉南不嫌女甥也。’”[④]盛小丛歌唱得好是因为她是宫廷乐人南不嫌的外甥女，从小得到南不嫌的训练指导，后成为地方官籍中女妓。二是某些出身良家的女子因为生活所迫而沦为官妓。“潭州席上有舞柘枝者……明府诘其事，乃姑苏台韦中丞爱姬所生之女也。曰：‘妾以昆弟夭丧，无以从人，委身乐部。耻辱先人。’”[⑤]宴席上的舞妓原为姑苏韦中丞爱姬所生的女儿，只因为父及兄弟皆丧亡，生活无所依靠，

---

① （清）彭定求等编：《全唐诗》卷六六六罗虬《比红儿诗》，中华书局 1960 年版，第 7625 页。
② （宋）李昉等编：《太平广记》卷一七七《李绅》，中华书局 1961 年版，第 1318 页。
③ （宋）李昉等编：《太平广记》卷二七四《薛宜僚》、《戎昱》，中华书局 1961 年版，第 2163 页。
④ （唐）范摅：《云溪友议》卷二，丛书集成初编 2832，中华书局 1985 年版，第 12 页。
⑤ （唐）范摅：《云溪友议》卷三，丛书集成初编 2832，中华书局 1985 年版，第 15 页。

为了生存不得不“委身乐部”，成为官妓的一员，以色艺取悦他人，这是种耻辱先人的职业，但她们因生活所迫不得不为之。另唐代一著名的女妓薛涛原来也是良家子，后才入了蜀地乐籍。“蜀妓薛涛字弘度，本长安良家子，父郑因官寓蜀。……父卒母孀居，韦皋镇蜀，召令侍酒赋诗，因入乐籍。”[①] 一位姑苏太守的女儿也沦落到这般，“姑苏太守青娥女，流落长沙舞柘枝”，其他一般百姓的女儿因生活的原因而沦落为官妓，虽无记载，但这种情况可能存在。

官府所属官妓的出现是为了适应官府的宴会，最初可能是召集乐家女子，《太平广记》有一则材料，虽为神异故事，但其中的一些描绘亦是对现实情景的反映。“既而日将暮，命其促席，燃九光之灯，光华满坐。女乐二十人，皆绝代之色，列坐其前。裴顾小黄头曰：‘王评事者，吾山中之友，道情不固，弃吾下山，别近十年，才为廷尉，属今俗心已就，须俗妓以乐之。顾伶家女无足召者，当召士大夫之女已适人者，如近无姝丽，五千里内，皆可择之。’”[②] 这里所述说的是神仙界的仙人宴会时召集人间伎乐，但折射的却是现实中官家举办宴会时往往召集乐家的女子来奏乐助兴，因为在唐代人们所从事何种职业在户籍上会反映得非常清楚，从事乐事的家庭在州县的簿籍也会反映出来，故官家很容易掌握他们。如果是宫廷需要也可能会召集非乐家的人员，如隋炀帝时“其六品已下，至于民庶，有善音乐及倡优百戏者，皆直太常”[③]。官府宴饮由临时的召集女乐逐渐发展为官府控制着一批固定的女性以备宴会之需，官妓之称便由此而出现。

二、官妓的身份

对于乐人家庭的女子来说，她们有义务为官府服役，一如男性乐人一样，对于那些非乐人家庭出身的官妓来说，则可能因生活所迫而成为

① （宋）章渊：《稿简赘笔》，见《说郛》卷四四，中国书店出版社据涵芬楼影印1986年版，第10页。

② （宋）李昉等编：《太平广记》卷一七《裴湛》，中华书局1961年版，第117页。

③ 《隋书》卷六七《裴蕴传》，中华书局1973年版，第1575页。

官妓，由官府提供给她们生活的物资，她们的名字被登记在官府专门的名籍上，史籍中常称为乐籍。她们成为官府在籍官妓后，便失去了个体的独立人格，官府对她们的控制非常严格。“初，（韦）保衡既登第，独孤云除东川，辟在幕下。乐籍间有佐饮者，副史李甲属意焉。时以逼于他适，私期，回将纳焉。保衡既至，不之知，祈于独孤，且请降其籍，李至，意殊不平。每在宴席，辄以语侵保衡。保衡不能容，即携其妓人以去。李益怒之，屡言于云。云不得已，命飞牒追之而回。”[①]这一例子中的乐籍佐饮者属官妓，独孤云因韦保衡之请免其乐籍，但仍有权力追回，亦即是说，一旦名系官府乐籍，便成为终身的身份符号，无法摆脱，除非地方最高长官的恩赦。

如果没有长官恩赐降籍，便要为官府服务终生，而且不得嫁为人妇，亦即没有婚姻的自由。她们能脱离这种身份的机会，一是得到地方长官的赏识而纳为妓妾，二是在宴席上遇到喜欢她们的士人得以幸运地脱籍。当然他们的结合也不是对等的婚姻，她们只能算是妓妾。如上举例子中的佐妓便因韦保衡在东川宴席上向独孤云请求得以降其籍，只不过因独孤云手下的副史也属意此佐妓，最后不得不再次召回。然而并非所有的士人遇上自己属意的女妓时都敢于向地方长官提出请求。“永宁刘相邺在淮西，辟为判官，方应召。（杜）晦辞亦好色，赴淮南，路经常州，李瞻给事为郡守，晦辞于坐间与官妓朱良别，因掩袂大哭。瞻曰：‘此风声贱人，员外何必如此？’乃以步辇随而遣之。晦辞饮散，不及易服，步归舟中，以告其妻，妻不妒忌，亦许之。”[②]杜晦辞相中了官妓朱良，却不敢向郡守李瞻明言，便掩袂大哭，李瞻只好说“员外何必如此”，让此妓随其而去。并且这种情况亦仅限于一些较有名气的所谓“名士”，并非所有相悦的士子女妓都能如愿。“李相绅镇淮南，张郎中又新罢江南郡。……张尝为广陵从事，有酒妓尝好致情，而终不果纳。至是二十年，犹在席，目张悒然，如将涕下，李起更衣，张以指染酒，题词盘上。妓深晓之，李既至。张持盃不乐，李觉之。即命妓歌以

---

① （宋）李昉等编：《太平广记》卷二七三《妇人四》“韦保衡”条引《玉泉子》，中华书局1961年版，第2155页。

② （宋）王谠撰，周勋初校证：《唐语林校证》卷七《补遗》，中华书局1997年版，第623页。

送酒，遂唱是词曰：‘云雨分飞二十年，当时求梦不曾眠，今来头白重相见，还上襄王玳瑁筵。’张醉归，李令妓随去。”[①] 故事中的酒妓年轻时为张郎中所喜欢，但却没有能使其落籍，二十年后仍在宴席上服务，最后李绅为他们的情谊所感让酒妓脱籍随张郎中而去。可见官府所控制的女妓要脱离乐籍何其困难，也由此可推知当时众多不见于史载的官妓的命运。像这些被士人看中的官妓得以幸运脱籍的也只是极少数的一部分，她们中的大部分只能在官府宴席上服务终老。她们最后的归宿史籍无载，难以得知，著名者如薛涛晚年则是“涛暮年屏居浣花溪，著女冠服”[②]。薛涛晚境显然是孤身一人生活着，由此推测这大概也是一般官妓的人生结局吧。薛涛因为是名妓，年轻时可能积攒下不少的积蓄，晚境在物质生活上应该是富足的，一般官妓则恐怕是难以和薛涛相比，境况可能要差。

唐代官妓一入乐籍便终身无法摆脱，为官府服务至老，不能享受正常的婚姻家庭生活的状况一直延续至宋代，宋代一名叫温琬的官妓的一生遭遇则是官妓群体辛酸生活的缩影。温婉的传记见于宋人刘斧的《青琐高议》：“甘棠娼姓温者，名琬，字仲圭，本姓郝氏，小名室奴。本良家子，父逵，游商。至和中得风痹疾，期年而殒。无子嗣，甚贫，徒四壁立。母氏……只身寓邸中，流为娼妇。”温琬本是良家子，只因父亲死后，家中没有男性，家庭失去生活的支撑，“无子嗣，甚贫”，为了生存下去，温琬的母亲不得不流为娼妇。温琬长大后，受其母的影响，也成为娼妇。“未几，会有赂贿母氏求于琬合者，琬知情必不可免也，自是流为娼。”后因善作诗词，为官府所知，要求将她纳入官府籍，开始为温琬所拒绝，但最终还是入了官籍，“郡将知之，欲呼琬入官籍，而辞以不笙歌，不足以备尊俎欢。……太守悦之，待之益厚，竟使系官籍”。但入了官籍后，想要脱籍却已非易事。温琬一度逃离本郡，西至凤翔，但后来被发现后还是不得不回到本郡。“居数日，乃潜匿于郊外

---

① （宋）李昉等编：《太平广记》卷一七七《器量》“李绅”条引《本事诗》，中华书局1961年版，第1318页。

② （宋）章渊：《稿简赘笔》，见《说郛》卷四四，中国书店出版社据涵芬楼影印1986年版，第10页。

庄家，为易衣服，权使人为兄弟，乘一蹇驴类流民，西职凤翔。既而太守求之，令下甚急。行次潼关，守吏因止之曰：'郡失一妓，太守传檄捕之方急，尔非耶？'琬以言诈去，遂得脱去。至凤翔，才定居，而遣仆至陕，泄其事。太守访得之，掠讯诸苦，备极不堪，乃具言之。遂移文凤翔摄。摄下，琬不免，随牒而至。"因无法脱籍，所以想嫁人的愿望也是最终没有实现。即使脱离了地方乐籍来到京师，亦未能幸免再次入籍，直至年老色衰才能脱离官府乐籍。"愿欲脱籍，初未有路。其家自是亦稍富足，乃欲适人以遂初心，屡白太守，太守艰之……然终不听其去。……后太守交代，乘其时谒告，挈母氏骨肉徙京师。既至，为右军访得之而系其名，不得已而居京师。……居数年，求去籍，遂所请。"[①]

温琬成为官妓后虽百般设法脱籍，却无法如愿，其遭遇充分反映了官府对官妓的控制之严格。官妓不仅无法如平常女性一样有着自己的婚姻家庭，甚至这种生活对她们而言已是一种奢望。与唐代由士子向牧守请求解除他所看中的饮妓的乐籍不同的是，宋代官妓往往是主动向地方官长请求落籍。"杭州营籍周韶，多蓄奇茗，尝与君谟斗胜之。韶又知作诗，子容过杭，述古饮之，韶泣求落籍，子容曰：'可作一绝。'韶援笔立成……一座嗟叹，遂落籍。"[②]周韶因知诗，作诗时能援笔立成，得到宴席上众人赏识，故幸而得脱籍。苏子瞻对于向他请求落籍的两名官妓则采取了不同的态度。"（苏）子瞻通判钱塘，尝权领州事，新太守将至，营妓陈状，以年老乞出籍从良。公即判曰：'五日京兆，判状不难；九尾野狐，从良任便。'有周生者，色艺为一州之最，闻之，亦陈状乞嫁。惜其去，判云：'慕《周南》之化，此意虽可嘉，空冀北之群，所请宜不允。'"[③]两名官属饮妓都主动请求除籍，只是结果却不一，后一名周生者，因其色艺皆为一州之最，苏子瞻最终没有同意其出籍。这些文本记载反映出官府对于系官籍的官妓的控制相当严格，她们在社会上身份低人一等，没有人身自由，为贱属，不落籍便不能从良嫁人。她

① （宋）刘斧：《青琐高议后集》卷七《温琬》，上海古籍出版社1983年版，第166—172页。

② （宋）赵令畤：《侯鲭录》卷七，中华书局2002年版，第180页。

③ （宋）王辟之：《渑水燕谈录》卷一〇《谈谑》，中华书局1981年版，第126页。

们的除籍必须得到所在地方长官的许可，并且似乎没有什么制度性的规定，完全凭官员当时的心情与喜好。

三、官妓盛行的原因

官妓的盛行似乎与唐代社会流行宴饮时以伎乐助兴的风气有密切的关系。“长庆初，穆宗皇帝观诸军杂乐，尝召给事中丁公著问曰：‘比闻外间自公卿至庶士，多为酣宴，皆极欢娱，此皆时和民安，有足抚慰。’……公著对曰：‘国家自天宝已后，风俗奢靡，宴处群饮，以喧哗沉湎为乐。而居重位秉大权者，优杂倨肆于公吏之前，曾无愧耻。公私相效，渐以成俗。’”[①] 据丁公著认为整个社会自盛唐以后，上到公卿下到一般的庶民，从京都到地方，不管是官府群宴还是私人宴饮，无不有伎乐助兴。在这样一种社会风尚下，官府中频繁的宴饮促使官府必须控制一批具有各种才艺的女妓以备随时提供服务。

然而如果揭开这种风尚表象，官妓盛行的现象背后隐藏着更深层的社会原因。宴饮时以女妓助兴自古来便如此，但在唐以前官府的伎乐一般仅服务于宫廷或是皇家成员。“宋元嘉十三年，司徒彭城王义康于东府正会，依旧给伎。总章工冯大列：相承给诸王伎十四种，其舞伎三十六人。”[②] 北魏“今诸王纳室，皆乐部给伎以为嬉戏”[③]。由官府提供伎乐给私人则被视为一种殊荣。“（高）允年涉危境，而家贫养薄，可令乐丝竹十人，五日一诣允，以娱其志。”[④] 直至唐前期官府在籍的各种伎乐人由中央机构太常掌握，包括地方州县的伎乐也需到中央去轮番服役。“凡乐人及音声人应教习，皆着簿籍，核其名数而分番上下。”[⑤]

唐代中期以后，政治格局发生变化，地方方镇势力兴起，形成独立半独立的藩镇割据。地方方镇力量在政治上与中央离心，在文化上也有

---

① （宋）王溥：《唐会要》卷五四《省号上·给事中》，上海古籍出版社 2006 年版，第 1103 页。
② 《宋书》卷一九《乐志一》，中华书局 1974 年版，第 547 页。
③ 《魏书》卷四八《高允传》，中华书局 1974 年版，第 1074 页。
④ 《魏书》卷四八《高允传》，中华书局 1974 年版，第 1088 页。
⑤ （唐）李林甫等撰，陈仲点校：《唐六典》卷一四《太常寺》，中华书局 1992 年版，第 406 页。

所反映。中唐以后原来地方伎乐人员到京城分番服役的制度遭到破坏，这些伎乐人员转而为地方势力所收纳，甚至设立了类似于中央音乐机构太乐、鼓吹署的军镇乐营。他们模仿中央的某些礼仪和方式，隐有礼乐下诸侯的意味。官妓可以说正是在这样的一种背景下出现，并形成一个群体。乐营和州县的官妓实际上与宫廷中的宫妓相类似。宫廷妓女主要为皇帝和宫廷宴会提供表演，宫妓在人身上也是没有自由，须为宫廷服务至老，除非得到皇帝的恩赐放归民间嫁人，否则只能终老宫中。官妓则为地方长官和地方的官府宴饮服务，如想脱籍须经过地方最高长官的许可。两者虽然在表面的身份形式上有所不同，宫妓名为宫廷中人，身份上不是贱隶；官妓则属贱隶，一旦为官妓，便不再是良家子。但实质上两者都是失去个体自由，依附于官府的女性技艺群体。因此，从某种意义上看，唐代地方官妓的盛行实质上也可看作是地方方镇势力兴起后对中央礼乐文化制度进行仿制的表现形式之一。

方镇虽呈半独立之势，但仍属于中央政权之下的地方政府，一般来说没有权力强迫良家妇女成为没有人身自由的官妓。林蕴在邵州杀陶元之并籍其妻为倡仅为个案，官员是不能压良为贱，只有皇家才有此权力。[①] 这些失去人身自由的官妓有一部分却是来自于良家子，不少出身良家的女子沦为妓的现象与隋唐以降女性对男性的依附性加强以及人口流动的形式也有着莫大的关联。

隋唐以后女性对男性的依附性加强，这表现在隋代时免除了女性的课役。"炀帝即位，是时户口益多，府库盈溢，乃除妇人及奴婢部曲之课。"[②] 在实行均田制的隋唐时期，免除课役实质上便是等于取消了女性的授田权利，而土地在古代社会对于个人来说属于主要的财产，女性失去名下的土地，便失去了经济上的依凭，只能依赖于男性。女性从此丧失社会性成人身份，完全退居家庭后，其从属男性的身份特征在更深层次上由理想转向现实。[③] 女性日益依附于男性，她们的生存仰赖于男性

① 高世瑜：《论唐代官妓》，《史学月刊》1987 年第 5 期。

② 《隋书》卷二四《食货志》，中华书局 1973 年版，第 686 页。

③ 李志生：《隋唐时的元女性性别意识及其影响》，见卢向前主编：《唐宋变革论》，黄山书社 2006 年版，第 162 页。

亲人，一旦失去父兄的依凭，在社会上便难以存活。正如温琬传里所述的“父以天年终，既无长兄，致母氏失所依倚，食不足饱腹，衣不足暖体……转死沟壑有日矣”[①]。

唐代人口流动形式的变化则更加剧了女性在现实生活中的生存难度。唐代的人口流动多以家庭为单位，宗族内部的经济互助现象日益减少，很多人离开乡士宗族到外地谋生。[②]这些离开乡士宗族的人包括官员、商人以及各种流亡人户，他们外出时携带着妻小，一旦发生意外，留下的妻小远离原来的宗族之地，在异乡无法得到宗族间的支助，生活失去依靠与支持，为生存下去，以免“转死沟壑”，便容易沦为官妓。前面所提到的长沙舞柘枝的官妓其父曾为太守，只因父死无依靠，尚且不得不从尊贵的士人家庭跌落成为遭人贱视的官妓，更遑论其他一般百姓之女。从良家子到贱隶，从身份符号上表明一个人的社会身份的下跌。如果从生存角度来说，官妓似乎成为这些失去男性亲人的女性得以生存下来的一种途径，虽然这种途径是屈辱的。这是古代女性的悲哀，在选择尊严还是生存的严酷现实中，这些丧失了社会性成人身份、完全从属于男性的女子不得不无奈地选择出卖自己成为官妓。

官妓从表面来看是因宴会需要妓乐助兴而起，实质上却是地方对中央文化形式的移植和复制的一种表现。官妓实质类似于宫廷中的女妓，只是官妓隶属于官府乐籍，她们终身服务于官府宴会，没有人身自由，非经地方长官的允许，不能脱离乐籍，嫁为人妇。这是由于官府经常性的聚宴，需要有固定的伎乐为其随时提供服务，因此借助国家权力的力量，强制性地把部分人口纳入某种专门户籍。在官府乐籍中，侑酒助兴的官妓与男性乐伎虽然同为系籍官府，但官府对系籍饮妓的管理显然不同于男性伎乐，对饮妓的控制与管理要严厉得多。体现出来既有阶级的分层，也有性别的区分。乐这一职业在古代社会的分层中属于下层，为士人所贱视。男性乐伎系籍官府，他们虽不能随意脱离官籍，从事其他职业，但有婚姻的自由，可以拥有他们的家庭。然而对于以个人系籍官府的女性来说，她们如果不脱离官府之籍，则不可能嫁人为妇，甚至成

---

① （宋）刘斧：《青琐高议后集》卷七《温琬》，中华书局1983年版，第167页。

② 冯尔康：《中国宗族史》，上海人民出版社2009年版，第157页。

为别人之妾也不可能。其原因在于其作为女性，脱离官籍后，是与某一个体男性结合，女性进入家庭后不管她在这个家庭中是何种地位，她也不能进入到社会生活，也即不可能再为官府服务。男性乐伎则不同，他们组成自己的家庭，并不妨碍他们在社会上的职业活动。因此，虽然官妓和男性的伎乐人员都是名籍官府，但由于性别不同，官府和社会对待她们的管理和态度也不相同。所体现出来的是在古代社会中女性对于男性的从属与依附性。

第四节　娼妓

一、娼妓业的形成

现代娼妓指向提供性服务的女性，研究中国娼妓史的学者把娼妓的出现追溯至先秦时代。娼妓连用见于唐以后文献，之前文献并不把两者连在一起使用，以娼或妓来称呼女性乐舞者，但具有现代意义的娼妓成为一种女性的职业却开始形成于唐代。唐以前的女乐、女妓一般为宫廷或私人所有，如前所述历代宫廷都供养着大量的女乐。私人畜妓的风尚由来已久，尤其是汉晋以来其风甚盛，贵族豪强、世家大族凭借着雄厚的经济实力畜养着众多的私家伎乐以供娱乐。私人拥有数十女伎为常态，多者则数百。南朝“国宝贪纵聚敛，不知纪极，后房伎妾以百数”[①]。北魏高阳王雍所畜之妓更是多达五百。“雍第宅匹于帝宫，后仆六千，妓女五百。”[②]畜妓之风沿及唐代仍然很盛，唐代对官员的畜妓虽有规定，“凡私家不得设钟磬，三品已上得备女乐，五品女乐不得过三人”[③]。但实际上私人畜妓并不完全遵守制度。“（王昂）专事奢靡，广修第宅，多畜妓妾，以逞其志。”[④]权贵豪门自不必说，一般士人拥有女伎

---

① 《晋书》卷七五《王国宝传》，中华书局 1974 年版，第 1972 页。

② （魏）杨衒之撰，周祖谟校释：《洛阳伽蓝记校释》卷三《城南•高阳王寺》，中华书局 1963 年版，第 123 页。

③ 《旧唐书》卷四三《职官三》，中华书局 1975 年版，第 1830 页

④ 《旧唐书》卷一一八《王昂传》，中华书局 1975 年版，第 3414 页。

也是常事。在私属或宫廷的妓人之外，一些女性乐伎也利用自身乐舞面向社会提供服务，逐渐发展成为女性的一种职业。

娼妓职业的形成与前代以来倡家有密切关系。汉武帝时的“李延年，中山人也。父母及身兄弟及女，皆故倡也”①。这里李延年一家不管男女都称为倡，他们是整个家庭都以倡为业，所以对这类家庭称其为倡家。“先主愍其若斯，群僚大会，使倡家假为二子之容，效其讼阋之状，酒酣乐作，以为嬉戏。”② 倡家之女一般皆善于乐舞，以乐舞表演取悦于人，她们也往往凭自身的技艺得以进入宫禁或权贵豪门之家。“薛嫔者，本倡家女也，年十四五时，为清河王岳所好，其父求内宫中。”③ 倡家也成为招引冶游之士的去处。“（祖珽）及受山东课输，由此大有受纳，丰于财产，又自解弹琵琶，能为新曲，招城市年少歌舞为娱，游集诸倡家。与陈元康、穆子容、任胄、元士亮等为声色之游。”④ 不过唐以前的倡家女仍是依附于其家庭的女性，还没有成为独立的女性职业。倡家之女善于歌舞，常招引浪荡子作声色之游，逐渐成为区别于普通女性的一类群体。唐代倡女有时便写成娼女或娼妇，其身份低于一般人，为贱类，开始有专门的娼籍。

除了世袭之倡家，由于市场的需要，社会出现一类并非真正亲人关系的倡家，而是年长的女性，收养一些年幼女孩，把她们培训成为善乐舞的妓女，也被称为娼女或倡女。她们之间虽名为母女，但并没有血缘关系，倡女只是为其养母赚取钱财的工具。唐传奇《李娃传》的李娃是“长安倡女”，她与其母关系据其言：“某为姥子，迨今有二十岁矣。计其赀，不啻直千金。今姥年六十余，愿计二十年衣食之用以赎身。”⑤ 最后她以作倡女所得之金赎得自由之身。唐后期《北里志》也载：“妓之母，多假母也，亦妓之衰退者为之，诸女自幼丐有，或佣其下里贫家，常有不调之徒潜为渔猎，亦有良家子，为其家聘之，以转求厚赂，误陷其中，则无以自脱，初教之歌令而责之，其赋甚急，微涉退怠，则鞭朴

---

① 《史记》卷一二五《佞幸列传第六五》，中华书局 1959 年版，第 3195 页。
② 《三国志》卷四二《许慈传》，中华书局 1959 年版，第 1023 页。
③ 《北史》卷一四《后妃下》，中华书局 1974 年版，第 521 页。
④ 《北齐书》卷三九《祖珽》，中华书局 1972 年版，第 514 页。
⑤ （宋）李昉等编：《太平广记》卷四八四《李娃传》，中华书局 1961 年版，第 3989 页。

备至，皆假母姓呼，以女弟女兄为之行第。”[①]据这段材料，北里众多的妓女都是由假母收养培训而成，最开始可能是假母买自于贫苦家庭之女，后来社会上一些不法之徒拐骗百姓家庭的幼女卖给假母以谋利。北里的妓也称为娼：“楚儿，字润娘。素为三曲之尤，而辩慧，往往有诗句可称……润娘在娼中狂逸特甚。”[②]

这类以假母为主组成的家庭，“皆假母姓呼，以女弟女兄为之行第”，都是女性，由此原来称倡家之女为倡女，渐以娼女、娼妇称呼她们，不过此时倡与娼仍是互用。根据唐代的户籍管理制度，即所谓“率土黔庶，皆有籍书”[③]。一般编户齐民在州县地方官府着籍，由里正负责登记成册。“里正之任，掌案比户口，收手实，造籍书。”[④]对这类妓女、娼女自然也是要列入官府管理范围，她们登记在官府的户籍显然应该列出她们的职业，故娼籍之称便由此出现。从事娼、妓的女性由于是以声色娱人，“夫娼以色事人者也，非其利则不合矣”[⑤]，她们的法律及社会身份显然低于普通平民女性，《新唐书》载林蕴在邵州杀陶元之后“籍其妻为倡”[⑥]，籍为倡是作为一种惩罚，表明其身份低于一般普通女性。一旦成为倡籍中人，其娼妇的身份标签便难于摆脱。“杨娼者……由是娼之名冠诸籍中，大售于时矣。……（帅）乃阴出重赂，削去娼之籍，而挈之南海，馆之他舍。”[⑦]又唐“武宗诏扬州监军取倡家女十七人进禁中，监军请悰同选，又欲阅良家有姿相者”[⑧]。这里倡家与良家相对举，显然认为倡家非良家女，倡转化为娼，渐成为色情服务的代名词。

唐代城市的发展为娼妓这一职业的形成提供了物质经济的基础。城市人口增加、商业活动繁荣催生了娼妓作为一种职业的形成及兴盛。因为商贾所通的地方，往往倡优游食较多。由于商品经济活跃，促使人们弃本逐末，导致游食者众，娼妓便是游食中的一类。人口密集、商贾来

---

① （唐）孙棨：《北里志》，古典文学出版社 1957 年版，第 25 页。
② （唐）孙棨：《北里志》，古典文学出版社 1957 年版，第 27 页。
③ （唐）长孙无忌等：《唐律疏议》卷一二《户婚》，中华书局 1983 年版，第 231 页。
④ （唐）长孙无忌等：《唐律疏议》卷一二《户婚》，中华书局 1983 年版，第 233 页。
⑤ （宋）李昉等编：《太平广记》卷四九一《杨娼传》，中华书局 1961 年版，第 4033 页。
⑥ 《新唐书》卷二〇〇《儒学下》，中华书局 1975 年版，第 5720 页。
⑦ （宋）李昉等编：《太平广记》卷四九一《杨娼传》，中华书局 1961 年版，第 4032 页。
⑧ 《新唐书》卷一六六《杜悰传》，中华书局 1975 年版，第 5091 页。

往的大都会，娼妓尤为发达。

长安作为全国的政治文化中心，聚集了众多各方人士，在盛唐时期便已形成妓女聚居的地方。长安的平康坊在开元天宝年间便因是妓女所聚之地而被称为“风流薮泽”。“长安有平康坊，妓女所居之地。京都侠少萃集于此，兼每年新进士以红牋谒其中。时人谓此坊为‘风流薮泽’。”[①] 此坊为妓女所聚之处一直沿袭到唐末，孙棨《北里志》载：“平康里，入北门，东回三曲，即诸妓所居之聚也。”[②] 从盛唐到唐末，社会对妓女的需求长盛不衰，使之逐渐形成一种行业。京城北里的女妓由行业中佼佼者作为管理人，“曲内妓之头角者为都知，分管诸妓，俾追召匀齐”[③]。

除了政治中心的两京之外，地方城市的兴起，也带动了各地城市娼妓的兴盛。“比见东洛诸妓体裁，与诸州饮妓固不侔矣。”[④] 显然东都洛阳及地方各州城市同样存在着娼妓群体，并且她们的体态风采并不比京城的差。在有“扬一益二”之称的扬州和益州两大城市，从文人的描述中便可见娼妓业之盛。“扬州胜地也，每重城向夕，倡楼之上，常有绛纱灯万数，辉罗耀列空中，九里三十步街中，珠翠填咽，邈若仙境。”[⑤] “夜市千灯照碧云，高楼红袖客纷纷。如今不似时平日，犹自笙歌彻晓闻。”[⑥] 据《成都记序》载益州：“江山之秀，罗锦之丽，管弦歌舞之多，伎巧百工之富。”[⑦] 其他城市如姑苏城：“姑苏碧瓦十万户，中有楼台与歌舞。”[⑧] 广陵：“时四方无事，广陵为歌钟之地，富商大贾，动逾百数。”[⑨] 可见每一城市都生存着一定的妓女群体，所以笔记小说中提到各城市的妓女时往往以其城市名来突出其地域性，如宣城妓、成都妓、广陵倡家、河中府娼等，妓女成为城市居民的一个组成部分。

---

① （五代）王仁裕撰，曾贻芬点校：《开元天宝遗事》卷上，中华书局 2006 年版，第 25 页。
② （唐）孙棨：《北里志》，古典文学出版社 1957 年版，第 25 页。
③ （宋）王谠撰，周勋初校证：《唐语林校证》卷七《补遗》，中华书局 1987 年版，第 675 页。
④ （唐）孙棨：《北里志》，古典文学出版社 1957 年版，第 25 页。
⑤ （宋）李昉等编：《太平广记》卷二七三《杜牧》，中华书局 1961 年版，第 2151 页。
⑥ （清）彭定求等编：《全唐诗》卷三〇一王建《夜看扬州市》，中华书局 1960 年版，第 3430 页。
⑦ （清）董浩等编：《全唐文》卷七四四《成都记序》，中华书局影印本 1983 年版，第 7702 页。
⑧ （清）彭定求等编：《全唐诗》卷六八七吴融《风雨吟》，中华书局 1960 年版，第 7901 页。
⑨ （宋）李昉等编：《太平广记》卷二九〇《吕用之》，中华书局 1961 年版，第 2304 页。

娼妓在唐代逐渐成为一种女性谋生的职业，与唐代尤其是唐中期以后，城市经济的兴起有着密切的联系，她们是城市经济发展的产物。唐代的城市有中心或枢纽的大都市如长安、洛阳、扬州、成都、江陵、苏州、广州、杭州等。还存在着众多的区域性的中心城市，如北方的宋州、贝州、魏州、凉州等。南方如宣州、常州、洪州、润州等。中国古代城市自先秦以来多以政治军事意义为重，但隋唐以降，经济性色彩的城市逐渐增多。[①]因此唐代城市不仅仅具有政治的功能，亦多有经济因素。大都市的商贸繁华、游食众多自不须说，区域性的城市也是商贾来往密切，商业活动活跃。宣州“物产珍奇，倾神州之韫，东南之巨丽也”[②]。常州“望高地剧，此关外名邦……海夷浮舶，弦发望至”[③]。洪州“连巴控越知何有，珠翠沉檀处处堆”，“控压平江十万家，秋来江静镜新磨”。[④]商贾之人来往各城市之间进行商贸活动，他们在经商之余也需有娱乐休闲生活，“广有大贾，约倡女夜集”[⑤]。倡楼妓女之处提供的是一种乐舞娱乐服务，所谓声色之游中的声便是歌舞之娱乐。倡女最后归宿之一便是嫁与商人为妇，“门前冷落车马稀，老大嫁作商人妇”。因此在商贸活动频繁的地方，往往伴有娼妓的身影。“长江午日酤春酒，高高酒旗悬江口。倡楼两岸悬水栅，夜唱竹枝留北客。”[⑥]娼是非利不合的一种服务消费的交易，要得到娼妓的声色服务，须付出一定的财物，一个人没有丰厚的物质支撑不可能作声色之游。所以说，娼妓业的形成需建立在一定的社会物质财富基础之上，是城市经济发展到一定程度后能够供养非生产性的服务行业的结果。

娼妓作为一种职业虽然有专门的娼籍，但这仅是一种职业的户籍登记，她们仍有系官与否的区别，并非所有的娼妓都系于官府，如果系官

---

① 张泽咸：《唐代工商业》，中国社会科学出版社 1995 年版，第 219 页。

② （清）董浩等编：《全唐文》卷二四八李峤《宣州大云寺碑》，中华书局影印本 1983 年版，第 2510 页。

③ （清）董浩等编：《全唐文》卷三一六《常州刺史厅壁记》，中华书局影印本 1983 年版，第 3207 页。

④ （清）彭定求等编：《全唐诗》卷五三二杜牧《怀钟陵旧游》，中华书局 1960 年版，第 5977 页。

⑤ 《新唐书》卷九〇《刘崇龟传》，中华书局 1975 年版，第 3769 页。

⑥ （清）彭定求等编：《全唐诗》卷一九《相和歌辞》张籍《江南曲》，中华书局 1960 年版，第 205 页。

则人身更受限制。据唐末《北里志》记京城平康坊北里之妓大部分籍属教坊，“京中饮妓籍属教坊”，教坊如前文所述是唐玄宗时所设，所管辖的乐人最初以家庭为单位集中居住，既有男性也有女性，他们主要是为宫廷服务。平康坊的饮妓的户籍管理在教坊，但她们并不是为宫廷服务，而是面向城市社会大众。她们籍在教坊是京城官府为了在举行宴集时征召她们为宴会侑酒助兴。因此居住于平康里的娼妓可以接纳宾客，但须随时承接官差，并且不能轻易脱离官籍，所以北里之妓王福娘说：“某幸未系教坊籍，君子倘有意，一二百金之费尔。”因为未系官籍，故只要付给假母一定的续身钱便可获得自由。非名籍教坊的妓也不是完全自由身，她们人身属于所谓的假母，不过她们如果找到能为她们赎身的人便可获得自由。但对于系身官籍的妓来说，人身自由则不是钱财便可解决的。当然也有能脱离者，但削去乐籍需要官府主管机构的同意，要买通官府削去名籍所费金钱之多，这非一般士子所能为。“杨娼者，长安里中之殊色也。……岭南帅甲，贵游子也。妻本戚里女，遇帅甚悍。……（帅甲）乃阴出重赂，削去娼之籍，而挈之南海，馆之他舍。”① 岭南帅甲为削去娼在官府的名籍，是“阴出重赂”，可推测这一削籍过程困难及所费金钱之多。

地方城市的娼妓管理也大致如京城，系官之妓便是前文所述之官妓，官妓之外也应有自由之娼妓。“崔涯者，吴楚之狂生也。与张祜齐名。每题一诗于娼肆，无不诵之于衢路。”② 此处之娼肆应该便是民间之娼，而非官妓，大概系官者常称为妓，民间者则多称为娼，但两者也常互称。一般而言民间娼妓是官妓的来源之一，民间娼妓出众者往往便被系于官府。唐代虽没有明确的材料反映地方一般娼妓与官妓的区别，从前举宋代《温琬传》中温琬的经历可略作推测，温琬原为良家子，因故成为娼妇，后由于才艺出众，被官府收系官籍。显然并不是所有的娼妓都是官妓，只有那些较为突出的妓才被系官籍，随时为官府宴饮应差服务，类似为服役。

女性以声色取悦于人虽早已有之，但娼妓作为一种职业却发端于

① （宋）李昉等编：《太平广记》卷四九《杨娼传》，中华书局1961年版，第4032页。
② （唐）范摅：《云溪友议》卷五，《丛书集成初编》2832，中华书局1985年版，第27页。

两晋南北朝，形成于唐代。娼妓是由倡、伎两类女性乐人演化而成，她们本以乐舞悦人进而伴以色悦人。悦人的目的在于获取物质报酬。随着唐代城市经济的发展，原来以声色悦人的女性由属于私家走向社会，娼女、妓女成为寄生于城市的女性职业，她们以声（乐舞）、色（性）作为商品与他人交换，以获取利益。娼妓成为城市中特殊的一类人口，官府对她们设立娼籍、妓籍以管理，以声色悦人的职业特点使她们的法律和社会身份皆低于常人，称为风声贱人。女性个体之所以成为娼妓，既有主动为之，也有被迫从事此职业，有时她们主动加入这一群体也是在外在的压力，即经济窘迫、生活难以为继的生存压力下的一种无奈选择。依靠自己的才艺、声色来谋取生存物资，娼妓业为她们提供了一种生活的途径。

娼妓业是与城市紧密相连的一种行业，是城市经济发展到一定程度的产物，可以说娼妓在唐代成为一种行业与唐代城市社会经济的发展分不开，正是唐代城市经济的繁荣为娼妓业的形成提供了市场和经济基础。娼妓最终发展成为部分女性赖以谋生的一种社会性职业。这似乎也反映了社会发展过程的复杂性和调适性。

二、娼妓的自由与困境

社会事象总是复杂异常，娼妓一方面人身受到官府或私人的控制，但另一方面却从某种意义上展示出女性的声音。从大的社会背景而言，妓的职业化是男性对女性的一种性别压迫，但在妓的从业范围即妓与男性交游的这样小圈子里，唐代的妓与男性却是相对平等，妓可自由地与他们笑谑谈说，这种与男性的交往方式在其他女性群体中则不可想象。“长安进士郑愚、郭保衡、王冲、张道隐等十数辈，不拘礼节，旁若无人。每春时，选妖妓三五人，乘小犊车，指名园曲沼，藉草裸形，去其巾帽，叫笑喧呼，自谓之‘颠饮’。”[①]材料中的几位进士为不拘礼节之士，与之交游的妓人和他们一起在公众场合叫笑喧呼，令时人侧目，故

① （五代）王仁裕撰，曾贻芬点校：《开元天宝遗事》卷上，中华书局2006年版，第27页。

称之为妖妓。

这种情形与儒家经典《礼记》中所言“故君子远色以为民纪，故男女授受不亲”，注曰“不亲者不以手相与也”。[①]实在是相去甚远，《礼记》里所设想的男女之间的严防在现实生活中是否如此，难以判断，但在士人阶层中，遵守儒家礼法则是他们生活中的重要内容。正如宋陆象山批评谢希孟：“谢希孟在临安狎倡，陆氏象山责之曰：‘士君子乃朝夕与贱倡女居，独不愧于名教乎。’”[②]妓的生活形式正好是与儒家礼法也即所谓名教是背道而驰，所以有人说：“有若屠儿之礼佛，倡家之读礼者，是可叹也。”[③]

也正是因为如此，她们可以无视正统社会的种种礼法规定，在与男性小范围的交游里表现出与普通女性不一样的个性。虽说她们整体处于一种被压迫的状态，在具体的生活环境中却营造出自己独特的妓文化形态。唐宋的妓以才艺为主，不以色取人，她们以出色的才艺来博得好名声。她们的活跃为女性在古代社会留下了自己不一样的声音。她们在盛行诗词的唐宋时代，与男性吟诗唱和，善于谈谑调侃，在宴席上可充分展示自己的才华。“分别品流，衡尺人物，应对非次，良不可及。”[④]

因为妓与男性交游，周旋于众多男性之间，要得到名声，须善于歌舞或谈谑。“官妓高玲珑、谢好好巧于应对，善歌舞。”[⑤]因所往来的大都是士人，能与他们吟诗酬和则成为获得更高名气的条件。“又闻有军使高霞寓者欲聘倡妓，妓大夸曰‘我诵得白学士长恨歌，岂同他哉？’由是增价。”[⑥]只因为能吟诵白居易的诗歌，便身价上涨。“长安名妓刘国容有姿色，能吟诗”，故能得到进士郭昭述的爱慕。其他材料中提到稍为出色的妓人时，常称她们薄知书。在唐代最为著名的有薛涛，“西

---

① （汉）郑玄注，（唐）孔颖达疏：《礼记正义》卷五一《坊记》，《十三经注疏》，北京大学出版社2000年版，第1658—1659页。

② （宋）庞元英：《谈薮》，朱易安等编《全宋笔记》第二编，大象出版社2006年版，第198页。

③ （宋）罗大经：《鹤林玉露》丙集卷五，中华书局1983年版，第314页。

④ （唐）孙棨：《北里志》，古典文学出版社1957年版，第22页。

⑤ （宋）王谠撰，周勋初校证：《唐语林校证》卷二，中华书局1987年版，第145页。

⑥ 《旧唐书》卷一六六《白居易传》，中华书局1975年版，第4349页。

蜀官妓曰薛涛者，辩慧知诗”[①]，并与当时诗人元稹等多有交往。唐宋时期留下诗词的女性中妓人占了不少比例。她们中甚至有人因此得到赏识而脱离妓籍，如宋杭州妓周韶便因知诗，在席间请求除籍，被要求当众作诗，韶援笔立成后“一座嗟叹”，最终脱离妓籍。或因此为人纳为妾。“韦蟾廉问鄂州。及罢任，宾僚盛陈祖席。蟾遂书《文选》句云：悲莫悲兮生别离，登山临水送将归。以笺毫授宾从，请续其句。座中怅望，皆思不属。逡巡，女妓泣然起曰：某不才，不敢染翰，欲口占两句。韦大惊异，令随口写之：武昌无限新栽柳，不见杨花扑面飞。座客无不嘉欢，韦令唱作《杨柳枝》词，极欢而散，赠数十笺。纳之，翌日共载而发。”[②]

唐宋时期的妓知诗是因为时风如此，妓职业所面对的对象主要是男性，男性心目中对这一类女性所欣赏之处，又迫使她们向着男性的审美目标发展。从某种程度而言，妓的自由是游离于正统礼法社会之外的狭小世界所致，妓这一职业的出现为男女间自由交往提供了空间，只是这一空间是以钳制部分女性成员的自由为代价。在这狭小空间里，妓的生活充满矛盾，一方面身心都受到压制，可也表现出妓群体自由个性的一面。

妓在宴席上凭自己的机智调节气氛，使与宴的士人能尽兴。“时礼臣初入内庭，矜夸不已，致君已下，倦不能对，甚减欢情。举举知之，乃下筹指礼臣曰：‘学士语太多，翰林学士虽甚贵甚美，亦在人耳。至如李骘、刘允承、雍章亦尝为之，又岂能增其声价耶？’致君已下，皆跃起拜之，喜不自胜，致礼臣因引满自饮，更不复有言。”[③]席上有一士人因得入为翰林，常常矜夸，令其他人甚为不乐，举举的一番话令此人哑口无言，一席人极欢而散。另一名妓天水仙哥便是因为善于调节宴席气氛而得到时人推重增高其声价。“善谈谑，能歌令。常为席纠，宽猛得所。其姿容亦常常，但蕴籍不恶，时贤雅尚之，因鼓其声价耳。”[④]

---

① （宋）王谠撰，周勋初校证：《唐语林校证》卷二，中华书局 1987 年版，第 588 页。
② （宋）李昉等编：《太平广记》卷二七三《武昌妓》，中华书局 1961 年版，第 2155 页。
③ （唐）孙棨：《北里志》，古典文学出版社 1957 年版，第 28 页。
④ （唐）孙棨：《北里志》，古典文学出版社 1957 年版，第 26 页。

饮妓们还常在宴席上对士人进行戏弄，令他们难堪。“时澧州宴席酒纠崔云娘者，形貌瘦瘠，而戏调罚于众宾，兼恃歌声，自以为郢人之妙也，李生乃当筵一咏，遂至钳口。”[①]崔云娘虽为宴席酒纠，却自恃其才戏于筵席众人，只是为一李生而屈。妓人甚至有轻视侮辱士人之举。“陈复休常于巴南太守筵中，为酒妓所侮，复休笑视其面，须臾妓者髯长数尺，泣诉于守，为祈谢。”“后七七偶到官僚家，适值宾会饮，主与宾趋而迎奉之。有佐酒倡优，甚轻侮之。”[②]这两则材料中的士人都为宴会上的酒妓所侮，反映出妓人在特定的空间里也有可能表现出自己个性的一面。更有甚者，敢于对调戏的士人，还以颜色。“牙娘居曲中，亦流辈翘举者。性轻率，惟以伤人肌肤为事。故硖州夏侯表中泽，相国少子，及第中甲科，皆流品知闻者，宴集尤盛。而表中性疏猛，不拘言语，或因醉戏之，为牙娘批颊，伤其面颇甚。”[③]北里妓牙娘个性尤为特出，对冒犯她的人常动手反击，有时伤得还较为严重。

妓与士人官员交往中所呈现出来的机敏才智及学识反映出女性的部分声音，她们借助男性得以活跃于社会，但这是以失去社会良人身份为代价。妓群体的生活环境是游离于礼法社会的另类空间，她们在这狭小空间里可以与男性自由交往，但这种自由却使妓这部分女性失去进入正统家庭的权利。生活于这种环境里的妓往往面临着回归礼法社会家庭的困境与迷惑。

娼妓的职业对象在形式上是社会上的所有男性成员，她们的生活方式与儒家正统的礼法观念格格不入，同时她们本身也受到限制，使她们难以得到正常的婚姻。她们必须脱离娼妓的身份方可与个体男性结合。娼妓有系官籍和不系官籍两种，如前所述，如果是名系官籍则须得到官府允许脱离妓籍才能嫁人从良，不系官籍的妓的人身却是受到其假母的控制，如要脱离也需要一定数量的赎身钱。她们如何凑足这笔赎身钱？只有两种途径，一是依靠自己的积攒，这对于名气较高的妓来说或许有

---

① （唐）范摅：《云溪友议》卷七，《丛书集成初编》2832，中华书局1985年版，第40页。

② （宋）李昉等编：《太平广记》卷五二《陈复休》、《殷天祥》，中华书局1961年版，第320、321页。

③ （唐）孙棨：《北里志》，古典文学出版社1957年版，第29页。

可能，对于普通的妓来说，她们更多是依靠另一方法即赏识其的某一个体男性为其赎身。

能够为她们支付赎身钱的个体男性必须具有一定物质条件，非普通劳动大众力所能及。一般来说这些人或是士人、官吏，或为商人，士人、官吏注重儒家礼法，与儒家男女关防观念正好相反的娼妓显然不可能成为此类家庭的正妻，只能是妓妾或是别宅妇女。从记载来看，即使她们与所交往的士人产生真正的爱情，也不可能与之结成对等的婚姻关系。如果是商人，则因为在唐代商人的社会身份并不高，则可能成为商人的妻子。“维扬万贞者，大商也，多在于外，运易财宝以为商。其妻孟氏者，先寿春之妓也。美容质，能歌舞，薄知书，稍有词藻……自是孟氏遂私之，挈归已舍。”[①] 万贞之妻孟氏，原为寿春妓，称其为妻而不是妾表明在其家庭中有合法正式的地位。但嫁为商人妇在部分诗人看来是无奈之举，“老大嫁作商妇”，似乎是替其惋惜。

妓人群体难以得到自己真正婚姻爱情，不仅有来自社会对于她们的压迫与歧视，也有来自群体自身的阻力。当妓成为一种职业后，自小收养培训她们的假母把她们作为生财的工具，自然对她们控制较严。但其实即使是其亲生之女，也会阻止她们走向正常的婚姻生活。甘棠娼温琬本为良家子，因父亲死后，其母无依靠，流为娼妇后把年幼的温琬寄养于其妹妹家。长大后，其妹为温琬选择了一普通人家婚配，结果却遭到温琬母亲的反对，把温琬夺回，最终温琬也如其母一样成为娼。[②] 在温琬身上，可以看到社会的复杂性，本来她可以像普通女性一样过着普通人的生活，使她这一愿望破灭的却是她的亲生之母。这里面或许有着物质上的因素，宋代名娼王幼玉便曾说：“今之或工或商、或农或贾、或道或僧，皆足以自养。惟我侪涂脂抹粉，巧言令色，以取其财，我思之愧赧无限，逼于父母姊弟莫得脱此。倘从良人，留事舅姑，主祭祀，俾人回指曰：‘彼人妇也。’死有埋骨之地。”[③] 后来她与东都人柳富相恋，却遭到家人的激烈反对而不果。

① （宋）李昉等编：《太平广记》卷三四五《孟氏》，中华书局 1961 年版，第 2735—2736 页。
② （宋）刘斧：《青琐高议后集》卷七《温琬》，上海古籍出版社 1983 年版，第 166—167 页。
③ （宋）刘斧：《青琐高议前集》卷一〇《王幼玉记》，上海古籍出版社 1983 年版，第 95—96 页。

妓人的迷惑则表现在她们应该选择一种怎样的婚姻，尤其是才艺突出的妓人。即她们是选择成为社会身份为上层的士阶层的妓妾或别宅安置的女子，还是选择与处于社会下层的一般男性结合正式夫妻。

虽然妓人中也曾有人发出“虽然日逐笙歌乐，长羡荆钗与布裙”[①]的艳羡之声，但她们因为曾经生活在男女间交游较为轻松自由的环境，当部分人进入家庭时，却难以适应。“先通洛真而纳之，月余不能事。诸媵之间彰其迹，以告贵主，主即出之，亦获数百金。遂嫁一胥吏，未期年而所有索尽，吏不能给，遂复入曲。携胥一女，亦当时绝色。”[②]俞洛真曾被一士人官吏纳为妾媵，但其不羁的性格使她无法在这种大家庭中生活下去，被遣出，并得到一笔不小的补偿，“亦获数百金”。离开这个士人阶层的家庭后，俞洛真嫁给了一个胥吏，材料中所用词为嫁，而不是纳，表明她是嫁给这一胥吏为妻。胥吏的社会身份并不高，这一记述反映出妓可以与社会下层男性结合为夫妻。不过即使是这样，最终俞洛真还是不甘于寂寞，当所获之金花尽后，胥吏无法满足其要求，“遂复入曲”，再度成为妓人。虽然这仅是个别例子，但也至少反映出一部分妓的心态。

对于士人这一阶层来说，妓人显然是低贱之人，非特殊原因不可能进入士子的家族成为正妻。然而也应看到这些士子都属于社会的上层，并非一般的普通劳动阶层的百姓。宋代的一则材料显示出妓人与普通百姓交往时的某些情实：“谭意歌，小字英奴，随亲生于英州。丧亲，流落长沙……年八岁，母又死，寄养小工张文家。文造竹器自给。一日，官妓丁婉卿过之，私念：苟得之，必丰吾屋。乃召文饮，不言而去。异日复以财帛贶文，遗颇稠叠。文告婉卿曰：‘文廛市贱工，深荷厚意，家贫，无以为报。不识子欲何图也？’……文竟以意归婉卿。”[③]材料中官妓丁婉卿因看中了寄养在工匠张文家的小女孩，想得到以培养为名妓。在这一文本中对丁婉卿与张文之间交往的描述显示出因为作为官妓的丁婉卿在物质上优于作为工匠的张文，处于居高之位，张文甚至自称

① （清）彭定求等编：《全唐诗》卷八〇二徐月英《叙怀》，中华书局1960年版，第9033页。
② （唐）孙棨：《北里志》，古典文学出版社1957年版，第35页。
③ （宋）刘斧：《青琐高议别集》卷二《谭意歌》，上海古籍出版社1983年版，第212页。

为廛市贱工。即使不是张文自言，只是文本作者的描述，却也代表了社会上对两者的一种态度。

材料中的小女孩谭意歌最终为丁婉卿收归并培训成为歌舞才艺俱佳的妓人，也和丁婉卿一样是官妓。后来谭意歌求得官府脱籍后，想寻找最终的归宿，“意乃求良匹，久而未遇”。从句意分析，谭意歌并非是找不到婚姻的对象，而是因为其要求过高，才久而未遇，后来遇到“风调才学，皆中吾意”的汝州民张正宇才说“吾得婿矣”。当然谭意歌这样条件的妓人可任凭己意挑选夫婿，却也在一定程度上说明只要妓脱离原来的身份符号，她们也有可能和其他男性结合组成正常的婚姻家庭。

妓的种种事迹得以记录下来是因为与妓交往的士子，在古代能够对当时社会事象做记载的往往只有这些掌握文字的读书人，他们在记述时常带着他们的主观意识评价。能在士人笔下留下一字半句的妓多半是妓人群体中的佼佼者。某种程度上，娼妓们相对于其他女性来说，有一定独立的人格。在宴会上，她们与男性处于相等的地位，她们可以和男性自由地谈论、戏谑，甚至对男性予以讽刺。但她们一旦进入家庭，则面临着遵守传统的礼法的现实，而饮妓与士人交往突破了正统社会的男女有别的礼法规定，“倡门无礼”，这种与男性自由来往的结果却使她们无法进入正统社会的礼法家庭，被屏除在合法家庭之外，

在社会现实中很难以一种标准去界定某一群体的身份地位的高低，因为在同一阶层中也存在着更细的等级分层。具体到妓人群体来说，她们并非良人身份，在律法上比一般的平民家庭的女性身份要低；对于士阶层来说，他们更视之为风声贱人，不可能与之有对等的婚姻关系。但对于普通的平民阶层来说，妓群体在物质上却似乎居于他们之上，许多妓本身便拥有一定的仆人为其服务。

本章小结

唐代众多女性乐妓因其归属的不同各标以不同的称呼，如宫妓、官妓、私妓等，民间具有自由身份的女妓则成为公私女妓的巨大来源，尤

其是那些善于丝竹歌舞的女妓。一般而言，民间乐妓成为宫妓、私妓较为普遍，因为从事各种技艺表演的女性基本上来自于社会底层，她们学习这些部分是为了将来能凭借自身的技艺来改善生活条件，过上较为舒适的生活。这种风气古来皆然，《史记》在描述中山风俗时说“女子则鼓鸣瑟，跕屣，游媚贵富，入后宫遍诸侯”[①]。社会底层民众追求富贵的心态在任何一个时代都是共通的，正如唐诗所感叹：“当窗却羡青楼倡，十指不动衣盈箱。”[②]

女性乐妓虽因归属不同而导致她们的法律身份不一，但她们这种身份符号标签并非完全固定不变，实际上由于乐妓具有一定才艺的共同特点，使得她们往往会在不同属性之间转化。开元年间宫妓永新，原为民间善歌者，被选入宫，这时她的身份标签为宫妓。安史之乱中，皇家人员仓皇出逃，京城宫廷中各类人员也四散，永新流落民间，依靠一士人，成为私妓。后士人死，永新不得不沦落风尘，依靠自身才艺养活自己。“渔阳之乱，六军星散。永新为一士人所得。……后士人卒，遂落风尘。临卒，谓其母曰：‘阿母钱树子倒矣。’”另有一女妓，“大历中才人张红红，本与其父唱歌于衢路，韦青纳为姬。……敬宗召入宫中，宫中号记曲娘子”[③]。张红红原为歌女，与父亲卖唱于歧路，得到韦青欣赏，收为妓妾，由民间女妓成为私妓。但因名声为当时皇帝所闻，召入宫中，由私妓转为宫妓。一般来说，乐妓成为宫妓或官妓后，因为身份打上了官家的烙印，一般是难以恢复自由身，除非得到除籍。

娼和妓的乐舞服务逐渐演化为声色服务，城市经济的繁荣为乐妓面向社会服务提供了物质上的基础，两者的结合便促使了娼妓业的形成和发展。但唐代的娼妓并非完全现代意义的娼妓，她们主要以才艺取胜，是相当活跃的女性群体，她们可以与士人名士相交往唱酬，不受礼法的约束，具有一定的自由和个性。但这是以失去良人身份为代价的，她们的法律身份和社会身份比普通女性低下，有特殊的娼籍。

---

① 《史记》卷一二九《货殖列传》，中华书局 1959 年版，第 3262 页。

② （清）彭定求等编：《全唐诗》卷二九八王建《当窗织》，中华书局 1960 年版，第 3380 页。

③ （唐）段安节：《乐府杂录》，《丛书集成初编》1659，中华书局 1985 年版，第 27 页。

女性乐妓由宫妓、私妓、官妓、娼妓的分化演变，是社会对女性乐舞人员的需要从尊者贵者所需到社会所需的体现。妓不再是私人所专有，而是开始面向社会大众，这既是城市经济发展的结果，也是女性依附于男性的反映。官府对乐妓的管理亦大致类同于男性乐人。宫妓属于宫廷，其籍在宫廷相关机构；私妓为私人所有，其名籍自然登记于主人之下；官妓和娼妓的名籍都在官府，不同的是官妓是专属于官府，娼妓则是为社会服务。

第六章　乐人与政治

乐人作为一个职业群体，在隋唐社会结构中处于社会的下层，他们不得不服从当时社会给予他们的身份安排，但他们并不甘心这种安排并努力改变自己的身份地位。他们中的部分人利用为宫廷与官府服务的便利接近上层社会，一些乐伎甚至得到皇帝的宠幸。隋唐五代时期诸多喜爱乐舞的皇帝给予了乐伎参与到政治社会的机会，他们一方面借此改变身份，进入士流；另一方面也企图对时政进行干预，这在五代后唐时达到顶峰，并对后唐政局产生了重大影响。

第一节　乐人入仕与士大夫之间的冲突

一、乐人之入仕

服务于官府的乐人由于职业的特殊性，他们常常得以接近帝王，一些技艺出众的乐人，还会得到帝王的恩遇。他们也往往利用自己的技艺来改变地位，有的甚至仕至高官。这种现象自战国以来便层出不穷，战国时齐国名臣邹忌便是以善鼓琴而得见于齐威王，虽然邹忌后来并不是因为鼓琴得到重用，但最初却是因为鼓琴才得以接近齐威王，从而有机会表现其才干。汉武帝时的李延年则是以倡进，后因其妹得宠而显贵一时。虽然这是较为特殊的例子，但不可否认，接近君王可以为乐伎倡优改变社会身份提供机遇。魏晋以降，这样的例子仍时见史载。东晋时便有倡优乐人仕至太守的记载："安德陈太后讳归女，松滋浔阳人也。父广，以倡进，仕至平昌太守。"[①] "嬖人赵牙出自优倡，茹千秋本钱塘捕

① 《晋书》卷三二《安德陈太后传》，中华书局 1974 年版，第 983 页。

贼吏，因赂谄进，道子以牙为魏郡太守，千秋骠骑咨议参军。”[①]倡即指乐人，“倡，乐人也”[②]。前一个乐人可能因了女儿之故，后一个则是通过贿赂而得官至太守，不管是哪种原因，他们都是凭借音乐技艺得以进入到社会的上层，接触到当权人物，才有可能、有机会进入仕途。这说明了一个问题，即乐人群体进入仕途并非完全不可能，但他们要想接触社会上层，则有一个前提，便是必须依附权势贵戚或成为官属乐人，从而得以作为供奉乐人接近人主。

南北朝时期，这样的例子则多见于北方政权。北魏后期社会动荡，人们的身份变动较大，许多身份低贱的下层民众可以进入仕途。这种情况在北齐表现得尤为明显，北齐后期“诸官奴婢、阉人、商人、胡户、杂户、歌舞人、见鬼人滥得富贵者，将以万数。庶姓封王者百数，不复可纪”[③]。这里提到的各类人中杂户、歌舞人与乐人有关，如前文所述，乐户是杂户的一种，歌舞人则有可能是临时征召进宫廷的乐舞人员。北齐后期朝政紊乱，所任大臣“各引亲党，超居非次，官由财进，狱以贿成，其所以乱政害人，难以备载”[④]，正是在这样的背景下，才会出现“滥得富贵者，将以万数”的情形，乐人甚至有封王开府者：“故曹妙达、安未弱、安马驹之徒，至有封王开府者，遂服簪缨而为伶人之事。”[⑤]虽然这只是朝纲混乱所导致的一时现象，但却显示出社会下层在谋求进入社会上层的途径，作为下层群体的乐人群体自然也是如此。实质上，下层民众要想进入仕途，还有一种传统方式，即通过军功。隋时太常乐户赵行枢通过贿赂权势人物宇文述而进入仕途，“赵行枢以太常乐户，家财亿计，述谓为儿，多受其贿。称其骁勇，起家为折冲郎将”[⑥]。如前文所述，在北朝，最初的乐户是军队编制的，军功是身份低贱的人改变他们地位的途径，这对于乐户也是适用的，故宇文述利用国家这一政策帮助太常乐户赵行枢进入仕途。

---

① 《晋书》卷六四《会稽文孝王道子传》，中华书局 1974 年版，第 1734 页。
② 《汉书》卷五一《枚乘传附子皋传》师古注，中华书局 1962 年版，第 2366 页。
③ 《北史》卷八《幼主纪》，中华书局 1974 年版，第 300 页。
④ 《北齐书》卷八《后主纪》，中华书局 1972 年版，第 112 页。
⑤ 《隋书》卷一四《音乐志中》，中华书局 1973 年版，第 331 页。
⑥ 《隋书》卷六一《宇文述传》，中华书局 1973 年版，第 1468 页。

隋唐之际的战争环境下，更多的社会下层群体的成员进入到为士人阶层所垄断的政治仕途。李唐集团为取得天下，充分鼓励动员不同等级的群体为其服务，对于位于社会底层的部曲徒隶也是如此。“诸部曲及徒隶征战有功勋者并从本色勋授。”[①] 故在这种战争环境下有不少的乐人进入仕宦之途。“若已经仕宦，先入班流，勿更追补，各从品秩。”[②] 当社会秩序稳定下来后，乐人上升到社会上层的途径则又重新回到依靠君主的恩遇。终唐一代，这样的事例时见史载。如太宗时有白明达、王长通之辈的乐工“得以与夫朝贤君子，比肩而立，同坐而食”；唐文宗时尉迟璋和教坊副使云朝霞因为“深惬上意”被授光州长史、润州司马；懿宗时授乐人李可及为左威卫将军。五代后唐庄宗时则是乐人在政治仕途上发展的最顶峰，他们甚至有仕至刺史之职者。“（同光二年夏五月）壬寅，以教坊使陈俊为景州刺史，内园使储德源为宪州刺史，皆梁之伶人也。”“（同光二年十二月）壬申，以教坊使王承颜为兴州刺史。”[③]

乐人凭借其音乐技艺进入仕途，担任太乐本司以外官职的现象一直存在，尤其是自南北朝以来屡见不鲜，唐初以来更是“声伎入流品者，盖以百数”[④]。这种现象一直贯穿到五代时期，所反映出来的是社会下层群体为进入上层社会所做的努力与结果。

二、士人的谏诤

然而，乐人进入政治仕途始终伴随着士大夫阶层的反对声音，唐高祖时以乐人安叱奴为散骑常侍，便遭到大臣李纲的反对。“时高祖拜舞人安叱奴为散骑常侍，纲上疏谏曰：‘谨案《周礼》，均工、乐胥不得预于仕伍。虽复才如子野，妙等师襄，皆身终子继，不易其业。故魏武使祢衡击鼓，衡先解朝服，露体而击之，云不敢以先王法服为伶人之衣。

① （清）董浩等编：《全唐文》卷一《高祖》，中华书局影印本 1983 年版，第 17 页。

② （宋）王溥：《唐会要》卷三四《论乐》，上海古籍出版社 2006 年版，第 727 页；（宋）宋敏求编：《唐大诏令集》卷八一《太常乐人蠲除一同民例诏》，学林出版社 1992 年版，第 420 页。

③ 《旧五代史》卷三二《庄宗纪六》，中华书局 1976 年版，第 435、444 页。

④ （宋）王溥：《唐会要》卷三四《论乐》，上海古籍出版社 2006 年版，第 728 页。

虽齐高纬封曹妙达为王，授安马驹为开府，既招物议，大斁彝伦，有国有家者以为殷鉴。方今新定天下，开太平之基。起义功臣，行赏未遍。高才硕学，犹滞草莱。而先令舞胡致位五品，鸣玉曳组，趋驰廊庙，顾非创业垂统贻厥子孙之道也。' 高祖不纳。"[①] 李纲引经据典地说明乐人预于士流是不符合儒家礼法的，应以北齐的做法为殷鉴。但唐高祖却并不采纳李纲的意见，据《唐会要》载此事发生在武德元年，当时进入士流的乐人其实并不止安叱奴，武德四年免前代乐户为民的诏书中提到："若已经仕宦，先入班流，勿更追补，各从品秩。"王溥在其后注曰："乐工之杂士流，自兹始也。太常卿窦诞又奏用音声博士，皆为太乐鼓吹官僚。于后筝簧琵琶人白明达，术逾等夷，积劳计考，并至大官。自是声伎入流品者，盖以百数。"[②]

高祖时的这种做法可能出于时局未定，鼓励下层民众为唐建功立业的考虑，但是北朝后期以来的历位帝王对音乐的喜爱可能也是影响因素之一。但允许身份低贱的人进入士流，是和魏晋以来的传统做法相违背的，由此遭到来自士人阶层的激烈反对，认为这侵犯了他们的特权，混淆了贵贱之别。在他们看来，乐人是不能进入士流的。所以在北齐高纬封曹妙达为王，封安马驹为开府时，"既招物议，大斁彝伦"。高祖拜舞人安叱奴为散骑常侍，李纲便上疏劝谏，认为"令舞胡致位五品，鸣玉曳组，趋驰廊庙，顾非创业垂统贻厥子孙之道也"。

当唐王朝的统治稳定下来后，统治者便重新严格社会等级秩序，乐人被视为舆皂杂类，故不能列在士流。贞观六年（632），马周的上书便代表了当时对乐人的看法："臣闻致化之道，在于求贤审官，为政之本，必于扬清激浊。故孔子曰：惟名与器不可以假人。是言慎致为重也。臣见王长通、白明达，本自乐工舆皂杂类；韦盘提、斛斯正则更无他材，独解调马来格。纵使术逾侪辈，材能可取，止可厚赐钱帛，以富其家；岂得列在士流，超授官爵。遂使朝会之位，万国来庭，邹子伶人，鸣玉

① 《旧唐书》卷六二《李纲传》，中华书局1975年版，第2375—2376页。
② （宋）王溥：《唐会要》卷三四《论乐》，上海古籍出版社2006年版，第728页。

曳绶，与夫朝贤君子，比肩而立，同坐而食。臣窃耻之。”[①] 此建议得到了唐太宗的赞许，并对乐人担任官员的现象进行了限制，虽然没有明确的记载，但可从太宗对房玄龄所说的一番话中推测：“臣览贞观故事，太宗初定官品令，文武官共六百四十三员，顾谓房玄龄曰：‘朕设此官员，以待贤士。工商杂色之流，假令术逾侪类，止可厚给财物，必不可超授官秩，与朝贤君子比肩而立，同坐而食。’”[②] 由此我们可推测太宗时可能曾对乐人之类的杂色之流授官秩现象进行过整顿，但可能并没有制度上的规定，所以则天皇帝于神功元年（697）十月三日下敕：“自今以后，本色出身，解天文者，进官不得过太史令；音乐者，不得过太乐鼓吹署令。”[③] 这是以敕的形式对乐人担任最高官职进行限制，但同时也说明了乐人得授本司以外官职的现象在当时已十分普遍。

不管是贞观故事还是神龙元年敕，对于后世的帝王并不起太大作用。虽然《唐六典》里也有限制乐人任本司以外官吏的规定：“伎术之官，唯得本司迁转，不得外叙。”[④] 但实际上，乐人为官不仅没有得到限制，反而有仕至高官者。从乐人群体角度来说，他们并不甘于处于低贱的社会下层之列，他们会很自然地利用常接近上层社会，尤其是为皇帝服务的机会，想方设法地改变自己的社会地位。从一般情理来分析，皇帝作为个体的人，也有着一般人的情感喜好，对于身边的人偶尔也会予以一定的照顾，对奏乐深得其心的乐人也会如此。

唐玄宗时于宫外设置教坊，成为与太常并立的一个音乐机构，并在一定程度上改变了太常乐人只能仕至太乐鼓吹署令的规定。宪宗即位之初，“九月己巳，罢教坊乐人授正员官之制”[⑤]。说明宪宗之前教坊乐人被授以官职已成为一种制度。此处并未说明所授官职有何限制，但应该不会只限于太乐鼓吹署令，宪宗的这一举措亦未必就能认真实行。文宗时有两位乐人因授官职而引起朝士大夫的争议：“仙韶院乐官尉迟璋授王府率，右拾遗窦洵直当衙论曰：‘伶人自有本色官，不合授之清秩。’

---

① （宋）王溥：《唐会要》卷三四《论乐》，上海古籍出版社2006年版，第728页。
② 《旧唐书》卷一七七《曹确传》，中华书局1975年版，第4607页。
③ （宋）王溥：《唐会要》卷六七《伎术官》，上海古籍出版社2006年版，第1399页。
④ （唐）李林甫等撰，陈仲夫点校：《唐六典》卷二《吏部》，中华书局1992年版，第28页。
⑤ 《旧唐书》卷一五上《宪宗上》，中华书局1975年版，第412页。

郑覃曰：'此小事，何足当衙论列！王府率是六品杂官，谓之清秩，与洵直得否？此近名也。'嗣复曰：'尝闻洵直幽，今当衙论一乐官，幽则有之，亦不足怪。'夷行曰：'谏官当衙，只合论宰相得失，不合论乐官。然业已陈论，须与处置。今后乐人每七八年与转一官，不然则加手力课三数人。'帝曰：'别与一官。'乃授光州长史。"[①]"教坊副使云朝霞善吹笛，新声变律，深惬上旨，自左骁卫将军宣授兼扬府司马。宰臣奏曰：'扬府司马品高，郎官刺史迭处，不可授伶官。'上意欲授之，因宰臣对，亟称朝霞之善。謩闻之，累疏陈论，乃改授润州司马。"[②]

从这两则例子分析，皇帝要授以乐人官职必须要通过大臣这一关，按唐代任用官员的制度，政府所有的官吏都由吏部通掌。"吏部尚书、侍郎之职，掌天下官吏选授、勋封、考课之政令。"[③]官员任命有规定的程序与资格："五品已上以名闻，送中书门下，听制授焉。六品已下常参之官，量资注定；其才识颇高，可擢为拾遗、补阙、监察御史者，亦以名送中书门下，听敕授焉。其余则各量资注拟。……皆当铨团甲以过左、右丞相。若中铨、东铨，则亦先过尚书讫，乃上门下省。给事中读，黄门侍郎省，侍中审，然后进甲以闻。"[④]五品以上官才报送皇帝，六品以下官员都由吏部注拟，皇帝如果想授以某人官职也要经过吏部："若优劳人有敕即与处分及即与官者，并听非时选，一百日内注拟毕。"[⑤]

正因为如此，文宗想授以尉迟璋和云朝霞官职就要通过吏部，但所授之官职并不是其本司官，也由此引起大臣的不满。但朝士不满的主要理由是所授官职均属于所谓的清职，因又不能完全违背皇帝的意愿，故在两者之中折中，转授次一等的官职。尉迟璋和云朝霞最终被授予的官职分别是光州长史和润州司马，光州为中州，其长史为正六品上，润州为上州，其司马为从五品下，两者都是品级较高的官职。争论的主要焦点并不在于乐人是否可任太乐鼓吹署外的官职，而在于是否可处清流。显然乐人担任本司以外的官职普遍存在，朝士们也已接受乐人担任低级

① 《旧唐书》卷一七三《陈夷行传》，中华书局1975年版，第4495页。
② 《旧唐书》卷一七六《魏謩传》，中华书局1975年版，第4568页。
③ （唐）李林甫等撰，陈仲夫点校：《唐六典》卷二《吏部》，中华书局1992年版，第27页。
④ （唐）李林甫等撰，陈仲夫点校：《唐六典》卷二《吏部》，中华书局1992年版，第27—28页。
⑤ （唐）李林甫等撰，陈仲夫点校：《唐六典》卷二《吏部》，中华书局1992年版，第28页。

官职的事实，但一旦涉及所谓清流时，他们仍是坚守着，不肯退让。

懿宗时授乐人李可及为左威卫将军，又一次引起大臣的反对。“懿宗以伶官李可及为威卫将军，（曹）确执奏曰：‘臣览贞观故事，太宗初定官品令，文武官共六百四十三员，顾谓房玄龄曰：朕设此官员，以待贤士。工商杂色之流，假令术逾侪类，止可厚给财物，必不可超授官秩，与朝贤君子比肩而立，同坐而食。大和中，文宗欲以乐官尉迟璋为王府率，拾遗窦洵直极谏，乃改授光州长史。伏乞以两朝故事，别授可及之官。’帝不之听。”[①] 虽援引太宗和文宗故事，但这次反对并没有效果，李可及还是依懿宗意思被授予了左威卫将军。左威卫将军为武官，从三品，品级很高。但其实文宗时的云朝霞曾为左骁卫将军，与左威卫将军官品相同。

如前文所述，五代后唐庄宗时甚至有仕至刺史之职者，然而，这也是乐人在政治上达到顶峰的时期，宋结束五代战乱局面后，对这种情况也做出了限制。“开宝中，教坊使魏某，年老当补外，援后唐故事，求领小郡。太祖曰：伶人为刺史，岂治朝事，尚可法耶。第令于本部中迁叙，乃以为太常太乐令。”[②] 这就重新回到了乐人官不过太乐鼓吹署令的规定上，此成为宋之祖宗家法，有宋一代，鲜见因任乐人为官而引起的争议。这与宋朝限制宦官等内臣的制度有一定的关系，因为伶人乐伎任官的途径其实与宦官类似。宋朝在宦官的员额、选用、任职、叙迁、监察、惩治等方面采取各种措施以抑制其势力，这些措施“多具有法令化、制度化的表现形式，从而为抑制宦官势力提供了法律上的依据与制度上的保证”[③]，并贯穿于两宋王朝的始终。在这种环境下，伶人乐伎在担任官职方面也必然会受到影响。

三、冲突的原因

乐人进入仕途为何会引起士人们的不满及反对？分析上述事例中他们所引反对理由，不外乎乐人群体属于身份卑贱的贱隶这一原因。唐

① 《旧唐书》卷一七七《曹确传》，中华书局 1975 年版，第 4607 页。
② （宋）王辟之：《渑水燕谈录》卷一《帝德》，中华书局 1981 年版，第 1 页。
③ 余华青：《中国宦官制度史》，上海人民出版社 2006 年版，第 327 页。

高祖时李纲上疏谏高祖以舞人安叱奴为散骑常侍时所据的理由是“谨按《周礼》，均工、乐胥不得预于仕伍”，但如第一章所述，乐师、乐胥在周官中的地位与作用极为重要，如果说均工不得预仕伍尚且可以，至于乐胥不预仕伍则与《周礼》所述有所不合。实质上乐师、乐胥地位的下降发生在春秋以后，战国以来也有乐人凭音乐技艺而活跃于政治舞台的事例。秦汉以后的太常礼乐机构中也仍有了解音律的官员，只不过自魏晋后，往往都是由士人阶层担任。乐人进入仕途遭到反对的关键理由其实是由于以音乐技艺为职业的乐人群体在魏晋以后已被列为贱隶的一种，为官府服役的官属乐人更是被归入到国家依附人口之中，成为人身半自由的国家依附民。即使那些在民间从事音乐技艺的乐人群体也是被视为低贱之职业群体。在国家政治仕途上，自曹魏实行九品中正的选官制度后，整个国家的统治机构都是由那些世家大族所把持，从而形成了由士人阶层垄断仕途的格局，一般的庶族寒门都难以进入政治的权力中心，更何况是被列为贱隶的乐人群体。

乐人进入仕途，与传统的儒家观念相冲突，引发了一些传统士大夫的不满，每每上疏谏阻，谏阻的结果也不尽相同，视帝王的态度而定。这既是乐人身份提高的表现，也反映了人们观念的一种变化，虽然个别士大夫想维护传统做法，谏阻像乐人这种伎术官进入仕途，但总是屡谏不止。这不仅仅是因为帝王的恩宠，也与当时良贱观念的变化、社会风气开放等原因有关。隋唐以来，尤其中唐以后，社会阶层流动性增大，社会向平民化趋势发展，处于上层的贵族阶层和处于最底层的贱民阶层都在向中间阶层“平民”靠拢。官府乐人作为贱民阶层，他们的身份也向着平民转化。另一方面，隋唐五代时期是乐舞文化最为兴盛的时期，社会文化风气的开放度极高。不仅有众多的外来乐舞人员，而且从事乐舞并不被认为是一种低贱的职业，而是一种谋生的手段。正是基于这样的社会氛围，乐人之杂士流便成为可能。

宋建立后，统治者对乐人入仕重新做出了限制，又回到官不过太乐鼓吹的规定。分析其原因，一方面是宋统治者以五代后唐伶人乱政为殷鉴，防止再出现类似的情况；另一方面，在宋朝，儒家思想得到加强，贱视乐人群体的观念占了上风，传统士人与乐人入仕的斗争最终以士人的胜利为结束。

第二节　劝谏与干政

一、乐人的规谏

乐人讽谏有着古老的传统，上古时期的乐师是国家重要的司教人员，《周礼·春官》所记大司乐“掌成均之法，以治建国之学政，而合国之子弟焉”，乐师“掌国学之政，以教国子小舞”，“瞽献曲，史献书，师箴，瞍赋，蒙诵”，“临事有瞽史之导，宴居有师工之诵”是一个古老的传习。乐人瞽蒙之所以承担着箴导规谏之责，与他们是古史古事的传承者息息相关。所以在《左传》、《国语》之中，常能看到乐师议政的场面。[①] 乐人司教的功能后来虽消退，但乐人规谏的功用在后世却还能隐约可见，并常以一种诙谐的方式进行，往往也取得明显的效果。

乐人规谏在唐以前所见较少，这与当时的记载方式也有关系，乐人之类的身份低贱之人，一般来说很少能进入士人记述的范围。“苻坚如邺狩于西山，亲驰射兽，游猎旬余，昏而忘返，伶人王洛叩马谏曰：……坚曰：‘善哉，昔文公悟愆于虞人，朕闻罪于王洛，吾过也。’”[②] 在十六国政权中也存在着伶人劝谏之事，虽然这仅是个别例子，却也颇能说明因为乐人常在君王之侧，个别有着忠君之心的乐人是可能对君主进行劝谏的。武则天时发生了太常工人安金藏剖腹以证明皇嗣无罪的壮烈之举。“安金藏为太常工人，时睿宗为皇嗣。或有诬告皇嗣潜有异谋者，则天令来俊臣按之。左右不胜楚毒，皆欲自诬，唯金藏大呼谓俊臣曰：‘公既不信金藏言，请剖心以明皇嗣不反。’则引佩刀自割，其五脏皆出，流血被地，气遂绝。则天闻，令舁入宫中，遣医人却内五

① 阎步克：《乐师与史官》，生活·读书·新知三联书店 2001 年版，第 11 页。

② （宋）李昉等：《太平御览》卷四五四《人事部·谏诤四》引《崔鸿前秦录》，中华书局影印本 1960 年版，第 2087 页。

脏，以桑白皮缝合之，傅药，经宿乃苏。则天临视，叹曰：'吾有子不能自明，不如汝之忠也。'即令停推。睿宗由是乃免。"[①] 文献记载安金藏为太常工人，《新唐书•安金藏》有"唯工优给使得进"之句，他应该是属于太常乐工一类，才可能常在皇嗣李旦身边。所以才遭到拷问，此事因涉及皇嗣，安金藏的行为才被当作忠烈之举而记述下来。

中唐以后，有关乐人以诙谐形式对在位者进行巧妙劝谏的记载增多，这些事迹多被当作逸闻趣事而记录下来，这与唐中期以后，唐宋笔记小说的兴盛有很大的关联。唐玄宗时的黄幡绰便是一位善于以戏语匡谏的乐人。"开元中黄幡绰，玄宗如一日不见，则龙颜为之不舒。而幡绰往往能以倡戏匡谏者。"[②] 五代十国及宋相关记载较多：

(后唐）庄宗好畋猎，猎于中牟，践民田。中牟县令当马切谏，为民请，庄宗怒，叱县令去，将杀之。伶人敬新磨知其不可，乃率诸伶走追县令，擒至马前责之曰："汝为县令，独不知吾天子好猎邪？奈何纵民稼穑以供税赋，何不饥汝县民而空此地，以备吾天子之驰骋？汝罪当死！"因前请亟行刑，诸伶共唱和之，庄宗大笑，县令乃得免去。[③]

(南唐）元宗嗣位之初，春秋鼎盛，留心内宠，宴私击鞠，略无虚日。常乘醉命乐工杨花飞奏《水调词》进酒，花飞唯歌"南朝天子好风流"一句，如是者数四。上既悟，覆杯大怿，厚赐金帛，以旌敢言。[④]

李家明，世为庐州西昌人。嗣主时为乐部头，有学，解滑稽，善讽谏，为时所推从。嗣主（南唐元宗李璟）游后苑，登于台观，盛望钟山雨……家明对曰："雨虽来，必不敢入城。"嗣主怪而问之，家明曰："惧陛下重税。"嗣主曰："不因卿言，朕不知之。"遂令榷务降半而征之。及见牛晚卧树阴，嗣主曰："牛且

① （唐）刘肃：《大唐新语》卷五《忠烈》，中华书局1984年版，第73页。
② （唐）高彦休：《阙史》卷下，《丛书集成初编》2839，中华书局1985年版，第25页。
③ 《新五代史》卷三七《伶官传》，中华书局1974年版，第399页。
④ （宋）郑文宝：《南唐近事》，《丛书集成初编》3856，中华书局1985年版，第10页。

热矣。”家明曰：“臣不调，敢上绝句。曰：曾遇宁戚鞭敲角，又被田单火燎身。闲背斜阳嚼枯草，近来问喘更无人。”时左右宰臣皆惭。[①]

伶人讥崇宁当十钱：崇宁铸九鼎，帝鼎居中，八鼎各镇一隅。是时行当十钱，苏州无赖子弟，冒法盗铸。会浙中大水，伶人对御作俳：“今岁东南大水，乞遣彤鼎往镇苏州。”或作鼎神附奏云：“不愿前去，恐一例铸作十钱。”朝廷因治章綖之狱。

伶人议正时事：伶人丁先现者，在教坊数十年，每对御作俳，颇议正时事。尝在朝门与士大夫语：“先现衰老，无补朝廷也。”[②]

从上举这些乐人对在位者的劝谏来看，乐人群体中并不乏一些关心民生之人，他们或以反语救得县令之命，或以俳语针砭时事，促使当政者醒悟而改去弊政。从这一角度来说，乐官虽不是谏官，却在一定程度上起着谏官的作用，再现了上古时期瞽史讽谏的遗风。而记述者也是以一种称许的态度把这些事迹记录了下来。

二、乐人对时政的干预

乐人为宫廷和政府服务，常常有机会接近上层社会，甚而会得到帝王的恩宠，乐人活跃于政治舞台上的事件自北朝以来史不绝书。他们也利用这种与上层社会近距离接触的机会来为自己谋取利益。这表现在他们试图在政治上有所作为，干预时政；或倚仗恩宠，谋取物质利益。

从北朝后期北齐乐人封王开府至唐高祖诏令对隋唐之际已入仕宦的乐人“勿更追补，各从品秩”，此后“声伎入流品者，盖以百数”。[③] 唐前期虽有不少乐人进入流品，但统治者对身边的乐人控制还是较严，鲜

① （宋）龙衮：《江南野史》卷七，朱易安等编：《全宋笔记》第一编第三册，大象出版社2003年版，第202—203页。

② （宋）朱彧：《萍洲可谈》卷三，中华书局2007年版，第164—165页。

③ （宋）王溥：《唐会要》卷三四《论乐》，上海古籍出版社2006年版，第728页。

见乐人对时政有何干预。高宗时曾有一乐工因入宫之便为一宫女交通消息，被发现后，高宗大怒之下要把他处死，幸得执法者坚持原则才得免死而流放远处。“永徽五年八月十七日，太常乐工宋四通入监内教，因为宫人通传消息，上令处斩，仍遣附律。萧钧奏曰：‘四通等所犯，在未附律前，不合至死。’上曰：‘今喜得萧钧之言。’特免死，配流远处。”[①]至盛唐时期，玄宗本人精通音律，对乐人十分优宠。“唐开元中，乐工李龟年、彭年、鹤年兄弟三人，皆有才学盛名。彭年善舞，鹤年、龟年能歌，尤妙制《渭川》，特承顾遇。于东都大起第宅，僭侈之制，踰于公侯。宅在东都通远里，中堂制度甲于都下。”[②]虽然在物质上的赐予足以使许多人羡慕不已，但玄宗对于乐人有所干请还是十分的警惕，《唐语林》记载了这样一则故事：

> 唐崇句当音声，先述国家盛德，次序朝廷欢娱，又赞扬四方慕义，言甚明辨。上极欢。崇因长入人许小客求教坊判官，久之未敢奏。一日，过崇曰：“今日崖公甚觇斗，欲为弟奏请，沉吟未敢。”崇谓小客有所欲，乃赠绢两束。后数日，上凭小客肩，行永巷中。小客曰：“臣请奏事。”上乃推去之，问曰：“何事？”对曰：“臣所奏，坊中事耳。”小客方言唐崇，上遽曰：“欲得教坊判官也？”小客蹈舞曰：“真圣明，未奏即知。”上曰：“前宴蕃客日，崇辞气分明，我固赏之，判官何虑不得？汝出报，令明日玄武门来。”小客归以语崇，崇蹈舞欢跃。上密敕北军曰：“唐崇来，可驰马践杀之。”明日，不果杀。乃敕教坊使范安及曰：“唐崇何等，敢干请小客奏事？可决杖，递出五百里外。”小客更不须令来。[③]

材料中许小客是位长入乐人，深得玄宗喜欢，唐崇也是乐人，想通过许小客向玄宗讨当教坊判官，但玄宗却并没有答应反而给予惩罚，实际上也是对其他长入乐人的一种警告。

---

① （宋）王溥：《唐会要》卷五五《省号下》，上海古籍出版社2006年版，第1115页。

② （唐）郑处诲：《明皇杂录》卷下，中华书局1994年版，第27页。

③ （宋）王谠撰，周勋初校证：《唐语林校证》卷一《政事》，中华书局1987年版，第53页。

当身边乐伎与朝臣发生冲突时，玄宗也并没有十分的偏袒包庇前者。“梨园弟子有胡雏者，善吹笛，尤承恩。尝犯洛阳令崔隐甫，已而走入禁中。玄宗非时托以他事，召隐甫对，胡雏在侧。指曰：‘就卿乞此得否？’隐甫对曰：‘陛下此言，是轻臣而重乐人也。臣请休官。’再拜而去。玄宗遽曰：‘朕与卿戏耳。’遂令曳出。至门外，立杖杀之。俄而复敕释，已死矣。乃赐隐甫绢百匹。”[①]在这则故事里，胡雏倚仗玄宗的恩宠，平时可能十分嚣张，故敢于触犯洛阳令，却没想到崔隐甫连皇帝的账也不买。而玄宗也被崔隐甫一句“轻臣而重乐人”拿住，并以休官相挟，从传统儒家观念来看，这可不是一位明君所该有的行为，所以玄宗急忙说这是开玩笑。玄宗皇帝虽对乐人十分优遇，但一旦他们与朝臣发生冲突，玄宗并不十分偏袒乐人。

然而中唐以后的君主对供奉乐人的约束有所放松，很多情况下，宫廷乐伎是骄纵肆狂的，敬宗时曾发生这样一件事情：“（宝历）二年春正月己巳朔，辛未，贬殿中侍御史王源植为昭州司马。时源植街行，为教坊乐伎所侮，导从呵之，遂成纷竞。京兆尹刘栖楚决责乐伎，御史中丞独孤朗论之太切，上怒，遂贬源植。”[②]这场纠纷从史书记载看可能是由教坊乐伎引起，但事实如何已是无从可考，因为史书记载者是站在士人阶层角度来批判教坊乐伎的。当时京兆尹及御史中丞也是站在王源植一边谴责教坊乐伎，但他们的态度过于激烈，有点小题大做，记史者亦称“论之太切”，导致敬宗皇帝发怒而贬王源植。事实上教坊乐人因常在皇帝身侧，与皇帝关系远较一般朝官亲近，他们可能会伺机向皇帝进言，这会造成一种无形的影响，所以朝官亦不会轻易得罪他们。德宗时的宋沇是开元名臣宋璟之孙，善音乐，德宗知道后，让他与乐官一起论乐，他曾指出了几个乐工音律中的过错，得到德宗的称许：“上转加钦重，面赐章服，累召对。每令察乐，乐工悉惴恐胁息，不敢正视。沇惧罹祸，辞病而退。”[③]但他十分担心由此招来祸灾，而以病退。宋沇之所

---

① （宋）李昉等编：《太平广记》卷四九五《杂录》“崔隐甫”条引《国史补》，中华书局1961年版，第4061页。

② 《旧唐书》卷一七上《敬宗纪》，中华书局1975年版，第518页。

③ （宋）李昉等编：《太平广记》卷二〇五《乐·琵琶》“宋沇”条引《羯鼓录》，中华书局1961年版，第1567页。

以惧罹祸，恐怕是因为害怕乐工在皇帝面前进谗言。由此可略见一般朝官对这些出入宫禁的乐人的畏惧。

至唐末甚至连宰相面对乐伎的无礼亦不敢如何。“唐宰相张浚，常与朝士于万寿寺阅牡丹而饮。俄有雨降，抵暮不息。群公饮酣未阑，左右伶人皆御前供奉第一部者，恃宠肆狂，无所畏惮。其间一辈曰张隐，忽跃出，扬声引词曰：‘位乖燮理致伤残，四面墙匡不忍心看。正是花时堪下泪，相公何必更追欢。’告讫遂去。阖席愕然，相眄失色，一时俱散。张但惭恨而已。”[①] 虽然此乐伎对张浚的讽刺是实，但他敢于在宴会上当众指责宰相，不仅勇气可嘉，也是有所凭恃，“恃宠肆狂，无所畏惮”。当然，这也是记述者从士人角度来审视乐伎的行为，在士人眼中，作为宴会助兴的乐伎便应该规规矩矩，不应对朝士们有任何的言语评论。

唐王朝历代君主都十分喜欢并擅于音律，宣宗也不例外，但他对乐人的态度是“养汝辈供戏乐耳”。一些乐人因没摸准宣宗这一态度而触了霉，《东观奏记》里记载了两则类似的事例：

> 乐工罗程者，善弹琵琶，为第一。能变易新声，得幸于武宗，恃恩自恣。宣宗初亦召供奉，程既审上晓音律，尤自刻苦。往往令倚嫔御歌，必为奇巧声动上，由是得幸。程一日果以眦睚杀人，上大怒，立命斥出，付京兆。他工辈以程艺天下无双，欲以动上意。会幸苑中，乐将作，遂旁设一虚坐，置琵琶于其上，乐工等罗列上前，连拜且泣。上曰：“汝辈何为也？”进曰：“罗程负陛下，万死不赦。然臣辈惜程艺天下第一，不得永奉陛下，以是为恨。”上曰：“汝辈所惜罗程艺耳，我所惜者高祖、太宗法也。”卒不赦程。
>
> 优人祝汉贞者，累朝供奉，滑稽善伺人意，出口为七字语。上有指顾，遽令摹咏，捷若夙构，尤为帝（宣宗）所喜。上行幸，召汉贞前，抵掌笑谈，颇言及外间事。上正色曰：“我养汝辈供戏乐

① （宋）李昉等编：《太平广记》卷二五七《嘲诮》“张浚伶人”条引《南楚新闻》，中华书局1961年版，第2003—2004页。

耳，敢干预朝政耶？”遂疏之。后其子犯赃，上命杖杀，而徒汉贞于边。[1]

前一则事例中的乐工罗程在武宗时便得到恩宠，宣宗上台后，也凭着高超的技艺得到宣宗的喜欢，但宣宗不同于武宗，其对乐人的态度是虽优容却不包庇。

正因为乐人长在皇帝身侧，故往往也为外间朝臣所利用以向皇帝进呈奏状，名臣如姚崇也不例外。“（姚）元崇闻上讲武于骊山，谓所亲曰：‘准式，车驾行幸，三百里内刺史合朝觐，元崇必为权臣所挤，若何？’参军李景初进曰：‘某有儿母者，其父即教坊长入内，相公傥致厚赂，使其冒法进状，可达。’公然之，辄效。”[2] 当然，这则故事出自笔记小说，姚崇是否真的通过长入乐人向玄宗进递奏状可别论，但乐人因长入之便为外臣通递消息却应该是存在的。这也是他们获取额外钱物的一个方法。

一些宫廷乐人活动于上层社会，不仅出入宫禁，还来往于贵族权势之门。“元载子伯和，势倾中外，福建观察使寄乐妓十人。既至，半载不得送。使者窥伺门下，出入频者，有琵琶康昆仑最熟。厚遗求通，即送妓。”[3] 元载是代宗时的权臣，康昆仑是当时的著名琵琶手，常出入其家，地方观察使想送元载子伯和乐妓还得花钱求康昆仑代为沟通，乐人在这其中所起的作用不可忽视。

唐末五代战乱，社会各个阶层的身份变化激烈，有从上层跌至下层者，下层民众也有机会上升至上层社会，乐人也在这种特殊的战争环境里走上政治的前台。“杜洪者，江夏伶人。钟传者，豫章小校。唐光启中，秦宗权凶焰飙起，屡扰江、淮，郡将不能城守。洪、传各为部校，因战立威，逐其廉使，自称留后，朝廷因而命之。”[4] 在唐末混乱局势中，强力者居之，伶人杜洪便是凭着战功成为留后，并得到唐廷的承认。

---

① （唐）裴庭裕：《东观奏记》附录三，中华书局 1994 年版，第 180 页。
② 《资治通鉴》卷二一〇《唐纪二六》引《考异》，中华书局 1956 年版，第 6688 页。
③ （唐）张固：《幽闲鼓吹》，《丛书集成初编》2834，中华书局 1985 年版，第 6 页。
④ 《旧五代史》卷一七《杜洪传》，中华书局 1976 年版，第 231 页。

五代乐人在政治上的活动最为引人注目的是后唐庄宗时的伶人预政，其结果是使后唐庄宗“数十伶人困之，而身死国灭，为天下笑”[①]。欧阳修为此而在其所修的《新五代史》中立《伶官传》以戒后世。后唐伶官乱政虽是在唐末五代战乱局面背景下发生，但与庄宗对音律的喜好有十分密切的关系。庄宗也是位十分喜好且知音律的君王。“庄宗既好俳优，又知音，能度曲，至今汾、晋之俗，往往能歌其声，谓之‘御制’者皆是也。其小字亚子，当时人或谓之亚次。又别为优名以自目，曰李天下。”[②]但他并不像唐代君主那样能控制住身边的乐人，而是重用他们：“以乐人景进为银青光禄大夫、检校右散骑常侍、守御史大夫。进以俳优嬖幸，善采访闾巷鄙细事以启奏，复密求妓媵以进，恩宠特厚。魏州钱谷诸务，及招兵市马，悉委进监临。孔谦附之以希宠，常呼为‘八哥’。诸军左右无不托附，至于士人，亦有因之而求仕进者。”[③]景进只是最宠信的乐人，“是时，诸伶人出入宫掖，侮弄缙绅，群臣愤嫉，莫敢出气，或反相附托，以希恩幸，四方藩镇，货赂交行，而景进最居中用事”。在欧阳修《新五代史·伶官传》中便有敬新磨、景进、史彦琼、郭从谦。史彦琼“为武德使，居邺都，而魏博六州之政皆决彦琼，自留守王正言而下，皆俛首承事之”。郭从谦“虽以优进，而尝有军功，故以为从马直指挥使”。[④]此外还有任地方刺史的伶人：“壬寅，以教坊使陈俊为景州刺史，内园使储德源为宪州刺史，皆梁之伶人也。”“壬申，以教坊使王承颜为兴州刺史。”[⑤]由此可见，后唐庄宗时伶人分布在朝廷内外，掌握了朝政大权。这也是北朝以来乐人在政治活动中的顶峰时期，它既是乐人群体一直以来为改变自身地位所作努力的结果，也是社会阶层在五代时期大逆转的反映。

乐人之所以能对时政进行干预，所凭借的是其身后的皇权，当他们做出非法之事时，君主予以包庇就会起到纵容他们的作用。他们对朝官肆无忌惮，也是因为得到君主的恩宠。唐一代的乐人虽曾试图预政，但

---

① 《新五代史》卷三七《伶官传》，中华书局1974年版，第397页。
② 《新五代史》卷三七《伶官传》，中华书局1974年版，第398页。
③ 《旧五代史》卷三四《庄宗纪》，中华书局1976年版，第469页。
④ 《新五代史》卷三七《伶官传》，中华书局1974年版，第400、401页。
⑤ 《旧五代史》卷三二《庄宗纪六》，中华书局1976年版，第435、444页。

唐代君主尽管对某些乐人恩宠有加，却对他们有所控制，乐人在政治上并没有太多的影响。乐人在政治上的活动也是依赖于君主的恩宠，他们一旦失宠，便不能有所作为，甚至下场悲惨。如宣宗时的祝汉贞和懿宗时的李可及最初都深得皇帝欢心，尤其是李可及，懿宗对其是优宠有加，但最后都被流放至边远之地了。“可及官历大将军，赏赐盈万，甚无状……可及恃宠，无有少改。可及善转喉舌，于天子前弄眼，作头脑，连声著词，唱杂声曲，须臾间，变态百数不休。是时京城不调少年相效，谓之拍弹。一日，可及乞假为子娶妇，上曰：即令送酒米，以助汝嘉礼。可及旧至舍，俄一中贵人监二银榼，各高二尺余，宣赐可及，始以为酒，及启，皆实以黄金。上赐可及银麒麟，高数尺，可及取官库车载往私第……后可及果流于领表。”[①]

后唐庄宗对乐人的宠信所导致的后果，其实在某种程度上类似于宦官干政。宦官预政的背后是皇权，唐中后期的宦官势力在唐末已被消灭殆尽，但皇宫始终需要宦者，他们一有机会仍会怙势弄权，后唐庄宗时的伶人弄权其实便是与宦者密切相关联，故史书称“时宦官伶人用事”[②]。两者都是作为幸臣才得以弄权以乱国政。实际上自唐玄宗设立教坊后，很多时候都是由宦官担任教坊使，“京都置左右教坊……以中官为教坊使”[③]。对这一点，墓志铭中也有反映，如宦官梁元翰在宪宗、穆宗时便曾任梨园判官和教坊判官。[④]所以宦官与出入宫禁的乐人关系一直都很密切。

本章小结

乐人作为一个特殊的职业群体，虽然中唐以后官府乐人渐转为具有

---

① （宋）李昉等编：《太平广记》卷二三七《奢侈》“同昌公主”条引《杜阳编》，中华书局1961年版，第1828页。

② 《旧五代史》卷七一《罗贯传》，中华书局1976年版，第942页。

③ 《新唐书》卷四八《百官志三》，中华书局1975年版，第1244页。

④ 周绍良、赵超编：《唐代墓志汇编续集》会昌一八《大唐故梁府君墓志铭》，上海古籍出版社2001年版，第956页。

自由民身份的乐人，不再属于贱民阶层，但总体来说乐人的社会地位仍然不高。自魏晋以来乐户群体身份低于一般的编户，随着社会历史的发展，他们的状况发生着变化，在制度层面上而论，虽然制度上的变化要迟于社会现实的变动，但制度最终要适应于社会的变化。

乐人群体并不是凝固不变，他们中的一些人并不甘于本身的身份地位，采取各种方法来改变自身的身份地位。这种改变当然是向上层社会的流动。现代社会学理论对“流动”一词的解释是指个体或群体在不同的社会经济地位之间的运动。分为垂直流动和水平流动。其中垂直流动的意思是社会经济水平的上下运动。①中国古代社会是阶级社会，尤其是中古社会这种分层更为明显，不仅有士、庶、贱民之分，每一分层中还细分为不同的层次。然而这种区分虽然泾渭分明但并非不可逾越，中国的阶级分层并不如印度种性制那样严格，而是可以改变的。“也承认这种等序并非是一成不变的。即便是‘衰世所生’、‘常居下流’的奴婢若能‘学’或‘顺从君主’，也能得以入‘善’，‘免为善人良民’。”②现实中也存在着不同阶层的人们上下流动的可能。乐户群体处于庶民之下，自然不甘于常居下流，他们或利用经济实力通过贿赂手段改变身份，或是利用常在宫廷服务得以接近人主的机会，获得免籍的机会，并企图在政治活动中努力争得一席之位。这表现在自南北朝以来，乐人不断突破伎术官只能任本司官的规定，尤其是唐以后，乐伎“入流品者，盖以百数”。这种乐工杂士流的情况，为士族阶层所不能容忍，故乐工入士流一直与士大夫官僚的反对相始终。有的乐人虽不能进入士流，但由于他们常在君侧，使得他们在国家政治生活中扮演了一个虽小但却不可忽视的角色。他们算是弄臣的一种，为士大夫所鄙视，他们的政治性格与宦官类似，他们利用常进出宫禁的便利在政治上为自己谋取各种利益。乐人在政治舞台上的活动至五代后唐庄宗时期达到高峰，他们与宦官纠结一起操纵后唐朝政，并最终导致了庄宗“身死国灭，为天下笑”。庄宗的这种结局与其酷爱音乐从而优纵乐人有相当大的关联，然而这也

---

① 〔英〕安东尼•吉登斯著，赵旭东等译：《社会学》，北京大学出版社 2003 年版，第 379 页。

② 冻国栋：《读敦煌所出唐写本〈二十五等人图〉论汉唐间社会观念的某些变迁》，载《中国中古经济与社会史论稿》，湖北教育出版社 2005 年版，第 19 页。

可说是北朝以来乐人群体对自身低下身份的否定以图获得进入统治阶层的政治权力的努力。但是乐人群体的这种努力却造成一定的负面影响，庄宗时的伶人乱政被引以为后世史鉴，导致宋初统治层重新确定了乐人不能过本司官的规定。

第七章　从宫廷到民间——雅俗音乐文化的交融者

唐代是中国古代音乐歌舞百戏发展最兴盛的时代，整个社会处于一种崇尚乐舞的氛围之中，杰出的音乐人辈出。宫廷雅乐与民间俗乐不断交融，并朝着世俗化的方向发展，在这发展过程中，乐人充当着一种中介或桥梁作用。从官方的祭祀礼仪、宫廷宴乐、军队的鼓吹乐到民间筵席俗乐，甚至宗教音乐都离不开这一群体。他们既为宫廷、官府服务又活跃于民间，从而成为雅、俗音乐文化的交融者。

第一节　雅乐与郑声

一、雅郑之别

乐在中国古代儒家思想中占据十分重要的作用，礼乐并称，乐是礼乐文化中重要的一环。儒家典籍非常注重乐对社会文化环境的塑造，认为乐对培育人的心性及社会的风气至关重要。“乐也者，圣人之所乐也，而可以善民心。其感人深，其移风易俗，故先王著其教焉。”[①] 儒家音乐理论认为不同的音乐会对人产生不一样的影响：“是故志微、噍杀之音作，而民思忧。啴谐、慢易、繁文、简节之音作，而民康乐。粗厉、猛起、奋末、广贲之音作，而民刚毅。廉直、劲正、庄诚之音作，而民肃敬。宽裕、肉好、顺成、和动之音作，而民慈爱。流辟、邪散、狄成、

① （汉）郑玄注，（唐）孔颖达疏：《礼记正义》卷三八《乐记》，《十三经注疏》，北京大学出版社 2000 年版，第 1285 页。

涤滥之音作，而民淫乱。”[①] 培育人民肃敬、慈爱的性情则须有庄诚、顺和的音乐环境来感染熏陶，流辟、邪散之音则使人心散漫淫乱。

正是基于乐会影响人的性情的认识，便有了雅乐与郑声两类不同音乐对立，《论语》记孔子之言 :“恶紫之夺朱也，恶郑声之乱雅乐也。”[②] 在孔子看来郑声是破坏雅乐的音乐，是雅乐的对立面。何谓雅乐？《毛诗序》释 :“雅者，正也。”《白虎通义 • 礼乐》:“乐尚雅何？雅者，古正也。所以远郑声也。”[③] 雅具有中正的意思，雅乐便是中正平和之声。“五声之于乐，损之则亏，益之则赘，岂足以纪中之成雅乐哉。古人尝谓中和莫盛乎五故五之数……在乐则主中声而已。”[④] 与雅乐相对的郑声则是流辟邪散之音 :“郑声，淫声之哀者，恶其乱雅乐也。”[⑤] 有时也称为郑卫之音，是一种惑乱人心的音乐，对人的心性是有害的。“郑音好滥淫志，宋音燕女溺志，卫音趋数烦志，齐音敖辟乔志。此四者，皆淫于色而害于德，是以祭祀弗用也。”[⑥]

雅乐与郑声的对立也是古乐与新声的对立。在儒家音乐理论中雅乐是中正平和之声，往往与古乐同义，魏文侯问子夏 :“吾端冕而听古乐，则唯恐卧。听郑卫之音，则不知倦。敢问古乐之如彼，何也？新乐之如此，何也？”正义曰 :“言古乐何以朴素之如彼，使人不贪，至于卧也。……新乐何以婉美，使人嗜爱志乐，不知其倦也。”[⑦] 唐代张守义解释这段话时认为古典之乐是朴素的，不会使人心激荡，而郑卫新乐则是如此婉美以至于人听来不知疲倦。这里古乐与郑卫之乐对举，古乐是指上古流传下来的乐曲。类如孔子所听的韶乐便是舜时代流传下来的乐

---

① （汉）郑玄注，（唐）孔颖达疏 :《礼记正义》卷三八《乐记》，《十三经注疏》，北京大学出版社 2000 年版，第 1286 页。

② （魏）何晏注，（宋）邢昺疏 :《论语注疏》卷一七《阳货》，《十三经注疏》，北京大学出版社 2000 年版，第 273 页。

③ （清）陈立 :《白虎通疏证》卷三《礼乐》，中华书局 1997 年版，第 96 页。

④ （宋）陈旸 :《乐书》卷一百五《五声下》，光绪二年丙子菊坡精社版。

⑤ （魏）何晏注，（宋）邢昺疏 :《论语注疏》卷一七《阳货》，《十三经注疏》，北京大学出版社 2000 年版，第 273 页。

⑥ （汉）郑玄注，（唐）孔颖达疏 :《礼记正义》卷三九《乐记》，《十三经注疏》，北京大学出版社 2000 年版，第 1311 页。

⑦ （汉）郑玄注，（唐）孔颖达疏 :《礼记正义》卷三八《乐记》，《十三经注疏》，北京大学出版社 2000 年版，第 1304—1305 页。

舞。“荀卿曰：郑卫之音使人之心淫，舞韶歌武使人之心庄。然则新乐之异古，其来尚矣。”[①] 儒家认为上古传下来的乐舞有：“昔黄帝作《咸池》，颛顼作《六茎》，帝喾作《五英》，尧作《大章》，舜作《招》，禹作《夏》，汤作《濩》，武王作《武》，周公作《勺》。”[②] 荀子所说的“舞韶歌武”便是舜的韶乐和武王所作的武乐。从黄帝到周公每一圣王贤人都为他那时代创制出引导民风习俗的乐舞，是先圣王施行乐教的表现，这些都是属于儒家所提倡的雅乐。

郑卫之音则与新乐同义，新乐是当时代流行之乐。古乐与郑卫之音相比，新声更能吸引听众，便犹如现代的流行歌曲得到歌迷的喜欢，不仅魏文侯听古乐唯恐卧，听郑卫则不知疲倦，《孟子》也记载梁惠王说：“我不能好先王之乐也，直好世俗之乐耳。”注曰：“王之乐，直好世俗之乐，谓郑声也。”[③] 郑卫新声为世俗之乐，因为清新婉美而得人们的喜爱，也容易使人沉迷于其中，这对于国君来说不是件好事。所以要远离，要听那些不会使人心放逸的音乐，即所谓“乐则韶舞。放郑声，远佞人。郑声淫，佞人殆”[④]。儒家认为统治者应提倡中正平和的雅乐正声来保持心志的纯正，限制会对人们意志产生销蚀影响的郑卫之音即淫哇之曲。“凡建国，禁其淫声、过声、凶声、慢声。”[⑤] 制定礼乐的目的是使民知均平好恶，反归人道之正，“是故先王之制礼乐也，非以极口腹耳目之欲也，将以教民平好恶，而反人道之正也”[⑥]。先王制定的雅乐正声使人民“声足乐而不流”，“足以感动人之善心而已矣，不使放心邪气得接焉”。[⑦] 防止淫放之声使人流逸放荡。

---

① （宋）陈旸：《乐书》卷二三《礼记·训义乐记》，光绪二年丙子菊坡精社版。

② 《汉书》卷二二《礼乐志》，中华书局 1962 年版，第 1038 页。

③ （汉）赵岐注，（宋）孙奭疏：《孟子注疏》卷二上《梁惠王章句下》，《十三经注疏》，北京大学出版社 2000 年版，第 38 页。

④ （魏）何晏注，（宋）邢昺疏：《论语注疏》卷《卫灵公第十五》，北京大学出版社 2000 年版，第 239 页。

⑤ （汉）郑玄注，（唐）贾公彦疏：《周礼注疏》卷二二《大司乐》，《十三经注疏》，北京大学出版社 2000 年版，第 699 页。

⑥ （汉）郑玄注，（唐）孔颖达疏：《礼记正义》卷三七《乐记》，《十三经注疏》，北京大学出版社 2000 年版，第 1260 页。

⑦ （汉）郑玄注，（唐）孔颖达疏：《礼记正义》卷三九《乐记》，《十三经注疏》，北京大学出版社 2000 年版，第 1333 页。

雅乐用于祭祀朝会等庄严正式的场合，郑卫之音则是娱乐性更浓的音乐，是世俗音乐。“诗三百篇皆雅乐也，祭祀朝聘之所用也。桑间濮上之音，郑卫之乐也，世俗之所用也。雅郑不同部，其来尚矣。”[①]雅郑两类音乐之间有严格的区别，雅与郑、古乐与新乐一直都被儒家士人看作相对立的两类音乐，用于不同的场合。“盖乐之作也，用雅部之鼓，先王之乐也；用胡部之鼓，四夷之乐也；用俗部之鼓，则世俗之乐而已。”[②]

这种音乐理论对汉以后历代王朝的礼仪用乐产生深远的影响，根据儒家的音乐理论，祭祀之乐必须是雅乐。每个王朝都需要雅乐以用于祭祀和宴飨，所以历代王朝都要搜集保存前代典礼乐章和修订本朝的祀典乐曲。雅乐一般保存于太乐，“以雅乐声律世世在大乐官，但能纪其铿鎗鼓舞而不能言其义”[③]。历代正史中乐志所记的乐章歌辞，都属于雅乐歌辞，用于各类祭祀和宴飨时的食举乐。但并非所有的礼仪用乐都是雅乐，故有的学者提出雅乐和礼乐之分，认为雅乐包含在礼乐之中，[④]雅乐只是祭祀时的用乐，礼乐则是指各种典礼仪式上所用之乐。汉明帝时乐有四品：“一曰大予乐，郊庙上陵之所用焉。则易所谓先王作乐崇德，殷荐之上帝，以配祖考者也；二曰雅颂乐，辟雍飨射之所用焉。则《孝经》所谓移风易俗，莫善于乐者也；三曰黄门鼓吹乐，天子宴群臣之所用焉。则诗所谓坎坎鼓我，蹲蹲舞我者也；其四曰短箫铙歌乐，军中之所用焉。”[⑤]在汉代乐的四种分类中，大概只有太予乐和雅颂乐符合所谓的先王雅乐，短箫铙歌乐为军乐，黄门鼓吹则是汉以来才有的新的音乐形式，却都是用于不同场合的礼仪音乐。

虽然儒家音乐理论中一直强调雅乐的作用，但显然礼乐机构所掌之乐并非全部都是前代先王雅乐，自西汉以来礼乐机构所掌音乐便是如此，西汉哀帝时孔光奏称太乐：“大凡八百二十九人，其三百八十八人不可罢，可领属大乐，其四百四十一人不应经法，或郑卫之声，皆可

---

① （元）马端临：《文献通考》卷一七八《经籍考》，中华书局 1986 年版，第 1539 页。
② （宋）陈旸：《乐书》卷一一八《鼓论》，光绪二年丙子菊坡精社版。
③ 《汉书》卷二二《礼乐志》，中华书局 1962 年版，第 1043 页。
④ 项阳：《雅乐、礼乐和鼓吹乐》，《中央音乐学院学报》2010 年第 1 期。
⑤ 《隋书》卷一三《音乐志》，中华书局 1973 年版，第 286 页。

罢。”[①] 西汉太乐所掌音乐既有应经法的雅正之乐，也有不合经法的郑卫之声，南朝时崔祖思曾上书言：“今户口不能百万，而太乐雅郑，元徽时校试千有余人，后堂杂伎不在其数。糜费力役，伤败风俗。今欲拨邪归道，莫若罢杂伎，王庭唯置钟簴羽戚登歌而已。”[②] 太乐雅郑便是指太乐署所掌既有雅乐也有郑声，所以崔思祖建言去除“钟簴羽戚登歌”之外的其他音乐。

这种雅郑相混的现象亦为宋人所意识。欧阳修著《新唐书·礼乐志》言：“自周、陈以上，雅郑淆杂而无别，隋文帝始分雅、俗二部至唐更曰部当。”[③] 在宋人看来，隋朝之前的雅乐郑声是混杂一起，没有分别，隋文帝时才对两者开始分别。但实际上即使是隋文帝作了区分也并未能完全把两者分清，宋代陈旸《乐书》评论曰：“郑卫之音，类乎淫声，滔堙心耳矣，迄于秦汉周陈，二部混同，众乐无别，隋文虽分为雅俗亦未能去。”[④] 秦汉以来，礼乐机构中雅乐正声和郑卫之音便是并存，虽然隋文帝曾试图将雅俗分成两部，但并没能改变二部混同的局面。

国家礼乐中雅郑混同，一方面是因为雅正之乐并不完全符合人的审美志趣，郑卫一类的音乐却可以满足人们追求声色之娱的欲望。一般而言，雅乐只适合各种祭祀及典礼仪式，与世俗的生活格格不入，不为人们所喜爱。事实上正统古典的雅乐往往抵不住活泼新鲜的俗乐新声。新声来自于民间或乐人的创作，更加新奇吸引人。历代的君王一方面形式上要制定雅乐，另一方面则是喜好世俗的郑卫新声。从先秦时代的魏文侯以来便是如此，汉武帝时乐府乐兴起，“乃立乐府，采诗夜诵，有赵、代、秦、楚之讴。以李延年为协律都尉”[⑤]，李延年是当时的歌唱家，善于创作新的歌曲，“延年善歌，为新变声。是时上方兴天地诸祠，欲造乐，令司马相如等作诗颂。延年辄承意弦歌所造诗，为之新声曲”[⑥]。魏晋以降的风气也是如此，“自宋大明以来，声伎所尚，多郑卫淫俗，雅

---

① 《汉书》卷二二《礼乐志》，中华书局 1962 年版，第 1073—1074 页。
② 《南史》卷四七《崔祖思传》，中华书局 1975 年版，1172 页。
③ 《新唐书》卷二二《礼乐十二》，中华书局 1975 年版，第 473 页。
④ （宋）陈暘：《乐书》卷一五七《曲调下》，光绪二年丙子菊坡精社版。
⑤ 《汉书》卷二二《礼乐志》，中华书局 1962 年版，第 1045 页。
⑥ 《汉书》卷九三《佞幸·李延年传》，中华书局 1962 年版，第 3725 页。

乐正声，鲜有好者”[①]。这里批评声伎们所尚的多是郑卫淫俗，但声伎们之所以尚郑卫还是因为上层社会的人士喜好的缘故。隋代著名的乐人万宝常很有音乐天赋，但由于他主张雅正之音，他的乐曲不为当时人所喜欢，并受到同行们的排挤。“宝常因极言乐声哀怨淫放，非雅正之音，请以水尺为律，以调乐器。上从之。……于是损益乐器，不可胜纪，其声雅淡，不为时人所好，太常善声者多排毁之。”[②]因此喜好郑卫之声是普遍的现象，汉以来历代君王鲜有不好郑卫新声者，史书记载不喜欢新乐的帝王也没几个，仅有的几个如汉代的哀帝，隋的文帝是不好声伎的帝王，唐文宗也曾一度嫌郑卫之音过于泛滥，而要求乐人按习雅乐，“文宗以乐府之音，郑卫太甚，欲闻古乐，命涯询于旧工，取开元时雅乐，选乐童按之，名曰云韶乐”[③]。不过类似文宗的这种行为却是少数。

雅乐与郑卫之乐混同的另一个原因是古典的雅乐难以保存流传，尤其是在战争环境里，社会的动荡使历代的乐曲非常容易丢失，难以保存。“自晋氏播迁，兵戈不息，雅乐流散，年代已多，四方不一，无由辨正。”[④]乐曲需要依靠乐人的记忆来保存，战争环境下乐人死亡或流散，使得国家太乐机构中的雅乐难以得到恢复，但国家的祭祀典礼又必须要使用音乐，因此在雅乐无法完备的情况下，混用世俗的郑卫之音或胡人之音便在所难免。正如《隋书·音乐志》中所论：“韶、护之称空传，咸、英之实靡托，魏晋以来，陵替滋甚。遂使雅郑混淆，钟石斯谬。”[⑤]南方的南朝杂以吴地清商之音，北方的北朝则杂以胡音：“陈、梁旧乐，杂用吴、楚之音；周、齐旧乐，多涉胡戎之伎。”[⑥]

二、隋唐雅乐与俗乐

隋唐结束南北分裂之势，亦修定本朝的雅乐。不过雅乐一词自先秦

---

① 《南齐书》卷四六《萧惠基传》，中华书局1972年版，第811页。
② 《隋书》卷七八《艺术传·万宝常传》，中华书局1973年版，第1783页。
③ 《旧唐书》卷一六九《王涯传》，中华书局1975年版，第4404页。
④ 《隋书》卷二《高祖下》，中华书局1973年版，第38页。
⑤ 《隋书》卷一三《音乐上》，中华书局1973年版，第288页。
⑥ 《旧唐书》卷二八《音乐一》，中华书局1975年版，第1041页。

时期提出后，在后来的使用过程中其含义所指已发生变化，当时人对雅乐的理解也有不同。南朝梁武帝时所修雅乐是其自己所自制："帝既素善钟律，详悉旧事，遂自制定礼乐。"[①] 南朝梁把国家的祭祀及用典之乐称为雅乐，"国乐以雅为称，取《诗序》云：'言天下之事，形四方之风，谓之雅。雅者，正也。'"[②] 从后来隋唐时陈梁旧乐杂用吴音的评论来看，梁代所谓雅乐是否是符合古典雅音是有疑问的。先秦时的雅乐正声时代久远已是难以得知，"继想闻韶去之弥远"。由于前代流传的雅乐曲流失时间太久，众人的理解不一，难以有统一的认识，"然沦谬既久，音律多乖，积年议不定"[③]，所以隋文帝下诏制定雅乐时，参与修订雅乐的人员争论多年都没法确定下来，最终是在隋文帝的干预下，才勉强修订了隋王朝的雅乐。开皇九年平陈得江左乐工和乐器，隋文帝听了演奏后感叹曰："此华夏正声也，非吾此举，世何得闻。"因设清商署掌管，"隋氏始有雅乐，因置清商署以掌之"，"隋世雅音，惟清乐十四调而已"。[④] 实际是以南朝梁陈所制之雅乐为基础。

隋代除了正乐外，宫廷用乐中尚存在着宴会之乐，最初定为七部乐，后定为九部。"始开皇初定令，置七部乐"，"及大业中，炀帝乃定清乐、西凉、龟兹、天竺、康国、疏勒、安国、高丽、礼毕，以为九部"。[⑤] 九部乐虽非正乐，却是前代旧声或是四夷之乐，更为人所喜，如龟兹乐，"开皇中，其器大盛于闾闬。时有曹妙达、王长通、李士衡、郭金乐、安进贵等，皆妙绝弦管，新声奇变，朝改暮易，持其音技，估炫公王之间，举时争相慕尚"。能作新声奇变的音乐更得到人们的青睐。

继隋的唐王朝在唐太宗时由祖孝孙主持修订的大唐雅乐，是在"斟酌南北，考以古音"基础上制定，后来张文收和太常礼乐官据三礼对此进行修改。所修雅乐并非完全是前代先王之乐，《秦王破阵乐》是据太宗征战四方时民间所传歌谣所造，却成为唐王朝的典礼雅乐，"太宗谓侍臣曰：'朕昔在藩，屡有征讨，世间遂有此乐，岂意今日登于雅

① 《隋书》卷一三《音乐上》，中华书局 1973 年版，第 288 页。
② 《隋书》卷一三《音乐上》，中华书局 1973 年版，第 292 页。
③ 《隋书》卷一四《音乐中》，中华书局 1973 年版，第 345 页
④ 《旧唐书》卷二八《音乐一》，中华书局 1975 年版，第 1040 页。
⑤ 《隋书》卷一五《音乐下》，中华书局 1973 年版，第 376、377 页。

乐。’”[①] 制定雅乐主要是用于郊庙祭祀，但宴会燕乐也同样演奏雅乐，“太常卿引雅乐，每色数十人，自南鱼贯而进，列于楼下。鼓笛鸡娄，充庭考击。太常乐立部伎、坐部伎依点鼓舞，间以胡夷之伎”[②]。宫廷宴会用乐可以说是雅俗音乐共演，是各种乐艺的会演，传统的正声和世俗的散乐百戏都会聚一起演出。不仅宫廷宴会如此，其他的一些典礼，如国子学讲论时也是间以散乐杂伎，“其时军容使鱼朝恩知监事，庙庭乃具宫悬之乐于讲堂前，又有教坊乐府杂伎，竟日而罢。……京兆府造食，内教坊音乐、竿木浑脱，罗列于论堂前”[③]。散乐杂伎不是正声，“百戏散乐，本非正声，有隋之末，始见崇用，此谓淫风，不可不改”[④]。被斥为淫风的散乐百戏却罗列于论堂，虽是一时权宦所为，但也反映出当时雅俗乐艺的混同现象，雅只是点缀，俗才是为世人所喜。正如白居易所感慨的：“太常选坐部伎，无性识者退入立部伎，又选立部伎，绝无性识者退入雅乐部，则雅乐可知矣。”[⑤] 太常选拔乐伎时那些音乐悟性最低的人被分进雅乐部，反映了时人对雅乐的轻视，这种轻视乃是来自于现实中对俗乐的需要。

唐初所修的雅乐随着时间的流移因乐师的缺失而渐渐为人所遗忘。“贞观二年，太常少卿祖孝孙既定雅乐，至六年，诏褚亮、虞世南、魏徵等分制乐章。其后至则天称制，多所改易，歌辞皆是内出。开元初则中书令张说奉制所作，然杂用贞观旧词。自后郊庙歌工乐师传授多缺，或祭用宴乐，或郊称庙词。……又自开元已来，歌者杂用胡夷里巷之曲。”[⑥] 乐章歌辞是祭祀时所唱，这些可记载歌辞尚且失传，更不用说难以谱记的乐律。因此郊庙之所谓雅乐便不可避免地采用当时所流行的俗乐歌词，更因为从唐后期以至五代、宋，官府雅乐系统的乐人往往是些为规避徭役的市井之民为之，他们对音乐并不熟悉，更何况是藏于官府

---

① 《旧唐书》卷二八《音乐一》，中华书局 1975 年版，第 1045 页。
② 《旧唐书》卷二八《音乐一》，中华书局 1975 年版，第 1051 页。
③ 《旧唐书》卷二四《礼仪四》，中华书局 1975 年版，第 923 页。
④ （宋）王溥：《唐会要》卷三四《论乐》，上海古籍出版社 2006 年版，第 727 页。
⑤ （清）彭定求等编：《全唐诗》卷四二六白居易《立部伎－刺雅乐之替也》，中华书局 1960 年版，第 4691 页。
⑥ 《旧唐书》卷三〇《音乐三》，中华书局 1975 年版，第 1089 页。

的雅乐。唐武宗时“京畿诸县太常乐人及金吾角子，皆是富饶之户”[①]。五代时中书舍人陶穀称：“本寺见管教坊二舞，本户州县居民……其见管人数等每有沦亡，皆拟填补，既不曾教习，但虚免差徭。”[②] 宋代同样如此：“圣朝乐府之盛，歌工乐吏多出市廛畎亩，规避大役，素不知乐者为之，至于曲调，抑又沿袭胡俗之旧，未纯乎中正之雅，其欲声调而四时和奏，发而万类应亦已难矣。”[③]

非娱乐性的礼仪雅乐遭到冷遇其来有自，虽然历代王朝都制定雅乐，但终究难敌世俗之乐。生动活泼的俗乐比起中正平和的雅乐更能激荡人心，更为世人所喜，故俗乐参乱雅乐便为常事：“然礼乐废久，而制作简缪，又继以龟兹部《霓裳法曲》，参乱雅音。”[④]“正旦上寿，宫悬歌舞未全，且请杂用九部雅乐，歌教坊法曲。”[⑤] 唐代教坊所掌一般为娱乐性较强的俗乐，“京都置左右教坊，掌俳优杂技。自是不隶太常，以中官为教坊使”[⑥]，负责宴享用乐，“开元后，其人浸多，凡祭祀、大朝会则用太常雅乐，岁时宴享则用教坊诸部乐”[⑦]。但在太常礼乐缺失的情况下，教坊乐也逐渐成为祭祀朝会所用之乐。

第二节　乐人的授艺与交流

唐代是个音乐繁盛的时代，不管宫廷还是民间都喜爱音乐歌舞，浓重的社会乐舞气氛离不开乐人群体身影。正是唐代乐人对音乐艺术的孜孜追求，使唐代成为乐舞璀璨的时代。宫廷雅乐与民间俗乐之间，存在着一个由宫廷到民间和民间到宫廷双向互动过程，唐代音乐人活跃于宫廷与民间，无论是从宫廷到民间自上而下的流播还是从民间到宫廷自下而上的渗透都离不开乐人这一中介群体，实现了两者间的双向互动的动态交流。

---

① （清）董浩等编：《全唐文》卷七八《加尊号赦文》，中华书局 1983 年版，第 814 页。
② （宋）王溥：《五代会要》卷七《杂录》，上海古籍出版社 1978 年版，第 124 页。
③ （宋）陈旸：《乐书》卷一五七《曲调上》，光绪二年丙子菊坡精社版。
④ 《新五代史》卷五五《崔棁传》，中华书局 1974 年版，第 636 页。
⑤ 《旧五代史》卷七八《晋书·高祖纪第四》，中华书局 1976 年版，第 1034 页。
⑥ 《新唐书》卷四八《百官志三》，中华书局 1975 年版，第 1244 页。
⑦ 《宋史》卷一四二《乐十七》，中华书局 1977 年版，第 3347 页。

一、官府乐师的授艺

唐代礼乐体制中有严格的音乐培训制度，所有在籍的乐人都被要求接受官府安排的音乐技能学习，并制定了相关的奖罚方法。“凡习乐立师以教，每岁考其师之课业，为上、中、下三等，申礼部；十年大校之，若未成，则又五年而校之，量其优劣而黜陟焉。……习业者亦为之限，既成，得进为师。凡乐人及音声人应教习，皆着簿籍，核其名数而分番上下。”[①] 国家运用国家权力强制性地要求系籍太常的乐人定期到相关机构服役，并进行音乐的培训，保存和传承了历代的乐曲，从而保证了国家祭祀与朝会时得以演奏传统的雅正之乐。唐代各地乐人及音声人每年要集中到京师太常学习规定的乐曲，所学之乐曲以雅乐为主。当他们回到地方，便有可能把所学之曲传到各地。“居住在州府郡县的乐人们要到宫中应教习，从而使得宫廷与地方官府在用乐上保持相当的一致性。”[②] 项阳所说的中央宫廷与地方官府在用乐方面的一致性，主要还是雅乐方面，即祭祀方面的乐章。国家重要的祭祀由中央政权主持，但地方上也有地方性官府的祭祀，《礼记·祭法》：“山林、川谷、丘陵能出云，为风雨，皆曰神。有天下者祭百神。诸侯在其地则祭之，亡其地则不祭。”[③] 唐代地方祠祭负责的官职据《唐六典》载：“功曹、司功参军掌官吏考课、假使、选举、祭祀、祯祥、道佛、学校、表疏、书启、医药、陈设之事。”[④] 地方祭祀级别虽不如中央的祠典，但仪式和用乐上应该有所模仿，服役于中央京城太常礼乐机构的乐人便起到传布的作用。

国家层面的各地乐人轮番到京城太常服役并接受音乐培训的制度，在国家统治稳定时，可以得到贯彻。但当国家政局陷于动荡时，这种

---

① （唐）李林甫撰，陈仲夫点校：《唐六典》卷一四《太常寺》，中华书局 1992 年版，第 406 页。

② 项阳：《山西乐户研究》，文物出版社 2001 年版，第 203 页。

③ （汉）郑玄注，（唐）孔颖达疏：《礼记正义》卷四六《祭法》，《十三经注疏》，北京大学出版社 2000 年版，第 1510 页。

④ （唐）李林甫撰，陈仲夫点校：《唐六典》卷三〇《三府督护州县官吏》，中华书局 1992 年版，第 748 页。

培训制度便无法正常实行。实际上，由于战争的影响及局势的变化，唐中期以后各地乐人到太常上番服役的制度已不再实行，太常乐人很多是京畿地区的富户为逃避赋役挂籍。“京畿诸县太常乐人及金吾角子，皆是富饶之户，其数至多，今一身属太常金吾，一门尽免杂差役，今日已后，只放正身一人差使，其家下并不在影庇限。”[①]唐天宝后，两京地区几经战乱，战争环境下乐师乐人为避战乱流散各地。一方面固然把京城的音乐传播到地方，但另一方面也造成了太常某些乐曲的失传。“某太常工人也，祖父传此艺，犹能此曲。近者张儒入长安，其家流散，父没河西，此曲遂绝。今但按旧谱数本寻之，竟无结尾之声，因夜夜求之也。”[②]像此类因为乐人沦亡而导致的乐曲失传或残缺的例子当不在少数。唐末五代的战乱更能反映出太常所掌乐人的窘况，五代后晋时太常丞刘涣奏：“当寺全少乐工，或正、冬朝会，郊庙行礼，旋差京府衙门首乐官权充，虽曾教习，未免生疏，兼又各业胡部音声，不闲太常歌曲。”[③]

因此，《唐六典》及《新唐书》所反映出来的国家层面的音乐培训制度，大致是唐前期的情况，中期以后逐渐遭到破坏，以至于无乐工可教习，导致国家祭祀朝会时用乐缺失，无乐人可使。

太常乐人的培训制度在唐前期得到严格的执行，但在唐中后期此制度却未必能够认真实行，一方面是政治局势发生了变化，同时在城市商品经济的冲击下，太常对乐人的管理体制本身也出现了问题，难以像唐前期那样运转通畅。因此，宫廷音乐与民间音乐的交融主要体现在乐人们之间的师相传授，尤其体现在时尚流行的新声乐曲。

终唐一代，两京长安和洛阳始终是音乐歌舞文化的中心，京都所流行的新声乐曲领导着当时全国的音乐时尚。“大和中，乐工尉迟璋左能啭喉为新声，京师屠沽效，呼为拍弹。”[④]宫廷乐人往往都是当时代杰出的乐舞名家，在普天之下，莫非王臣的体制下，所有优秀的人才都应为

---

① （清）董浩等编：《全唐文》卷七八《加尊号赦文》，中华书局 1983 年版，第 814 页。

② （宋）李昉等编：《太平广记》卷二〇五《乐》“李琬”条引《羯鼓录》，中华书局 1961 年版，第 1562 页。

③ （宋）王溥：《五代会要》卷七《杂录》，上海古籍出版社 1978 年版，第 124 页。

④ （宋）钱易：《南部新书》乙，中华书局 2002 年版，第 26 页。

中央的皇权服务。史籍中留下名字的乐艺人大都为宫廷乐人便是这种情况的反映。正如《宋史·乐志》中所称“四方执艺之精者皆在籍中”[①]。这些全国执艺最精者服务于宫廷，他们便可能通过授艺把宫廷中盛行的乐舞形式传播到民间社会。

宫廷乐艺人的技艺首先是在其家庭中传授，乐人家庭世传其艺的传统为培养杰出的音乐人营造了家族氛围。如玄宗时著名音乐人李龟年、彭年、鹤年弟兄三人应当是出自乐户之家，而且都才学出众；德宗时曹保，其艺也传其子、孙曹善才、曹钢。这些世传乐户教授技艺包括整个家族在内，并不限于其子孙，如天宝著名笛手李謩授其外孙许云封以横笛：“某（指许云封）才始十年，身便孤立，因乘义马，西入长安。外祖悯以远来，令齿诸舅学业，谓某性知音律，教以横笛，每一曲成，必抚背赏叹。”[②]许云封也由此入值梨园法部小部音声。盛小丛美妙的歌声则是从其舅南不嫌而学：“小丛是梨园供奉南不嫌女甥也。所唱之音，乃不嫌之授也。”[③]乐人的音乐技艺在其家族中代相传授，但成就如何则要看个人的禀赋及修为了。整个家族俱从事音乐职业，并不一定因法律规定所致，事实上掌握一门音乐技艺可以作为在社会谋生的手段。尤其是在历朝统治者都十分喜爱音乐的隋唐五代，学艺出众者更可以得到丰厚的物质回报。“建中、贞元间，藩镇至京师，多于旗亭合乐。郭汾阳缠头彩率千匹，教坊、梨园小儿所劳各以千计。”[④]

不仅如此，城市经济和商品经济发展所带来的社会娱乐文化的繁荣也促使社会上对乐舞人员的需求大为增加，音乐歌舞百戏日益成为一种社会职业，吸纳更多的社会下层民众从事这一职业。《云溪友议》所载的一则故事颇能说明这一问题，李讷“后镇山南，夜闻长笛之音，而浏亮不绝，问是何人之吹，具云府狱重囚。令明日引来，官吏递相尤怨，夜使囚徒为乐，罪戾必深。及至，发龙吟之韵，奏出塞之悲。……公曰：‘汝之吹竹，已得其能。不事农桑，可为伶人耳卒岁。’而怜悯之，

① 《宋史》卷一四二《乐志十七》，中华书局 1977 年版，第 3348 页。

② （宋）李昉等编：《太平广记》卷二〇四《笛类》“许云封”条引《甘泽谣》，中华书局 1961 年版，第 1554 页。

③ （唐）范摅：《云溪友议》卷二，《丛书集成初编》2832，中华书局 1985 年版，第 12 页。

④ （宋）张舜民：《画墁录》，《丛书集成初编》2858，中华书局 1985 年版，第 17 页。

遂令奔去”[①]。此囚徒的笛技从何人所学不得而知，但从李讷对其态度及所说的“不事农桑，可为伶人耳卒岁”分析，他足可以凭借笛技在社会上谋生活，亦可见当时人对从事伶人这一职业并不为耻。在“万般皆下品，惟有读书高”的科举时代，乐人固然是一个低贱的职业，但在科举刚发展起来的隋唐五代，下层民众又有几个能通过科举得登仕途呢？对他们来说，乐人这一职业所能带来的物质回报更具吸引力。

正因为如此，乐人们除了在自己家族及宫廷中教授技艺外，也面向民间招收弟子，可以说是适应了社会市场的需要。虽然在王建诗中有“自直梨园得出稀，更番上曲不教归。一时跪拜霓裳彻，立地阶前赐紫衣。旋翻新谱声初足，除却梨园未教人”[②]之句，反映了宫廷乐人长期在宫禁中服务于皇室，并得到帝王的赏赐，但宫廷乐人“除却梨园未教人”却并非事实，许多宫廷乐人在走出宫禁后也会招收弟子传授乐艺。李謩为开元年间著名笛手，“开元中吹笛为第一部，近代无比”[③]，韦应物的乳母之子便曾学于他，“韦公曰：‘我有乳母之子，其名千金，尝于天宝中受笛李供奉，艺成身死，每所悲嗟，旧吹之笛，即李君所赐也。’”[④]白居易《琵琶行》里的琵琶女年少时便是师从京都名手穆曹二善才，“问其人，本长安倡女，尝学琵琶于穆、曹二善才”[⑤]。曹善才当是前文所提及的曹氏祖孙三代俱出名的曹善才。曹善才之子曹钢也是授徒多人。“李太尉有乐吏廉郊者，师于曹钢，尽钢之能。钢常曰：‘教人多矣，未有此性灵弟子也。’”[⑥]从曹钢所言“教人多矣”可知廉郊只是曹钢众多弟子中最为杰出的一个，这些人学成之后，为使生活有所依托，可能也会成为服务宫廷的乐人或者依附于某一权势之门。

宫廷音乐流播民间除去男性乐伎的传授外，宫中女伎也发挥着作用。宫妓年老色衰后，大多数被放出宫外：“贞元二十一年三月有，出后宫人三百人，其月，又出后宫及教坊女妓六百人，听其亲戚迎于九仙

① （唐）范摅：《云溪友议》卷三，《丛书集成初编》2832，中华书局1985年版，第16页。
② （清）彭定求等编：《全唐诗》卷二二王建《霓裳辞》，中华书局1960年版，第289页。
③ （宋）李昉等编：《太平广记》卷二〇四《笛类》，中华书局1961年版，第1553页。
④ （宋）李昉等编：《太平广记》卷二〇四《笛类》“许云封”条引《甘泽谣》，中华书局1961年版，第1554页。
⑤ （清）彭定求等编：《全唐诗》卷四三五白居易《琵琶引》，中华书局1960年版，第4821页。
⑥ （唐）段安节：《乐府杂录》，《丛书集成初编》1659，中华书局1985年版，第24页。

门。"[1]"三月甲子朔，内出音声女妓四十八人，令归家。"[2]这些宫妓出宫后也会把她们的技艺向民间传播。"某门中有乐吏杨志，善琵琶，其姑尤更妙绝。姑本宣徽弟子，后放出宫，于永穆观中住。自惜其艺，常畏人闻，每至夜方谈。杨志恳求教授，坚不允，且曰：'誓死不传于人也。'志乃赂其观主，求寄宿于观，窃听其姑弹弄，仍系脂鞓带，以手画带记节奏，遂得一两曲调。明日携乐器诣姑，姑大惊异，志即告其事。姑意乃回，尽传其能矣。"[3]此故事讲述了杨志如何设法感动其姑把在宫中习得的琵琶之艺传授给他，宫中的音乐内教博士都是一时之选，当世名手，所授乐曲也是不为宫禁外所闻。杨志之姑传艺是被动性质，另一故事中所述之宫妓则是主动传授，《太平广记》载：

> 崔氏性酷嗜音，虽贫苦求活，常以弦歌自娱。有女弟菃奴，风容不下，善鼓筝，为古今绝妙，知名于时。年十七未嫁而卒。人多伤焉。二女幼传其艺，长女适邑人丁玄夫……开成五年四月三日，因夜寐惊起号泣，谓其母曰："向者，梦姨执手泣曰：'我自辞人世，在阴司簿属教坊，受曲于博士李元凭。元凭屡荐我于宪宗皇帝，帝召居宫。……每一月之中，五日一直长秋殿，余日得肆游观，但不得出宫禁耳。……近日襄阳公主以我为女。思念颇至，得出入主第。私许我归，成汝之愿。'"……翼日，乃洒扫一室，列虚筵，设酒果。仿佛如有所见。因执筝就坐，闭目弹之，随指有得。……十曲毕，惨然谓女曰："此皆宫闱中新翻曲，帝尤所爱重。"于是县白州，州白府。刺史崔璹亲召试之，则丝桐之音鎗鏦可听，其差琴调不类秦声，乃以众乐合之，则宫商调殊不同矣。母令小女再拜求传十曲，亦备得之。[4]

此材料虽为鬼神故事，但现实生活中，宫妓把她们所学技艺传给

---

① （宋）王溥：《唐会要》卷三《出宫人》，上海古籍出版社2006年版，第41页。
② 《旧唐书》卷一七下《文宗下》，中华书局1975年版，第568页。
③ （唐）段安节：《乐府杂录》，《丛书集成初编》1659，中华书局1985年版，第25—26页。
④ （宋）李昉等编：《太平广记》卷四八九《杂传记六·冥音录》，中华书局1961年版，第4021—4022页。

亲族中人的事实应该存在。中国传统的乐谱简略，乐人们对乐曲的传承更多是以“口传心授”的方式进行。[①]因此宫禁中的乐曲通过宫妓或教坊乐工传到民间便成为重要的途径，出入宫廷的乐人也往往把宫禁中所创之乐曲传之于外：“宣宗妙于音律，每赐宴前，必制新曲，俾宫婢习之。……如是者数十曲。教坊曲工，遂写其曲，奏于外，往往传于人间。”[②]

皇帝赐给地方藩镇的乐伎也是宫廷乐伎向民间传播的一个途径。“遂以乐人戴竿索者为骄捷可用，授兵出战。至城北清水河大败，为奚、羯所戮，唯三数人伏草莽间，获免。（其乐人本玄宗所赐，皆非人间之伎，转相教习，得五百余人。或一人肩一作扇。符首戴□，二十四人戴竿，长百余尺，至于竿杪，人腾掷如猿狖、飞鸟之势，竟为奇绝，累日不惮，观者汗流目眩。）”[③]转相教习竟有五百余人，正因为此技在民间当为稀奇之术，一经从宫禁中传出，便为人们所喜，竞相教习以玩乐或是以此为谋生之技。

唐之前的乐户在宫廷音乐与民间音乐之间的传播也应存在，南北朝后期乐户的放免及战争期间乐户散落各地便是把他们在官府所学之艺带到了地方。但在社会不安定、经济发展不稳定的历史时期，这种传播与交流是有限的。在唐前期宫廷与民间的上下沟通主要通过上下番的太常乐户、音声人和各类散乐，真正促使音乐文化世俗化的是城市经济的发展，商品贸易的繁荣，社会分工的细化，社会有多余财力容纳更多的非生产性人口，才使乐舞百戏成为一种社会性的职业。

宫廷乐舞流播民间之大范围发生，当在安史之乱后。京都的几经战火，使那些集中京城中的优秀乐舞人员流散至各地，有的便落籍地方，不再返回京都，他们所具有的技艺也随之流播于地方。“自安寇覆荡，伶伦分散，外方始有此妓，军州宴会，时或有之。”[④]此处所指虽是绳妓，但却反映了安史之乱后宫禁乐伎流散各地的情况，具有一定的普

---

① 项阳：《山西乐户研究》，文物出版社 2001 年版，第 202 页。

② （唐）裴庭裕：《东观奏记》附录三，中华书局 1994 年版，第 183—184 页。

③ （唐）姚汝能：《安禄山事迹》卷下，中华书局 2006 年版，第 102 页。

④ （唐）封演撰，赵贞信校注：《封氏闻见记校注》卷六《绳妓》，中华书局 2005 年版，第 55 页。

遍性。安史乱后地方乐舞的兴盛，虽然主要是由地方藩镇势力的崛起所致，但在一定程度上也与此有关。

和国家层面的音乐培训制度相比，民间音乐的传习却呈现出不一样的景象。太常音乐培训带有强制性质，更多体现的是被动接受；民间音乐的教习却是主动性更强，他们所传习的音乐与祭祀庆典用乐不同，主要是娱乐性较强的乐艺。世传其业的音乐家庭，为音乐的传承提供了某种程度的保障，并起到沟通宫廷与民间音乐的作用。中国传统的乐谱简略，乐人们对乐曲的传承更多是采取“口传心授”的方式进行。[①]所以乐师以艺相传授在音乐的传承中便起着非常重要的作用，当时优秀的乐师乐人往往都服务于宫廷，因此他们本身在传承乐艺中也成为沟通宫廷与民间音乐的中介和桥梁。

二、民间乐人与官府乐人

所有的交流都是双向互动的，宫廷乐舞在向民间流播的同时也在吸取民间乐舞的营养，从而不断创造出新声乐曲，这一过程也是由乐人来完成。

实际上，自汉魏以来，宫廷乐舞便不断地吸收民间俗乐，即便是用于祭祀的雅乐也受到影响。清商乐在汉魏六朝是娱乐性音乐的总名，至隋唐则成为宫廷燕乐中胡乐和新俗乐相对立的概念。[②]雅乐之外的燕飨音乐更是民间俗乐及各民族音乐的大汇合，如西凉乐、天竺乐、高丽乐、龟兹乐、安国乐、疏勒乐、康国乐等。这固然是北朝以来各民族融合在音乐文化上的反映，同时也是宫廷音乐对俗乐吸收的结果。

每个时代都有其流行的新声乐曲，为统治者奉为正统的雅乐正声实际上只作为祭祀音乐而供于太常礼乐机构，生活中却不为人所喜。备受欢迎的是当时代所流行的新声，高高居上的统治者也不例外。喜爱乐舞的隋唐诸帝为满足耳目之欲，常从民间征召乐艺人员为宫廷服务，隋炀帝时“帝乃大括魏、齐、周、陈乐人子弟，悉配太常，并于关中为坊置

---

① 项阳：《山西乐户研究》，文物出版社 2001 年版，第 202 页。

② 王昆吾：《隋唐五代燕乐杂言歌辞研究》，中华书局 1996 年版，第 4—5 页。

之，其数益多前代”[①]。来自全国各地的乐人配隶于太常，不同地区的乐人，他们的乐艺风格和特点可能会具有地域性，对于宫廷乐舞的影响则是显而易见。如唐高宗时“又太常乐户已多，复求访散乐，独持大鼓者已二万员”[②]，在太常所属乐人之外更求访散乐，散乐据《旧唐书•音乐志》:“散乐者，历代有之，非部伍之声，俳优歌舞杂奏。……如是杂变，总名百戏。”[③]百戏是杂戏，种类多样新奇，并多诡奇幻术，足以骇人耳目，令观者乐此而不厌。

地方各地官员为迎合皇帝的喜好也不断地向宫廷进献地方上民间出现的新声歌曲。“又有新声河西至者，号胡音声，与龟兹乐、散乐俱为时重，诸乐咸为之少寝。”[④]地方的不同新声乐舞往往给人带来不一样的欣赏体验，从而成为宫廷乐舞的一部分。

新声乐曲便如现代的流行乐曲一样得到人们的喜爱，当然也有个别皇帝喜欢典雅的古曲，如唐文宗“以乐府之音，郑卫太甚，欲闻古乐，命涯询于旧工，取开元时雅乐，选乐童按之，名曰《云韶乐》”[⑤]。不过如唐文宗一样喜欢古乐的毕竟为个别，多数人都是喜欢新声乐曲。

太常名义上所典虽为祭祀宗庙之乐，但也掌俗乐百戏散乐，玄宗时设教坊以掌俳优百戏，“置内教坊于蓬莱宫侧，居新声、散乐、倡优之伎”[⑥]，“开元二年，又置内教坊于蓬莱宫侧，有音声博士、第一曹博士、第二曹博士。京都置左右教坊，掌俳优杂技。自是不隶太常，以中官为教坊使”[⑦]。但太常并没有因此而成为纯粹的掌雅乐正声的音乐部门，为迎合皇帝的欣赏口味，也设有别教院以教新声，“太常又有别教院，教供奉新曲。太常每凌晨，鼓笛乱发于太乐署。别教院廪食常千人”[⑧]。因雅乐不为人君所喜，故雅乐在太常中非常受歧视：“立部伎，鼓笛喧。舞双剑，跳七丸。袅巨索，掉长竿。太常部伎有等级，堂上者

① 《隋书》卷一六《音乐志》，中华书局 1973 年版，第 374 页。
② 《新唐书》卷一二三《李峤传》，中华书局 1975 年版，第 4370 页。
③ 《旧唐书》卷二九《音乐志二》，中华书局 1975 年版，第 1072 页。
④ 《旧唐书》卷二九《音乐志二》，中华书局 1975 年版，第 1071 页。
⑤ 《旧唐书》卷一六九《王涯传》，中华书局 1975 年版，第 4404 页。
⑥ 《新唐书》卷二二《礼乐志十二》，中华书局 1975 年版，第 475 页。
⑦ 《新唐书》卷四八《百官志三》，中华书局 1975 年版，第 1244 页。
⑧ 《旧唐书》卷二八《音乐志一》，中华书局 1975 年版，第 1051 页。

坐堂下立。堂上坐部笙歌清，堂下立部鼓笛鸣。笙歌一声众侧耳，鼓笛万曲无人听。立部贱，坐部贵，坐部退为立部伎，击鼓吹笙和杂戏。立部又退何所任，始就乐悬操雅音。雅音替坏一至此，长令尔辈调宫徵。”[①] 诗前自注云："太常选坐部伎，无性识者退入立部伎，又选立部伎，绝无性识者退入雅乐部，则雅乐可知矣。”白居易看到太常雅乐之惨淡而发出感叹，并将之归罪于太常主事之人，“工师愚贱安足云，太常三卿尔何人”。其实这是社会风气和社会潮流所致，太常三卿只不过是随波逐流而已。实际上自古以来深受人们所喜欢的往往是每一时代所创造出来的新声俗曲，战国时的魏文侯听到所谓正乐时就想瞌睡，听郑卫之音则是不知疲倦。“魏文侯问于子夏曰：‘吾端冕而听古乐，则唯恐卧。听郑卫之音，则不知倦。’”[②] 汉以来采民间歌谣以入乐曲和民间俗乐层出不穷便是这种现象的反映。北朝隋唐以来胡乐盛行，也是人类追求新奇怪异的心理的表现。所以官府里的乐人往往想尽办法创造出与以往不同的新声乐曲以便能邀主宠。而其中的佼佼者也因此得到皇帝的宠幸，如文宗时的霍朝霞因“善吹笛新声变律，深惬上旨，自左骁卫将军宣授兼率府司马”，武宗时“乐工罗程者，善弹琵琶，为第一。能变易新声，得幸于武宗，恃恩自恣”[③]，懿宗时的李可及，“咸通中，伶官李可及善音律，尤能转喉为新声，音辞曲折，听者忘倦”[④]，懿宗因此对他恩宠有加，“可及官历大将军，赏赐盈万”[⑤]。在社会上下都处于这样一种热爱俗乐新声的氛围时，太常教坊乐人也要不断练习并创出新的乐舞歌辞。

乐人为造出新的乐曲，可谓想尽了一切方法，当地方进贡新曲到京时，他们即抢先窃听以进奉。“韦皋镇西川，进奏圣乐曲，兼与舞人曲谱同进，到京，于留邸按阅，教坊人潜窥，因得先进。”[⑥]

---

① （清）彭定求等编：《全唐诗》卷四二六白居易《立部伎－刺雅乐之替也》，中华书局 1960 年版，第 4691 页。

② （汉）郑玄注，（唐）孔颖达疏：《礼记正义》卷三八《乐记》，北京大学出版社 2000 年版，第 1304—1305 页。

③ （唐）裴庭裕：《东观奏记》附录三，中华书局 1994 年版，第 178 页。

④ （宋）王溥：《唐会要》卷三四《杂录》，上海古籍出版社 2006 年版，第 737 页。

⑤ （宋）李昉等编：《太平广记》卷二三七《奢侈》“同昌公主”条引《杜阳杂编》，中华书局 1961 年版，第 1828 页。

⑥ （宋）李昉等编：《太平广记》卷二〇四《乐》“韦皋”条引《卢氏杂说》，中华书局 1961 年版，第 1545 页。

据笔记小说载，教坊乐人曾取人之声调以制曲。“有文溆僧者，公为聚众谭说……愚夫冶妇，乐闻其说，听者填咽。寺舍瞻礼崇奉，呼为和尚。教坊效其声调，以为歌曲。”[①] 可能是这个文溆僧讲佛故事很有技巧，声调抑扬顿挫甚有音韵，故能触发乐人的创作灵感。更有甚者，是根据人打呼噜的声音来制曲：“许州有一老僧，自四十以后，每寐熟即喉声如鼓簧，若成韵节。许州伶人伺其寝，即谱其声，按之丝竹，皆合古奏。”[②] 虽然描述有些夸张，但却颇能说明当时乐人善于利用一切来创作乐曲的情况。

除了不断创作新声乐曲之外，提高自身的技艺也是保持乐艺界声誉和宫廷乐府中的地位的重要条件。宫廷乐人乐曲创作的源泉来自民间活泼的世俗乐舞，技艺的提高也得益于民间。社会上除了以“乐”作为职业的乐人之外，尚有许多懂得音律，但并不以此作为职业谋生的人，他们的音乐技艺有时并不下于职业的乐人。史籍不乏专业乐人向业余音乐爱好者学习的例子，尤其是一些当时著名的宫廷音乐人师从民间高人的故事更为人所津津乐道。德宗时著名琵琶名手康昆仑在长安东西市的声乐较胜中为西市重金雇请的庄严寺僧段善本所败，后拜其为师。“及下拨，声如雷，其妙入神。昆仑即惊骇，及拜请为师。……盖西市豪族厚赂庄严寺僧善本，姓段……翌日，德宗召入，令陈本艺，异常嘉奖，乃令教授昆仑。段奏曰：‘且请昆仑弹一调。’及弹，师曰：‘本领何杂？兼带邪声。’昆仑惊曰：‘段师神人也。臣小年初学艺时，偶于邻舍女巫授一品弦调，后乃易数师。段师精鉴，如此玄妙也。’段奏曰：‘且遣昆仑不近乐器十年，使忘其本领，然后可教。’诏许之，后果尽段之艺。”[③] 为学艺而不近乐器十年，听来似乎有点夸张，但却实在说明了为技艺精益求精而虚心向民间能人求艺的情况，而在这里面皇帝也施加了影响。透过康昆仑讲述他早年学艺过程，他之所以能成为当时名手显然与他从小开始苦学并不断求学于名师分不开。类似于此的有开元时的李謩。“謩，开元中吹笛为第一部，近代无比。有故，自教坊请假至越

---

① （唐）赵璘：《因话录》卷四《角部》，上海古籍出版社 1979 年版，第 94 页。
② （唐）段成式：《酉阳杂俎续集》卷三《支诺皋下》，中华书局 1981 年版，第 222 页。
③ （唐）段安节：《乐府杂录》，《丛书集成初编》1659，中华书局 1985 年版，第 23 页。

州。……独孤生乃徐曰：'公安知仆不会也。'坐客皆为李生改容谢之，独孤曰：'公试吹凉州。'至曲终，独孤生曰：'公亦甚能妙，然声调杂夷乐，得无有龟兹之侣乎？'李生大骇，起拜曰：'丈人神绝，某亦不自知，本师实龟兹人也。'……李生蹙踖不敢动，至第十三叠，揭示谬误之处，敬伏将拜，及入破，笛遂败裂，不复终曲，李生再拜，众皆帖息，乃散。明旦，李生并会客皆往候之，至则唯茅舍尚存，独孤生不见矣。"① 李謩是开元年间宫廷吹笛乐人中技艺最精湛的名手，一次外出却碰上无名的独孤生指出他的乐调中谬误的地方，令李謩叹服敬拜。这些故事既说明了艺海无境，天外有天，人外有人的道理，即使是名动天下的宫廷乐人也得汲取民间技艺，同时也表明当时宫廷乐人与民间乐艺千丝万缕的联系。

本章小结

儒家音乐理论把音乐划分为雅乐和郑卫之声两类。雅乐承传上古时期先王古乐传统，主要用于祭祀、朝会等正式庄严的场合；郑卫之声则是世俗性较强的新声，随着时代的变化新声也在层出不穷的变化，故更为一般人所喜欢。雅乐因为战争等因素，难以保存，常常流失，但郊庙祭祀却不能没有雅乐，因而有时不得不以当时的俗乐来补充。这种状况延续至唐代也是如此，社会追逐俗乐新声，雅乐已沦落为一种礼仪形式。国家礼乐管理机构自汉以来一直混同雅郑，会聚不同的音乐人员，因此是宫廷音乐与民间俗乐的融汇之处。唐前期国家礼乐机构太常音乐培训从制度层面上在一定程度上保证了音乐技艺与乐曲的传承，京城地区聚集了众多优秀的乐人，给他们彼此之间的乐艺交流创造了很好的环境，也为宫廷乐艺与民间乐艺交流提供了一种渠道。安史之乱后，两京地区几经战火，"自安寇覆荡，伶伦分散"，乐人流散各地。各地乐人分番到太常服役的制度难以实行，太常音乐培训制度逐渐成为空典。世传

① （宋）李昉等编：《太平广记》卷二〇四《笛类》"李謩"条引《逸史》，中华书局 1961 年版，第 1553 页。

其乐的乐人世家则是音乐技艺得以传承不息的另一主要途径，乐人不仅在自己家族中传授乐艺，也招收其他喜爱音乐之人。因为城市经济的发展，商品贸易的繁荣，社会分工的细化，社会有多余财力容纳更多的非生产性人口，使乐舞百戏成为一种社会性的职业。从而促使更多的人加入到这一职业中来，并为了使自己的乐艺在竞争中胜出，突破一师之限而广寻名师提高技艺，不断创作出新声乐曲。官府乐人活动于宫廷与民间，从而在宫廷官府与民间社会之间的音乐文化沟通架起桥梁。民间丰富的俗乐新声通过乐人进入宫廷，促使宫廷及上层社会的娱乐日益接近民间世俗社会，而原来只有上层社会才得以欣赏的宫廷音乐也开始为民间小民所闻。

第八章　乐人与城市乐戏娱乐的大众化

由于人口的增加及流动性增强，商品经济的繁荣，唐代城市人口结构变得复杂，不同阶层、不同文化层次的人群汇集在城市，从而促进城市文化的丰富多彩，并向世俗化、大众化发展。乐人群体是城市人口的组成部分，同时也是城市中最为活跃的人群。他们从为宫廷和权贵豪富之家服务走向城市的市井坊间，他们面向城市大众的乐艺表演是城市娱乐需求增长的反映，在一定程度上乐人群体推进了城市世俗文化的发展。

第一节　从贵家豪门到坊里市井

一、游走贵富之门

乐人所从事的乐舞百戏是表演性的行业，依靠向他人提供某种乐艺表演以获得物质上的报酬，这种服务性质的职业特点带有很强的依附性，也由此决定了乐人群体依附性。所以这一群体在乐舞娱乐大众化之前，主要服务对象是可以对他们的表演给予物质回报的宫廷及贵富之家。

乐人游走于富贵之门自先秦时期以来便是如此，司马迁在《史记》中说："女子则鼓鸣瑟，跕屣，游媚贵富，入后宫，遍诸侯。"[①] 虽然指的是女性乐人，但对于男性乐人来说如果想得到丰厚的报酬也同样需要到贵富之家去寻求机会。乐人服务的首选对象是宫廷，隋唐时代留下名字的著名技艺人大都是宫廷乐人，如隋朝的万宝常，唐高祖、太宗时的

---

① 《史记》卷一二九《货殖列传》，中华书局 1959 年版，第 3262 页。

王长通、白明达，玄宗时的李龟年兄弟，唐末的李可及等。这些宫廷乐人为最高统治者服务，得到的赏赐更多。“自贞元以来选乐工三十余人出入禁中，宣徽院长入供奉皆假以官第，每奏伎乐称旨，辄厚赐之。”[①]一旦得到皇帝的欣赏，不仅得到丰厚的赏赐，有的更是恩宠无比。“唐开元中，乐工李龟年、彭年、鹤年兄弟三人，皆有才学盛名。……特承顾遇。于东都大起第宅，僭侈之制，踰于公侯。”[②]这虽为少数特例，却反映出接近人主的乐人所得到的物质利益足以令人羡慕不已，不过为宫廷服务的乐人都是当时代最优秀的乐人。这些宫廷乐人除了为宫廷服务之外，也会出现于贵戚官僚家的宴席，因为他们并非终日待在宫中，也有一定自己掌握的时间。一些著名的音乐人无不游走于权豪之门，杜甫诗“岐王宅里寻常见，崔九堂前几度闻”。所说者为玄宗时著名乐人李龟年，又“元载子伯和，势倾中外……使者窥伺门下，出入频者，有琵琶康昆仑最熟”[③]。康昆仑是德宗时著名的琵琶手。像李龟年、康昆仑这样有名的音乐人一般来说常去之处主要是豪贵之家。

对于其他着籍于官府音乐管理机构的乐人，他们为官府服务是轮番服役，上番之余，他们也会利用自身音乐技艺谋得更多的物质报酬。官府在籍乐人在完成官府的音乐演奏任务后，走向社会，利用音乐技艺谋取生活物资并不始于唐代，早在南朝宋时的太常乐伎便是如此。“宋元嘉中，李龙等夜行掠劫，于时丹阳陶继之为秣陵县令，令人密寻捕，遂擒龙等，引人是太乐伎，劫发之夜，此伎与同伴往就人宿，共奏音声，陶不详审，为作款引，随例申上，而所宿主人及宾客并相明证。陶知枉滥，但以文书已行……此伎声价艺态，又殊辨慧……”[④]从材料看，可能是该宅有饮宴之会，太乐伎由主人邀请而来做音乐演奏，为有偿服务，不幸被诬为劫盗引人而被杀。但却说明南朝时太乐伎作官府之外的音乐演奏并不受限制。实际上，官府也不可能完全控制在籍乐人的人身自由，乐伎身怀音乐技艺，当然会思求如何使技艺转化为生活物资，而

① （宋）王溥：《唐会要》卷三四《杂录》，上海古籍出版社2006年版，第735页。

② （唐）郑处诲：《明皇杂录》卷下，中华书局1994年版，第27页。

③ （唐）张固：《幽闲鼓吹》，《丛书集成初编》2834，中华书局1985年版，第6页。

④ （宋）李昉等编：《太平广记》卷一一九《报应》“太乐伎”引《还冤记》，中华书局1961年版，第836页。

社会存在的官僚富豪则为他们提供了发挥技艺的场所。

南北朝官府乐伎走向社会以技艺赚取钱物的方式一直沿袭到隋唐，像隋朝的太常乐户赵行枢家财亿计，部分财产可能便是来自这种途径。唐代宴饮之风盛行，“国家自天宝已后，风俗奢靡，宴处群饮，以喧哗沉湎为乐”[①]。宴会之上自然少不了声乐表演，朝廷官员举行宴会时也以邀请名乐人为盛事，“李衮善歌于江外，名动京师，崔昭入朝，密载而至，乃邀宾客，请第一部乐及京邑之名倡，以为盛会，昭言有表弟，请登末座。令衮弊衣而出，满座嗤笑之。少顷命酒，昭曰：‘请表弟歌。’座中又笑，及喉啭一声，乐人皆大惊，曰：‘是李八郎也，罗拜之。’”[②]据《旧唐书》载，崔昭德宗时曾任江西观察使，他入朝至京师举办宴会时盛邀教坊乐人最优秀的第一部乐和京城中的名倡来参加，而他从江外带来的歌手李衮也是名动京师，可见不管是京城还是地方的乐人，朝臣权贵的宴会成为他们经常出席的演出场所。唐中后期，教坊乐人始终是上流社会集会所需声乐的雇请对象。“建中、贞元间，藩镇至京师，多于旗亭合乐。郭汾阳缠头彩率千匹，教坊、梨园小儿所劳各以千计。”[③]“伏以府司每年重阳上已，两度，诸王及大臣出领藩镇皆须求雇教坊音声，以申宴饯。”[④]这两则材料反映出不管是诸王大臣出领藩镇还是藩镇至京，宴集亲朋僚属时所需之乐伎必雇请教坊乐人，因为教坊乐人由全国优秀的各类乐舞人员汇聚，自然成为宴会求雇的演出人员。这些诸王大臣对演出人员的赏赐也是非常的阔绰，如“郭汾阳缠头彩率千匹，教坊、梨园小儿所劳各以千计”，因此教坊乐人也乐于为之服务。

一般的乐人则要主动到贵富之家去寻求机会以获取财物。宣宗“大中六年十二月，右巡使卢藩等奏准四年八月宣约，教坊音声人于新授观察节度使处求乞，自今已后许巡司府州县等捉获，如是属诸使，有牒送本管，仍请宣付教坊司马遵守依奏”[⑤]。教坊音声人到新授观察节度使处

① （宋）王溥：《唐会要》卷五四《省号上·给事中》，上海古籍出版社2006年版，第1103页。
② （宋）李昉等编：《太平广记》卷二〇四《乐》“李衮”条引《国史补》，中华书局1961年版，第1550页。
③ （宋）张舜民：《画墁录》，《丛书集成初编》2858，中华书局1985年版，第17页。
④ （宋）王溥：《唐会要》卷三四《杂录》，上海古籍出版社2006年版，第736页。
⑤ （宋）王溥：《唐会要》卷三四《杂录》，上海古籍出版社2006年版，第737页。

求乞引起朝臣注意以至于上奏皇帝下诏禁止，一经发现即送归本管，表明这种现象十分普遍且令人困扰不已。这种现象是否是政府一纸禁令所能制止的不得而知，但却反映了乐人这一群体往往会在朝臣被任新的官职时以庆贺为名讨要赏赐的现象，作为被贺的主人家显然是难以拒绝的，但赏给他们的财物少了则面上无光，多了则不愿承受，所以才会奏请皇帝禁止此类行为。

另一则材料也反映出乐人群体在求乞过程中的过度索取而遭到主人家的厌烦。“居延部落主勃都骨低，陵暴，奢逸好乐，居处甚盛。忽有人数十至门，一人先投刺曰：‘省名部落主成多受。’因趋入。骨低问曰：‘何故省名部落？’……骨低曰：‘君等悉似伶官，有何所解？’多受曰：‘晓弄椀珠，性不爱俗，言皆经义。’骨低大喜曰：‘目所未睹。’有一优即前曰：‘某等肚饥，臈臈怡怡，皮漫绕身三匝，主人食若不充，开口终当不含。’骨低悦，更命加食，一人曰：‘某请弄大小相成，终始相生。’于是长人吞短人，肥人吞瘦人，相吞残两人，长者又曰：‘请作终始相生耳。’于是吐下一人，吐者又吐一人，递相吐出，人数复足。骨低甚惊，因重赐赍遣之。明日又至，戏弄如初。连翩半月，骨低颇烦，不能设食。诸伶皆怒曰：‘主人当以某等为幻术，请借郎君娘子试之。’”[①] 这则故事虽然属于鬼怪性质，伶人是物怪所化，但却在某种程度上折射出乐人群体为谋生计而到富有人家去求乞的情形。居延部落主勃都骨低，因奢逸好乐且居处甚盛因而招徕一群伶人来乞食，他们以幻术吸引主人为他们设食并送以丰厚的财物，“重赐赍遣之”，但伶人的索取却过于频繁以至于引起主人的厌烦，“明日又至，戏弄如初。连翩半月，骨低颇烦，不能设食”。

乐人通过到富有人家表演而得到丰厚的报酬直到五代时期也是如此。“洛都尝有豪士，为二姓之会，（王）守恩乃与伶人数辈夜造，自为贺客，因获白金数笏而退。”[②] 自为贺客和白金数笏反映出他们不是主人家所邀请的宾客，却得到白金数笏的馈赠。当有富豪人家举行宴席时他

① （宋）李昉等编：《太平广记》卷三六八《杂器用》居延部落主条出《玄怪录》，中华书局1961年版，第2928页。

② 《旧五代史》卷一二五《周书·王守恩传》，中华书局1976年版，第1641页。

们便到主人家庆贺，虽然他们是不请自来，白金数笏也是以势相胁迫的结果，但却是伶人以乐艺表演为名而得到的回报。

为寻求更好的机会，乐人往往不断地从一个地方流移到另一个地方。“（元稹）及廉问浙东，别涛已逾十载。方拟驰使往蜀取涛，乃有俳优周季南，季崇及妻刘采春，自淮甸而来。善弄陆参军，歌声彻云，篇咏虽不及涛，而华容莫之比也。”[①]乐人周季南一家从淮甸来到浙东，其妻子刘采春的歌喉得到浙东观察使元稹欣赏，以至于把他在蜀时喜欢的蜀妓薛涛忘掉。周季南一家得到观察使的赏识，得到的赏赐应该也会十分的丰厚。此外，有时候乐人求乞时得到的并不一定是钱物。“近有优人李伯怜游泾州，乞钱得米百斛，及归，令弟取之，过期不至。”[②]优人李伯怜到泾州求乞时本来是乞钱却得到了米百斛。有的乐人甚至因此得到富贵。“及乐人赵元礼自山东来，有女美丽，善歌舞，王幸之。”[③]这里的王指的是临淄王李隆基，后来的玄宗皇帝。乐人赵元礼从山东到临淄是为寻求更好的机会，他的女儿也因此得到李隆基的喜欢，并生下太子瑛，被封为丽妃，父兄都得以封官，“初，帝在潞，赵丽妃以倡幸，有容止，善歌舞。开元初，父兄皆美官”[④]。实际上，乐人家庭因女儿而得富贵者在历史中不乏其例。

具有依附性的乐人群体为谋生计，必须依赖有经济财力的富有人家，因此他们除了为宫廷和官府服务外，也会游走于权贵豪富之门来获得报酬。有名气的乐人自然为人所争相邀请，一般的乐人则需要四处奔波到贵富之门求乞。

二、行于市井坊间

唐代乐人数量庞大，唐中宗时李峤说：“又太常乐户已多，复求访散乐，独持大鼓者已二万员。”[⑤]仅持大鼓者已有两万人，还不包括其他

---

① （唐）范摅：《云溪友议》卷九，《丛书集成初编》2832，中华书局1985年版，第55页。

② （唐）段成式：《酉阳杂俎》卷八《梦》，中华书局1981年版，第85页。

③ 《旧唐书》卷一〇六《张暐传》，中华书局1975年版，第3247页。

④ 《新唐书》卷七六《后妃传》，中华书局1975年版，第3491页。

⑤ 《新唐书》卷一二三《李峤传》，中华书局1975年版，第4370页。

类别的乐人。《新唐书·百官志》也提到："唐之盛时，凡乐人、音声人、太常杂户子弟隶太常及鼓吹署，皆番上，总号音声人，至数万人。"[①]即使是在衰落的唐王朝后期，乐人数量也非常庞大。"大中初，太常乐工五千余人，俗乐一千五百余人。"[②]这仅是官方记载的中央音乐管理机构所辖的乐人，地方州县也有众多的乐人存在，唐中期以后地方军镇有专门的音乐机构——乐营，这些人数都难以统计。

中央官府常常根据需要征召或罢遣各音乐机构中的乐人，因此他们虽名籍在官府，但却很多时候活动在民间。肃宗乾元二年（759）敕："……太常寺音声，除礼用雅乐外，并教坊音声人等，并仰所司疏理，使敦生业，非祠祭大祀及宴蕃客，更不得辄有追呼。"[③]盛唐时期太常教坊乐人达数万之多，安史之乱使唐政府无力供养太多的娱乐人员，故才有此敕。大历时也曾罢去不少乐人，"大历十四年五月诏，罢梨园伶使及官冗食三百余人，留者隶太常"[④]。这些离开太常教坊的乐人因长期从事音乐职业，回归农业生产是不太可能的，只得利用自己的音乐技艺谋生。地方乐营和州县官府所辖的乐人也只是在官府有乐事时才被征集，平时也是自由来去。乐是一种专业性质的职业，必须经常性地练习才能保持一定的技艺水平，因此他们往往脱离生产，因此也就必须依靠自身所具有的技艺来谋得生活的物资。除去游走于权贵富豪之家，他们也在寻求其他的途径。

京城和地方的乐人有着为官府服务的义务，因此他们大都居住于城市，而且也只有在城市里才会有更多的机会。唐中后期城市商品经济的繁荣，人口流动的频繁，带动了服务行业的发展，其中娱乐文化业的活跃便是一个表现，城市中各种娱乐需求为乐人走向坊市提供了机遇。民间坊市举行饮宴时也同样有乐舞相伴。"（会昌）三年十二月京兆府奏：'近日坊市聚会或动音乐，皆被台府及军司所由，恐动妄有申闻自今已后请皆禁断从之。'"[⑤]可见民间坊市聚会时也有音乐娱乐表演，动用音

① 《新唐书》卷二二《礼乐十二》，中华书局1975年版，第477页。
② 《新唐书》卷二二《礼乐十二》，中华书局1975年版，第478页。
③ （清）董浩等编：《全唐文》卷四二《推恩祈泽诏》，中华书局1983年版，第469—470页。
④ （宋）王溥：《唐会要》卷三四《杂录》，上海古籍出版社2006年版，第735页。
⑤ （宋）王溥：《唐会要》卷三四《杂录》，上海古籍出版社2006年版，第737页。

乐自然会有乐人参与其中，可能规模较大，影响不小，以致引起官府注意，下令禁断，这便有点只许州官放火，不许百姓点灯的味道了。官府禁断是担心音乐鼓动人心，不易管理。日常的游乐生活也需要音乐歌舞相伴。“乘肥衣轻，会酒徒，征丝管，歌舞于倡楼，不复以治生为意。一二年间，稍稍而尽。”[①] 那些纨绔子弟饮酒作乐自然少不了乐伎的演奏和歌舞，“征丝管，歌舞于倡楼”。坊市百姓家庭的婚嫁寿诞的庆祝也需音乐来渲染气氛：“其身托生于长安贵人王氏家……三日满月，其家大会亲宾，广张声乐。”[②] 孩子生下来满月后需要宴请亲戚朋友，有条件的家庭便要“广张声乐”了。甚至丧葬也伴以音乐，穆宗“长庆三年十二月，浙江观察使李德裕奏：‘缘百姓厚葬，及于道途盛设祭奠，兼置音乐等。闾里编甿，罕知报义，生无孝义可纪，殁以厚葬相矜。丧葬僭差，祭奠奢靡，仍以音乐荣其送终。或结社相资，或息利自办，生业以之皆空。习以为常，不敢自废。人户贫破，抑此之由。’”[③] 李德裕提到当时崇尚厚葬，送葬时不仅祭奠奢靡，且伴以音乐相送，所用音乐应是雇请而来。这种风气在民间已是习以为常，以至于人们不敢不遵从，有的结社彼此互助，有的借钱筹办，这是造成百姓人户贫困的原因之一。在李德裕看来这是一种陋习，所以他给朝廷上奏，希望采取措施改变这种风气。但社会的风气并不是官府所能轻易禁止的，直到五代，此种风气仍是相沿不变，因此成为各类音乐人求觅钱物的机会。“伏睹近年以来，士庶之家，死丧之苦，当殡葬之日，被诸色音声伎艺人等作乐搅扰，求觅钱物，请行止绝。”[④] 这种情况被认为是对主人家的过度搅扰，所以有朝臣请求禁绝，至于效果如何则不得而知了。

京城是官府乐人集中之地，坊市动用音乐显然少不了他们的身影。因为太常和教坊是乐舞人才的聚集地，他们都经过专门培训，得到名师

---

① （宋）李昉等编：《太平广记》卷一六《神仙十六》杜子春条引《续玄怪录》，中华书局1961年版，第109页。

② （宋）李昉等编：《太平广记》卷四四《神仙四十四》萧洞玄条引《河东记》，中华书局1961年版，第278页。

③ （宋）王溥：《唐会要》卷三八《葬》，上海古籍出版社2006年版，第815页。

④ 《旧五代史》卷七六《高祖纪第二》，中华书局1976年版，第1007页。

指点，技艺相对要高，不仅经常出入权贵之门，也成为社会雇请音乐的对象。《教坊记》载教坊乐人“苏五奴妻张少娘，善歌舞，有邀迓者，五奴辄随之。前人欲得其速醉，多劝酒，五奴曰：‘但多与我钱，吃锤子亦醉。’”[①] 张少娘以善歌舞有名，所以常被人邀请参加宴席，当然这是需要付酬金的，所以其丈夫说“但多与我钱，吃锤子亦醉”。只要有钱，便可雇请到他们。甚至有外地来雇请者。“庞三娘善歌舞，其舞颇脚重，然特工装束。有年，面多皱，贴以轻纱，杂用云母和粉蜜涂之，若少容。尝大酺汴州，以名字求雇。”[②] 教坊庞三娘也是因善歌舞闻名，在汴州举行大酺时被邀请助兴。

那些著名乐人也同样往来坊间，不过得出重金才能聘请到他们。“时靖恭坊有姬，字夜来，稚齿巧笑，歌舞绝伦，贵公子破产迎之。……会一日，其母白皓曰：‘某日夜来生日，岂可寂寞乎？’皓与往还，竞求珍货，合钱数十万，会饮其家。乐工贺怀智、纪孩孩，皆一时绝手。”[③] 贺怀智、纪孩孩是与李龟年齐名的音乐人，同为宫廷服务的乐人，“天宝中……上素晓音律，时有马仙期、李龟年、贺怀智皆洞知律度”[④]。长安靖恭坊的名姬为庆祝生日邀请了当时的名手，从“合钱数十万，会饮其家”推测，贺怀智、纪孩孩等人应该是雇请而来，且佣金不少。德宗时的琵琶手康昆仑于长安东西市互较声乐中，便是受雇于东市。“及至天门街，市人广较胜负，斗声乐，即街东有康昆仑琵琶最上，必谓街西无以敌也。”[⑤] 长安东西市为在声乐相较中取胜，都各出重金聘请乐人参与，康昆仑只是其中最特殊的一员，应该还有其他的乐人参加。

雇请一般乐人的费用则可能有一定的市场价格。《北里志》载：“亦有乐工聚居其侧，或呼召之，立至，率以三锾，继烛即倍之。”[⑥] 这里所

---

① （唐）崔令钦：《教坊记》，《丛书集成初编》2733，中华书局 1985 年版，第 3 页。
② （宋）曾慥编：《类说》卷七《教坊记》，福建人民出版社 1996 年版，第 217—218 页。
③ （唐）段成式：《酉阳杂俎》前集卷一二《语资》，中华书局 1981 年版，第 116 页。
④ （宋）李昉等编：《太平广记》卷二〇四《乐》“梨园乐”条引《谭宾录》，中华书局 1961 年版，第 1544 页。
⑤ （唐）段安节：《乐府杂录》，《丛书集成初编》1659，中华书局 1985 年版，第 22—23 页。
⑥ （唐）孙棨：《北里志》，古典文学出版社 1957 年版，第 26 页。

指乃是平康坊，是长安妓女聚居之地，“长安有平康坊，妓女所居之地，京都侠少，萃集于此。……时人谓此坊为风流薮泽”[①]。这种地方的饮宴自然少不了音乐助兴，妓女与乐人之间联系亦十分密切，乐人为能更方便地提供服务，甚至聚居在周围。在平康坊雇请一名乐工的费用大概为三镮，如果继烛则要加倍收费。

在地方州县城的市可能还形成了一个固定的乐人聚集地点，以方便雇主雇请。“建康有乐人，日晚如市，见二仆夫云：‘陆判官召。’随之而去，至大宅，陈设甚严，宾客十余人，皆善酒，惟饮酒而不设食，酒亦不及乐人，向曙而散，乐人困甚，因卧门外床上……云相传陆判官之家。”[②]材料中故事发生的地点是建康，陆判官家举行宴会雇请乐伎并不是到乐人家里去，而是到市，说明市里可能有乐人固定的聚集点。这位乐人傍晚时到市，便是为了等待雇主，这种情况在其他的城市可能也是存在的。

城市中的乐人不仅为宫廷、权贵豪门和坊市居民提供乐舞表演服务，他们亦在城市的一些公共空间活动。“自有隋颓靡，庶政凋敝，微声遍于郑、卫，炫色矜于燕、赵。广场角牴，长袖从风，聚而观之，浸以成俗。”[③]唐代城市是封闭的坊市结构，没有专门的公众娱乐空间。但在城市街衢的开阔广场处，人流来往众多，乐人往往在此聚集作各种百戏表演，吸引城市民众的聚观，“京国顷岁街陌中有聚观戏场者”[④]，聚观戏场便是聚观各类乐人的表演。除广场外，城市中人员流动频繁之处也同样成为乐艺人作演出的场所。“大历中才人张红红，本与其父唱歌于衢路”[⑤]，衢路即岔路，是人员流动较多的地方，在这些地方唱歌或作百戏表演较为容易引人注意围观。“（蓝采和）每行歌于城市乞索，持大拍扳，长三尺余，常醉踏歌，老少皆随看之。机捷谐谑，人问，应声答

① （五代）王仁裕撰，曾贻芬点校：《开元天宝遗事》卷上，中华书局 2006 年版，第 79 页。
② （宋）李昉等编：《太平广记》卷三五二《鬼》“建康乐人”条引《稽神录》，中华书局 1961 年版，第 2789 页。
③ （宋）王溥：《唐会要》卷三四《论乐》，上海古籍出版社 2006 年版，第 731 页。
④ （唐）李绰：《尚书故实》，见《唐五代笔记小说大观》，上海古籍出版社 2000 年版，第 1162 页。
⑤ （唐）段安节：《乐府杂录》琵琶条，《丛书集成初编》1659，中华书局 1985 年版，第 27 页。

之，笑皆绝倒，似狂非狂，行则振靴唱踏歌。”[①]故事里的蓝采和虽被认为是仙道之人，但他的故事却一定程度上反映出城市居民的娱乐心态，蓝采和行为和歌词诙谐，令人笑皆绝倒，所以他在城市中乞索时老少都相随观看，他便是依靠这点来维持生活。在城市的坊市里常有一些如蓝采和一样以技艺求乞的艺人。“唐贞元中，扬州坊市间，忽有一妓术丐乞者，不知所从来，自称姓胡，名媚儿，所为颇其怪异。旬日之后，观者稍稍云集，其所丐求，日获千万。”[②]只要技艺能吸引观众，观众所给观赏钱虽少，但积少成多，也可获得较为丰厚的报酬。

乐人在城市人来人往之处聚而表演，此处渐渐演变成固定的演出戏场。“唐贞元中，有乞者解如海，其手自臂而堕，足自胫而脱，善击球、樗蒲戏，又善剑舞、数丹丸。挟二妻，生子数人。至元和末犹在长安戏场中日集，数千人观之。”[③]解如海一家从德宗贞元年间至宪宗元和年间一直在戏场作杂技表演，表明此戏场已成固定演出场所。

乐人不可能是免费或义务演出，必须有一定的收入才会形成固定的戏场。其形成过程大概是乐人在开阔的城市空间进行百戏表演吸引人们的聚观，并在演出中向观众收取一定的费用，具体如何收取，史料没有反映出来，但可以肯定的是，戏场演出不会是免费的。乐人在戏场的演出可以得到可观的收入便会持续表演，就如伎人解如海一家在长安戏场长期表演，这是他们一家的生活来源。这样，在宫廷及私家宴饮之外，乐人利用城市公共空间找到了另一种谋生的途径。这表明随着城市的发展，居民人口的增加，城市坊市居民的娱乐生活需求也相应地增长，在这过程中乐人也开始走向了坊间市井。

乐人越来越走向市场，音乐技艺已成为他们在社会上立足谋生的唯一凭借。“有齿鞋匠与乐工居隔壁。齿鞋者母卒未殓，乐工理声不辍。匠者怒，因相诟成讼。乐工曰：‘此某业也，苟不为，衣与食且废。’执

---

① （宋）李昉等编：《太平广记》卷二二《神仙二十二》蓝采和条引《续神仙传》，中华书局1961年版，第151页。

② （宋）李昉等编：《太平广记》卷二八六《幻术三》胡媚儿条引《河东记》，中华书局1961年版，第2278页。

③ （唐）李冗：《独异记》卷一，见《唐五代笔记小说大观》，上海古籍出版社2000年版，第910页。

政判曰：‘此本业，安可丧辍？’他日乐工有丧事，亦任齿鞋不辍。”[①]乐工以音乐为职业，这是他谋生的技能，他必须每天练习，所以当隔壁齿鞋匠丧母时他仍然练习不停，引起齿鞋匠的不满，俩人相争，最后执政认为乐工本业一日不可废，而判定乐工不用因隔壁有丧事而废业。具有一技之长的乐人也足以凭此谋生。“（李尚书）后镇山南，夜闻长笛之音，而浏亮不绝，问是何人之吹，具云府狱重囚。令明日引来，官吏递相尤怨，夜使囚徒为乐，罪戾必深。及至，发龙吟之韵，奏出塞之悲。……公曰：‘汝之吹竹，已得其能。不事农桑，可为伶人耳卒岁。’而怜悯之，遂令奔去。”[②]此囚徒笛子吹得很好，被懂得音律的李尚书听见，得到赏识，因而免罪释放。囚徒吹笛但并不是以此为职业，所以李尚书让他不用再从事农桑，凭借笛技可以作为伶人谋生。获释后的吹笛囚徒不管游走于富贵之门还是坊间市井，凭他的吹笛之技去谋生应该不成问题。

乐人不仅在城市活动，有的甚至走向乡村。“（开元二年）十月六日，敕散乐巡村，特宜禁断。如有犯者，并容止主人及村正，决三十，所由官附考奏，其散乐人仍递送本贯入重役。”[③]这些散乐可能是到各地巡回演出，但统治者害怕由此会引起人心的浮动，而不利于统治才下了禁断令。但社会的潮流是阻挡不住的，禁令只能起一时的作用。笔记小说里能留下姓名的都是些较有名气的伎艺人，众多没有留下名字的乐人不一定也游走于上流社会，他们可能更多地活动于坊市及乡村。

乐人的乐艺活动是适应社会的需求，从服务于宫廷、官府到奔走于上流社会的各种公私会宴再到坊市里巷的一般聚会的呼召，反映了城市社会中乐艺娱乐文化大众化的趋势。

---

① （宋）王谠撰，周勋初校证：《唐语林校证》卷八《补遗》，中华书局 1987 年版，第 744 页。
② （唐）范摅：《云溪友议》卷二，《丛书集成初编》2832，中华书局 1985 年版，第 16 页。
③ （宋）王溥：《唐会要》卷三四《杂录》，上海古籍出版社 2006 年版，第 734 页。

第二节　移风易俗——城市乐戏娱乐的大众化

一、乐人与风俗

音乐自古以来被认为具有移风易俗的作用。“乐也者，圣人之所乐也，而可以善民心。其感人深，其移风易俗，故先王着其教焉。”① 故儒家正统派一直坚持中正平和的雅乐正声，反对可能会对人们意志产生销蚀影响的郑卫之音，即淫哇之曲，甚至将之归为前代亡国的原因之一。唐杜淹曾曰：“前代兴亡，实由于乐。陈将亡也，为《玉树后庭花》；齐将亡也，而为《伴侣曲》，行路闻之，莫不悲泣，所谓亡国之音也。以是观之，盖乐之由也。”② 认为陈、齐将亡之兆，通过当时统治者所喜好的音乐反映了出来，因此有亡国之音的说法。这种说法虽遭到开明的唐太宗的反对，但却代表了传统的观念。

然而在实际的生活中，娱乐性质的郑卫之声要比雅乐正声更受到普通人的喜欢。战国时魏文侯曾很困惑地问子夏：“吾端冕而听古乐，则唯恐卧。听郑卫之音，则不知倦。敢问：古乐之如彼，何也？新乐之如此，何也？”③ 子夏的回答并不能解决人们偏好郑卫之音的问题。隋代一位音乐人万宝常所作之音因为“其声雅淡，不为时人所好”，他所创作的乐曲符合了儒家音乐传统，却不合时人欣赏口味因而遭到排斥。人类大都偏向时尚新奇的心理古今如一，古人喜欢郑卫新声便如现代人喜欢流行歌曲一样。

正因为人们心理都趋向新声散乐，所以历代儒家正统的维护者一直力图排斥雅乐之外的流行于民间的各种新声散乐，以达到儒家理想的淳朴民风。南齐时崔祖思曰：“后堂杂伎，不在其数，糜废力役，伤败风俗。今欲拨邪归道，莫若罢杂伎，王庭唯置钟簴、羽戚、登歌而已。如

---

① （汉）郑玄注，（唐）孔颖达疏：《礼记正义》卷三八《乐记》，《十三经注疏》，北京大学出版社 2000 年版，第 1285 页。

② 《旧唐书》卷二八《音乐一》，中华书局 1975 年版，第 1041 页。

③ （汉）郑玄注，（唐）孔颖达疏：《礼记正义》卷三八《乐记》，《十三经注疏》，北京大学出版社 2000 年版，第 1305 页。

此，则官充给养，国反淳风矣。”[①] 崔祖思认为百戏杂技不仅靡废力役，还伤风败俗，如果只保留古乐传统中的钟簴、羽戚、登歌，民风便可回归淳朴。武德年间，万年县曹伏伽上书唐高祖：“百戏散乐，本非正声，有隋之末，始见崇用，此谓淫风，不可不改。”[②] 也同样认为百戏散乐是淫风，必须进行改变。唐玄宗开元初年还一度下敕禁止：“至开元二年八月七日敕：自有隋颓靡，庶政凋敝，微声遍于郑、卫，炫色矜于燕、赵。……朕方大变浇讹，用除灾蠹，眷兹技乐，事切骄淫。伤风害政，莫斯为甚，既违令式，尤宜禁断。”[③] 然而他们眼中非正声的、伤风害政的杂技散乐不是官府所能禁止的，并且统治者本身便是喜好那些不归于雅乐之内的俗乐。唐玄宗开元初下敕禁断郑卫之声，可喜欢音律的他后来却专门设立教坊以统管雅乐之外的散乐：“京都置左右教坊，掌俳优杂技。自是不隶太常，以中官为教坊使。”[④]

雅乐也好，郑卫之音也罢，任何一类乐律，都是需要“人”作为媒介将之表现出来。作为乐的表演者的乐人群体是一个十分活跃的群体，对改变一个时代的风气有很大的影响。根据儒家的音乐理论，除却雅乐之外的郑卫之声及倡优杂戏便被视为伤风败俗，从事这类乐艺的乐人便成为煽惑人心，破坏淳朴民风的罪魁祸首。“且俳优小人，言辞无度，酣乐之后。难为禁止。恐其各角胜负，讥诮失礼，非所以导仁义，示和睦也。”[⑤] 士君子如果经常和这类乐人一起便会受其影响，因此应该与之保持一定的距离。甚至在规划城市的居住地时，乐人群体被统一规划在同一地区居住，以免影响所谓的“士流”。北魏时韩显宗对当时出现的居民杂居情况提出意见：“古之圣王，必令四民异居者，欲其业定而志专。……假令一处弹筝吹笛，缓舞长歌；一处严师苦训，诵诗讲礼。宣令童龀，任意所从，其走赴舞堂者万数，往就学馆者无一。此则伎作不可杂居，士人不宜异处之明验也。故孔父云里仁之美，孟母弘三徙之训，贤圣明诲，若此之重。今令伎作家习士人风礼，则百年难成；令士

① 《南齐书》卷二八《崔祖思传》，中华书局 1972 年版，第 519 页。
② （宋）王溥：《唐会要》卷三四《论乐》，上海古籍出版社 2006 年版，第 727 页。
③ （宋）王溥：《唐会要》卷三四《论乐》，上海古籍出版社 2006 年版，第 731 页。
④ 《新唐书》卷四八《百官志三》，中华书局 1975 年版，第 1244 页。
⑤ （宋）王溥：《唐会要》卷三四《论乐》，上海古籍出版社 2006 年版，第 729 页。

人儿童效伎作容态，则一朝可得。是以士人同处，则礼教易兴；伎作杂居，则风俗难改。”[①] 韩显宗看到了伎作杂居对人们心性及风俗的影响，并企图重新区分不同职业人们的居住地。然而他不知道“错居混杂”并非政府所能控制，最初“分别伎作”也许能起一定的作用，然而在乐人群体“弹筝吹笛，缓舞长歌”的影响下，人们趋于“走赴舞堂”的心理不会改变。尤其在城市的流动人口增加，商品经济繁荣后，各类人群“错居混杂”是必然的，从事新声散乐的乐人群体则以他们的表演娱悦人们的心情，吸引着城市人们更趋向走赴舞堂，影响并改变着城市的娱乐风尚。

乐人大都集中于城市，对于一般城市，由于史料缺少难于考证他们居于城市中的何处。隋唐时期的京城长安的乐人的居处，通过史料分析则可略知一二。隋炀帝时曾征召全国各地的乐人到京师：“帝乃大括魏、齐、周、陈乐人子弟，悉配太常，并于关中为坊置之，其数益多前代。”[②] 这些征召来的前朝乐人，归于太常管理，为坊置之说明官府是把他们集中于一处居住。隋末动乱这些被征召来的乐人便散落各处，可能各回原籍了。

唐代太常乐人实行轮番服役制度，上番的乐人居住何处无法得知，但因为他们必须到太常进行音乐培训，所以据此推测他们上番时则可能暂时居于太常之内，也可能居于太常附近的坊区以便于到太常轮值。长居长安的太常乐人则可能住于皇城的周侧。“汉中王瑀为太卿，早起朝，闻永兴里人吹笛，问是太常乐人否，曰：然。”[③]“广德中，蜀客前双流县丞亦能之，调集至长安，居务本里，尝夜闻羯鼓，曲颇工妙，于月下步寻，至一小宅，门户极卑隘，叩门请谒，谓鼓工曰：‘君所击者，岂非耶婆色鸡乎，蝇至精能而无尾，何也？’工人大惊曰：‘君固知音者，此事无有知，某太常工人也。’”[④] 在这两个例子中，两个太常乐工分别

① 《魏书》卷六〇《韩显宗传》，中华书局1974年版，第1341页。

② 《隋书》卷一五《音乐志下》，中华书局1973年版，第373页。

③ （宋）李昉等编：《太平广记》卷二〇四《笛类》“汉中王瑀”条引《大唐传载》，中华书局1961年版，第1552页。

④ （宋）李昉等编：《太平广记》卷二〇五《乐》“李琬”引《羯鼓录》，中华书局1961年版，第1562页。

居住在永兴里和务本里，显然并不集中居住，但永兴里和务本里都在皇城周围。唐后期的一则材料则反映乐人也有居于平康坊周围的，《北里志》有“亦有乐工聚居其侧”[①]之语，平康坊乃自盛唐以来京城饮妓聚集的地方，所以在平康坊附近应该早就有乐工聚居。然而平康坊亦在皇城侧，说明他们的居所也是不远离皇城，所以乐人居住之处可能往往会选择需求声乐服务较多的地方。

随着经济的逐渐繁荣，社会的安定和国家、社会财富的增多，人们开始追求声色娱乐，这最先是从上层统治阶层开始。声色娱乐离不开乐舞百戏演员，因此京师社会对这一类人的需求便增多起来。太常乐人已无法满足声色娱乐的需要，因此便大量征集乐人至京。唐中宗时李峤上书：“又太常乐户已多，复求访散乐，独持大鼓者已二万员，愿量留之，余勒还籍，以杜妄费。”[②]仅仅持大鼓的乐人便已二万人，整个乐人群体的数量可想而知，应是十分庞大。很显然这数万乐人是集中在京师长安，所以李峤才说“愿量留之，余勒还籍”，李峤认为太多的乐人耗费国家的资财，主张把多余的乐人遣送回原籍。这些太常临时访来的散乐不太可能集中居住，更大的可能是散居于长安各坊区。

唐玄宗时在太常之外设置另一个官府音乐管理机构——教坊，长安的教坊乐人主要集中在光宅坊和延政坊，“西京右教坊在光宅坊，左教坊在延政坊。右多善歌，左多善舞，盖相因习”。东京洛阳也设有教坊，在明义坊，“东京两教坊俱在明义坊，而右在南，左在北也。坊南西门外，即苑之东也”[③]。隶于教坊的乐人家庭都居住在坊内，“妓女入宜春院，谓之内人，亦曰前头人，常在上前也。其家犹在教坊，谓之内人家”[④]。教坊内的乐人家庭的女子被选入宫廷充当宫妓，但她们的家人仍然居住于教坊内，表明他们是集中居住。这是唐玄宗时期的情况，中期以后可能有所变化，并非所有教坊乐人都居住于坊内，也有名籍教坊而不居于光宅、延政坊里的乐人，如《任氏传》里任氏说：“某兄弟名系

---

① （唐）孙棨：《北里志》，古典文学出版社 1957 年版，第 26 页。
② 《新唐书》卷一二三《李峤传》，中华书局 1975 年版，第 4367 页。
③ （唐）崔令钦：《教坊记》，《丛书集成初编》2733，中华书局 1985 年版，第 1 页。
④ （唐）崔令钦：《教坊记》，《丛书集成初编》2733，中华书局 1985 年版，第 1 页。

教坊，职属南衙，晨兴将出，不可淹留。”[①] 此虽为狐妖故事，但故事讲述的空间背景却是长安城，故事中的任氏兄弟是名系教坊的乐人，但他们并不居于光宅、延政两坊，而是乐游园一带的里坊。

官府聚集大量的乐人于两京长安和洛阳并非完全为了国家的郊庙祭祀礼仪所需，他们中绝大多数是散乐百戏伎人，主要服务于宴会上的娱乐表演。在宫廷一般宴会上都伴以乐舞表演，“若常亨会，先一日具坐、部乐名封上，请所奏御注而下。及会，先奏坐部伎，次奏立部伎，次奏蹀马，次奏散乐而毕矣”[②]。立部伎有《安乐》等八部，坐部伎有《讌乐》等六部，散乐是“俳优歌舞杂奏”，“多幻术”。宫廷宴会便是一场大型的文娱会演，包括各种类别的乐舞，有坐部、立部伎，有舞马，有俳优杂技等。这种宫廷宴会的文娱会演并非常有，这些在宫廷宴会上表演的各类乐舞百戏乐人在服务宫廷之余，往往也会利用自身音乐技艺游走于官家及富豪之门以谋得更多的财物。他们活动于京城四处，在各类官、私宴饮上作娱乐演出。如前文所述技艺特出者为达官贵族所邀请，技艺一般者则面向普通阶层服务。

乐人从宫廷走到私家，再到坊间市井，他们的存在带动了整个城市的乐舞百戏的娱乐消费，他们把为宫廷表演的各种技艺带到私家民间，对城市娱乐风尚起着引领作用。宫廷宴会上的娱乐表演方式也为贵戚官僚之家所仿效，宴席上伴以乐舞百戏成为一种时尚的风气。“国家自天宝已后，风俗奢靡，宴处群饮，以喧哗沉湎为乐。而居重位秉大权者，优杂倨肆于公吏之前，曾无愧耻。公私相效，渐以成俗。”[③] 宴处群饮伴以优杂之戏以为乐，由公家到私家互相仿效，已成为风气。甚至权贵人家相互之间进行音乐竞赛：“王主之家，马上作乐以相夸竞。”[④] 不仅王主之家互相作乐夸竞，民间社会的声乐也常作竞赛，“及至天门街，市人广较胜负，斗声乐”[⑤]，夸竞或斗声乐的过程自然是乐人间的乐艺比

---

① （宋）李昉等编：《太平广记》卷四五二《任氏传》，中华书局 1961 年版，第 3692 页。
② 《旧唐书》卷二九《音乐志二》，中华书局 1975 年版，第 1081 页。
③ （宋）王溥：《唐会要》卷五四《省号上·给事中》，上海古籍出版社 2006 年版，第 1103 页。
④ （唐）刘肃：《大唐新语》卷八《文章》，中华书局 1984 年版，第 128 页。
⑤ （唐）段安节：《乐府杂录》琵琶条，《丛书集成初编》1659，中华书局 1985 年版，第 22—23 页。

较。在公私相效以成俗的过程中，乐人起着关键的作用，因为为宫廷服务的乐人因为技艺相对较精，始终是人们举办宴会时的首选雇请对象。“建中、贞元间，藩镇至京师，多于旗亭合乐。郭汾阳缠头彩率千匹，教坊、梨园小儿所劳各以千计。”[①]“伏以府司每年重阳、上巳两度宴游，及大臣出领藩镇，皆须求雇教坊音声，以申宴饯。”[②]这些藩镇、诸王及大臣之所以雇请教坊乐人，是因为教坊乐人会把某些在宫廷中演奏的乐舞也带到他们的宴会上，实际上，皇帝也把赐教坊乐给有功的大臣作为恩典，“遣射生五百骑执戟翼从，自朝堂至省，赐教坊乐，（郭）子仪不受”，“命宰臣诸将送（李）晟入新赐第，教坊乐，京兆府供帐食馔，鼓吹导从，京城以为荣观”。[③]太常、教坊乐代表的是皇家乐舞，臣子能拥有自然是一种荣耀。

唐代藩镇旗亭合乐盛事直到宋仍为人所记，并称为贞元故事。旗亭即指酒楼，旗亭合乐的盛况可通过宋人在酒楼阅乐反映出来。“元丰中，刘伯寿谢事后，以议乐召至京城，已事得请，薄有沾赉，与唐沈、丁竦，皆期望阅于樊楼。凡京籍者率造焉。未几，种谔自鄜延陈边事至阙，一日期集于樊，服紫花织成袍，令束带，刘、沈皆葛巾鹤氅，都人观者颇塞。是日谔散亦数千人。神宗密令黄门窥之。既而谔辞，上举贞元故事，勉以浑郭功名。”[④]樊楼是开封著名的酒楼，当种谔在樊楼举行乐舞宴会时，引起都城民众的聚观，“都人观者颇塞”。可见这种乐舞表演对城市民众的吸引和影响，旗亭合乐可能便是后来的酒楼歌舞表演的最先形式。

藩镇大臣在旗亭合乐是大规模的乐舞表演，一般的酒楼宴饮也往往会伴以声乐，乐人们之间的聚饮也是如此。“开元中，诗人王昌龄、高适、王涣之齐名。……三诗人共诣旗亭，贳酒小饮。忽有梨园伶官十数人，登楼会宴。……俄有妙妓四辈，寻续而至，奢华艳曳，都冶颇极，旋则奏乐，皆当时之名部也。”[⑤]旗亭是唐代重要的民间聚饮场所，梨园

① （宋）张舜民：《画墁录》，《丛书集成初编》2858，中华书局1985年版，第17页。
② （宋）王溥：《唐会要》卷三四《杂录》，上海古籍出版社2006年版，第736页。
③ 《旧唐书》卷一〇二《郭子仪传》、卷一二《德宗上》，中华书局1975年版，第3460、345页。
④ （宋）张舜民：《画墁录》，《丛书集成初编》2858，中华书局1985年版，第17页。
⑤ （唐）薛用弱：《集异记》卷二《王涣之》，中华书局1980年版，第11页。

乐人也是常常光顾，他们在这些公共活动的场所结伴聚饮，旁若无人，放情奏乐歌唱，极尽欢乐。乐人们的这种行为无疑会对当时社会饮宴奏乐之风起渲染之作用。

生活于城市之中的乐人，为了生存之计，除了为宫廷服务外，往往也奔走于官、私宴会场所。所到之处，丝竹弦歌，喧闹非常，不仅带给在场者以娱悦，对于场外只闻其声的他人来说，则可能使其对场内的表演充满想象并渴望有机会得以观赏。乐人群体在不同场合的演出对城市里的娱乐风气起着推波助澜的作用，中宗神龙二年三月并州清源县尉吕元泰上疏："比见都邑城市，相率为《浑脱》，骏马胡服，名为《苏莫遮》。旗鼓相当，军阵之势也；腾逐喧噪，战争之象也。锦绣夸竞，害女工也；征敛贫弱，伤政体也。胡服相效，非雅乐也；《浑脱》为号，非美名也。安可以礼仪之朝，法戎虏之俗？军阵之势，列庭阙之下？窃见诸王，亦有此好。"[①] 浑脱是当时十分流行的一种舞蹈，城市中的人们相率为之，甚至朝廷大臣也作此舞。"中宗数引近臣及修文学士，与之宴集，尝令各效伎艺，以为笑乐……将作大匠宗晋卿舞浑脱……"[②] 吕元泰是并州清源县尉，说明此风并非仅仅盛行于京都之地，同样流行于地方州县。乐舞的流行最初自然离不开乐人的引导，他们对乐舞的充分表现才使得人们竞相仿效。另一则材料也反映出人们对乐人所创乐曲的仿效："可及善转喉舌，对至尊弄媚眼，作头脑，连声作词，唱新声曲，须臾即百数方休。时京城不调少年相效，谓之拍弹。"[③]

京城娱乐表演的方式和技艺也通过乐人影响及流播到地方。"其乐人本玄宗所赐，皆非人间之伎，转相教习，得五百余人。"[④] 此类乐人因来自宫廷，民间难得一见，来到地方后其技艺为人们所喜爱，故纷纷转相教习以至五百余人。安史之乱后，京城几经战火，原来集中京城的优秀乐人流散至各地，有的不再返回京都，他们所怀有的技艺也随之流播于地方。"自胡寇覆荡，伶伦分散，外方始有此妓，军州宴会，时或有

① （宋）王溥：《唐会要》卷三四《论乐》，上海古籍出版社 2006 年版，第 730—731 页。

② 《旧唐书》卷一八九下《郭山恽传》，中华书局 1975 年版，第 4970 页。

③ （宋）李昉等编：《太平广记》卷二三七《奢侈》"同昌公主"条引《杜阳编》，中华书局 1961 年版，第 1828 页。

④ （唐）姚汝能：《安禄山事迹》，中华书局 2006 年版，第 102 页。

之。”[①] 此处的妓所指为绳妓，但却反映了京城一旦发生动荡，乐人便流散各地的情况，具有一定的普遍性。他们到地方后也会以自身的技艺作为谋生的手段，从而影响当地的宴饮娱乐表演。如李龟年在安史乱后便流落到江南，并为当地聚宴服务。“其后龟年流落江南，每遇良辰胜赏，为人歌数阕，座中闻之，莫不掩泣罢酒。”[②]

二、大酺、戏场和瓦舍勾栏

大酺是汉以来帝王为表示对子民的恩典，而允许天下百姓群聚宴饮，因为汉代法律禁止百姓无故相聚饮食。“令天下大酺五日。”唐李贤注曰：“《前书音义》曰：‘汉律三人已上无故群饮罚金四两。’今恩诏横赐得令聚会饮食五日。酺，布也，言天子布恩于天下。”[③] 但到唐代，令天下大酺已不再仅仅是允许百姓群聚饮宴，并发展为伴有官方举办的大型乐舞百戏演出。唐代大酺伴以百戏表演在唐高宗时便见于史载，《唐会要·杂录》载：“显庆元年正月，御安福门，观大酺，有伎人欲持刀自刺，以为幻戏，诏禁之。”[④] 高宗御安福门观大酺，说明大酺之意不仅是宴饮，还有着可观看的表演，“有伎人欲持刀自刺，以为幻戏”，也表明此处所提到的大酺有各种乐艺的演出。大酺发生在显庆元年（656）正月，说明是新春庆祝的活动。唐睿宗也曾在安福门大酺：“先天元年正月，大酺，睿宗御安福门，观百司酺宴，经月不息。”[⑤] 也是在正月里举行，说明正月里的庆祝可能经常安排在安福门。京城的大酺在安福门举行，安福门是皇城西面二门中的北门，[⑥] 在临皇城外大街的城门大酺便含有与民同庆的意思，清人秦蕙田在《五礼通考》中论及大酺时认为大酺在秦汉时是朝廷恩准天下吏民会聚饮酒，至宋代时成为君民同乐之举。“秦汉以下赐大酺者，俾吏民会聚饮酒，非朝廷宴飨之礼也。宋始

---

① （唐）封演撰，赵贞信校注：《封氏闻见记校注》卷六《绳妓》，中华书局 2005 年版，第 55 页。
② （唐）郑处诲：《明皇杂录》卷下，中华书局 1994 年版，第 27 页。
③ 《后汉书》卷二《明帝纪》，中华书局 1965 年版，第 119 页。
④ （宋）王溥：《唐会要》卷三四《杂录》，上海古籍出版社 2006 年版，第 733 页。
⑤ （宋）王溥：《唐会要》卷五六《省号下》，上海古籍出版社 2006 年版，第 1138 页。
⑥ （清）徐松撰，张穆校补：《唐两京城坊考》卷一《西京·皇城》，中华书局 1985 年版，第 10 页。

于御楼观酺之日，赐宗室臣工宴以乐之，一时民物蕃庶，及上下同乐之意可见。”[①] 实际上以大酺作为与民同乐的形式早在唐代便已开始，唐高宗显庆元年在安福门观大酺便已是含有与民同乐之意。武则天时“乃御端门观酺宴”，端门是东都洛阳皇城的正南门，在临街的端门举行酺宴表达的也是与民同乐的含义。

高宗时期并非所有的大酺都是在临街的皇城门举行，大概只有节庆时的大酺才是显示与民同乐。另一则史料所记高宗时的大酺则是在大明宫内：“上元元年九月，高宗御含元殿翔鸾阁，大酺。当时京城四县及太常音乐，分为东西朋，雍王贤为东朋，周王显为西朋，务以角胜为乐。”[②] 含元殿翔鸾阁位于大明宫内，“丹凤门内正牙曰含元殿，大朝会御之。殿之前廊有翔鸾阁、栖凤阁”[③]。大酺时不仅出动太常音乐，京城四县所辖乐人也来参与，并分为东西两朋，由皇子率领进行竞赛，其场面可谓极其盛大。此次大酺并不向京城的普通士庶开放，观看大酺的出席者主要是朝廷大臣，所显示的是君臣同乐。此次大酺便是由于时为中书侍郎的郝处俊向高宗进谏而被记录了下来，另外陈子昂《洛城观酺应制》诗也说明高宗、则天时期的大酺通常是君臣同观为乐。

在临街的皇城门前举办大酺为城市平民提供了观赏乐舞百戏的难得机会，宫廷乐舞百戏也由此得以展示在普通城市居民之前，高宗时期的京城大酺场面没有详细的记载，唐玄宗时的大酺在唐人笔记中却有着十分精彩的描绘：“每赐宴设酺会，则上御勤政楼。金吾及四军兵士未明陈仗，盛列旗帜，皆帔黄金甲，衣短后绣袍。太常陈乐，卫尉张幕后，诸蕃酋长就食。府县教坊，大陈山车旱船，寻橦走索，丸剑角抵，戏马斗鸡。又令宫女数百，饰以珠翠，衣以锦绣，自帷中出，声雷鼓为《破阵乐》、《太平乐》、《上元乐》。又引大象、犀牛入场，或拜舞，动中音律。每正月望夜，又御勤政楼，观作乐。贵臣戚里，官设看楼。夜阑，即遣宫女于楼前歌舞以娱之。”[④] 玄宗时的大酺一般在兴庆宫的勤政楼举

---

① （清）秦蕙田：《五礼通考》卷一六〇《嘉礼三十三》，光绪六年江苏书局刻本。

② （宋）王溥：《唐会要》卷三四《论乐》，上海古籍出版社 2006 年版，第 729 页。

③ （清）徐松撰，张穆校补：《唐两京城坊考》卷一《西京·大明宫》，中华书局 1985 年版，第 19 页。

④ （唐）郑处诲：《明皇杂录》卷下，中华书局 1994 年版，第 26 页。

行，每次大酺都是天未明便开始准备，各种类别的乐舞百戏表演一直持续到夜里。官府为观酺的贵臣戚里搭设看楼，一般庶民百姓则只能是在场外站着观看，“玄宗御勤政楼大酺，纵士庶观看百戏，人物填咽，金吾卫士指遏不得”[①]。像这种盛大的宫廷酺会，一旦对外开放，便吸引无数的百姓前往观赏，人潮涌动，以至于金吾卫士无法维持秩序。

官府提供给京城市民的乐舞观赏机会除了宫廷酺会外，还时有太常音乐演奏练习会对士庶开放。“故事，太常卿初上，大阅《四部乐》于署，观者纵焉。”[②] 音乐歌舞百戏的娱乐表演对人们有着巨大的吸引力，并影响着城市民众的娱乐生活方式。

伴以乐舞百戏形式的大酺不仅在京城进行，地方城市也是如此。“唐开元中，数敕赐州县大酺，嘉兴县以百戏，与监司竞胜精技”[③]，不管是京城或是州县大酺，都辅以百戏表演。地方上的大酺百戏乐舞表演，各司监之间也进行乐艺的竞赛，并且为了求胜常常四处寻雇乐人。“庞三娘善歌舞，其舞颇脚重，然特工装束。……尝大酺汴州，以名字求雇。”[④] 有时甚至在囚犯中寻找有一技之长的人参加，如嘉兴县大酺时监司便从囚徒中求得一绳妓：“唐开元中，数敕赐州县大酺，嘉兴县以百戏，与监司竞胜精技，监官属意尤切，所由直狱者语与狱中云：……乃各相问，至于弄瓦缘木之技，皆推求招引。……因曰：‘众人绳技，各系两头，然后于其上行走周旋，某只须一条绳，粗细如指，五十尺，不用系着，抛向空中，腾踯翻覆，则无所不为。’”[⑤] 虽然这则故事带有传奇色彩，但多少反映出当时官府为举办酺会四出寻求乐人人员的现实。同时也反映出京城及地方州县的大酺上的乐舞百戏演出对乐人的需求会吸引更多的人从事乐舞百戏，乐人的表演又影响着城市民众的娱乐观念从而带动城市的娱乐消费。大酺体现的是官民同乐的精神，面向的是城市民众，这是官方形式的娱乐活动，可以说是城市乐舞百戏开始面

① （宋）王谠撰，周勋初校证：《唐语林校证》卷一《政事上》，中华书局 1987 年版，第 54 页。
② 《旧唐书》卷一五五《崔邠传》，中华书局 1975 年版，第 4117 页。
③ （宋）李昉等编：《太平广记》卷一九三《豪侠》嘉兴绳技条引《原化记》，中华书局 1961 年版，第 1449 页。
④ （宋）曾慥编：《类说》卷七《教坊记》，福建人民出版社 1996 年版，第 217—218 页。
⑤ （宋）李昉等编：《太平广记》卷一九三《豪侠》嘉兴绳技条引《原化记》，中华书局 1961 年版，第 1449 页。

向普通民众的开始。

这类大酺形式的演出是由官方出资举办，并非常有之事。不管是京城还是地方的酺会，宫廷及官府开放的乐舞演出并不能满足城市人们的娱乐需要。那些在宫廷或官府演出完毕的乐人走出宫廷及官府后利用自身的技艺来为自己谋取物质利益，因而他们需要更多的演出机会，城市中的戏场便由此而兴。戏场原指戏弄玩乐之处，曹魏时应玚《斗鸡诗》："戚戚怀不乐，无以释劳勤。兄弟游戏场，命驾迎众宾。二部分曹伍，群鸡焕以陈。"[①] 这里的戏场是指斗鸡戏乐的地方。又有歌场之称，《乐书·苏葩戏》："后周士人苏葩嗜酒落魄，自号郎中，每有歌场，辄自入歌舞，故为是戏。"[②] 北周时的歌场可能是可歌唱可舞蹈的临时场所，苏葩每当有此类歌场时便入内歌舞，时间长了其行为便被乐人所仿效成为一种乐戏的名称。在歌场的基础上，百戏众乐演出的场所戏场形成，且并非固定，可大可小，有戏乐表演之处即为戏场。隋炀帝时的戏场规模宏大，绵亘八里之长："每岁正月万国来朝，留至十五日，于端门外建国门内绵亘八里，列为戏场，百官起棚夹路，从昏达旦以纵观之，至晦而罢。"[③] 隋炀帝所列戏场是在洛阳端门外的建国门，戏场长达八里，所需戏乐人员之数可想而知。唐代官府举办的大酺其实也是戏场，"春发三条路，酺开百戏场"[④]。

戏场必须有一定的空间才得以展开乐舞百戏的演出，城市中的寺观因有较为开阔的场地而成为戏场的集中之处。佛寺举办百戏演出早在北魏时期的洛阳城中便已出现，"随着佛教的逐渐推广，许多寺院常常在迎佛赛会中用'角抵奇戏'来吸引群众来观看"[⑤]。据《洛阳伽蓝记》所载每到佛教节日，洛阳的佛寺往往会举行行象活动，伴随着行象的是各种的杂技表演，"辟邪、狮子导引其前，吞刀吐火，腾骧一面，彩幢上索，诡谲不常，奇伎异服，冠于都市。像停之处，观者如堵，迭相

---

① （唐）欧阳询编：《艺文类聚》卷九一《鸟部中·鸡》，上海古籍出版社1985年版，第1585页。

② （宋）陈旸：《乐书》卷一八七《杂乐·苏葩戏》，光绪二年丙子菊坡精社版。

③ 《隋书》卷一五《音乐下》，中华书局1973年版，第349页。

④ （清）彭定求等编：《全唐诗》卷四九张九龄《奉和圣制南郊礼毕酺宴》，中华书局1960年版，第595页。

⑤ 杨宽：《中国古代都城制度史研究》，上海古籍出版社1993年版，第268—269页。

践跃，常有死人”[①]。因聚观的人过多常造成踩踢事件的发生。除了佛像巡街时伴以百戏表演，佛寺内也有乐舞演出：“常设女乐，歌声绕梁，舞袖徐转，丝管寥亮，谐妙入神。”[②]寺观因为是居民往来较多的地方并且具备着戏场演出所需的空间，作为城市居民活动的公共空间便成为乐人作百戏演出的地方。而且与北魏洛阳佛寺只有在佛教节日才有乐舞百戏演出不同，唐代寺庙的戏场则是固定的、日常性的，在京城长安的戏场主要集中于几个寺观：“长安戏场多集于慈恩，小者在青龙，其次荐福、永寿。”[③]宣宗时万寿公主便曾在慈恩寺观看戏场，“宣宗嘱念万寿公主……驸马郑尚书之弟顗尝危疾。上使讯之，使回，上问公主视疾否。曰：‘无。’‘何在？’曰：‘在慈恩寺看戏场。’”[④]皇室贵族也被吸引前往慈恩寺观看戏场，说明慈恩寺的乐戏演出确实非常出名，同时也表明唐后期的戏场可能已成为高水平乐艺演出的集中地。

地方城市的寺庙也同样成为乐人汇聚演出的场所。“章仇兼琼镇蜀日，佛寺设大会，百戏在庭。有十岁童儿舞于竿杪。忽有物状如雕鹗，掠之而去。群众大骇，因而罢乐。”[⑤]这是由地方官府统一组织的大规模乐舞百戏大会，属于官府行为，但平时佛寺也有乐人的演出，所以官府才会选择在佛寺举办百戏大会。“贞元中……时中元日，番禺人多陈设珍异于佛庙，集百戏于开元寺。”[⑥]这是中元节日，番禺人在开元寺聚集众乐进行百戏演出。楚州的龙兴寺，“寺前素为郡之戏场，每日中，聚观之徒，通计不下三万人”[⑦]。寺前戏场聚观的人多达三万，或许有些夸张，但却反映了戏场的繁闹，成为民众观乐消遣的地方。

---

① （魏）杨衒之著，周祖谟校释：《洛阳伽蓝记校释》卷一《城内・长秋寺》，中华书局1963年版，第36—37页。

② （魏）杨衒之著，周祖谟校释：《洛阳伽蓝记校释》卷一《城内・景乐寺》，中华书局1963年版，第42页。

③ （宋）钱易：《南部新书》戊，中华书局2002年版，第61页。

④ （唐）张固：《幽闲鼓吹》，《丛书集成初编》2834，中华书局1985年版，第1页。

⑤ （唐）李绰：《尚书故实》，见《唐五代笔记小说大观》，上海古籍出版社2000年版，第1169页。

⑥ （宋）李昉等编：《太平广记》卷三四《神仙三十四》崔炜条引《传奇》，中华书局1961年版，第215页。

⑦ （宋）李昉等编：《太平广记》卷三九四《雷二》徐智通条引《集异记》，中华书局1961年版，第3148页。

除了寺观成为城市戏场的集中地之外，城市通衢开阔之处往往也会形成戏场。“京国顷岁街陌中，有聚观戏场者，询之乃云：‘二刺蝟对打，既合节奏，又中章程。’”[①]这是长安城街中的戏场，规模可能要小，只要有作乐表演人们便会围聚观看形成戏场。正如宋人所记城市中的临时戏场：“每会聚之冲阛之市，官府听讼之旁，迎神之所，画为场，资旁观者笑之。自一钱以上皆取焉，然独不能凿空。”[②]在人群较为集中的地方，乐艺人便临时画地为场进行表演，并收取一定的观赏费，多少不拘。唐代的戏场受到城市格局的影响，只能在庙宇或广场等开阔处发生形成。所谓“广场角抵，长袖从风，聚而观之，寖以成俗”[③]，角抵、歌舞吸引了城市民众聚而观之，聚集观赏演出成为一种风气，反之城市民众的这种观赏需求又进一步刺激了戏场的兴盛。唐代从京城到地方都存在的戏场，是后来宋代城市布局中大量分布的固定演出场所“勾栏”的前身。“北宋以‘勾栏’为中心的‘瓦子’，就是由于在街头的空地上设置‘戏场’而形成的。”[④]“勾栏”是演出的固定场所，设在“瓦子”之中，北宋开封城“街南桑家瓦子，近北则中瓦，次里瓦，其中大小勾栏五十余座。内中瓦子莲花棚、牡丹棚；里瓦子夜叉棚、象棚最大，可容数千人。自丁先现、王团子、张七圣辈，后来可有人于此作场”[⑤]。瓦子里勾栏众多，各有名称，大者如夜叉棚和象棚可容纳数千名观众，成为名艺人演出之地，是城市居民日常消遣娱乐的场所，“不以风雨寒暑，诸棚看人，日日如是”[⑥]。

宋代除了固定的演出场所勾栏外，还有一类流动的艺人“路岐人”的演出场地。“如北瓦、羊棚楼等，谓之游棚。外又有勾栏甚多，北瓦内勾栏十三座最盛。或有路岐，不入勾栏，只在耍闹宽阔之处做场者，

---

① （宋）李昉等编：《太平广记》卷四四二《畜兽九》戏场蝟条引《酉阳杂俎》，中华书局1961年版，第3618页。

② （宋）孟元老撰，伊永文笺注：《东京梦华录校注》卷五《京瓦伎艺》，引周南《山房集》，中华书局2006年版，第468页。

③ （宋）王溥：《唐会要》卷三四《论乐》，上海古籍出版社2006年版，第731页。

④ 杨宽：《中国古代都城制度史研究》，上海古籍出版社1993年版，第273页。

⑤ （宋）孟元老撰，伊永文笺注：《东京梦华录笺注》卷二《州桥夜市》，中华书局2006年版，第144页。

⑥ （宋）孟元老撰，伊永文笺注：《东京梦华录笺注》卷五《民俗》，中华书局2006年版，第458页。

谓之打野呵，此又艺之次者。”[1] 此类乐艺人也是由唐代街陌中流动的演出乐人演变而来，“大历中才人张红红，本与其父唱歌于衢路”[2]。路的岔道，是人流来往之处，张红红与其父便于此歌唱卖艺以谋生。路岐艺人相对于勾栏表演的艺人，被认为是“艺之次者”，可能是到宋代那些技艺稍差者一般在街头流动演出，技艺精湛的乐艺人大都在固定的演出场所表演。

三、娼妓与城市文化

娼妓作为女性乐伎的一类，如前文所述，她们是城市经济发展的产物。城市经济的发展催生了娼妓业，反过来，娼妓业的兴盛也在一定程度上带动了城市消费。娼妓作为城市固定居民的一个组成部分，她们是非生产性的人员，属城市的消费人群，并且是高消费人群。她们的衣服装饰等一切用度均来自于市场，所谓“十指不动衣盈箱”。娼妓是女性以出卖自己的才艺及身体作为换取物质报酬的手段，其最终目的在于谋取物质利益。倡楼是销金场所，因利益的驱动，围绕这一行业而形成一个利益链。商贾、士人到娼妓之处冶游时，往往伴以宴饮之欢，因此在娼妓集中的地方，亦相伴着其他相关的服务行业。如饮食之准备，《北里志》记载新及第的进士诣平康之妓，如果不吝啬钱财，饮食所需要的一切都有专门的人为之准备妥当。“如不吝所费，则下车水陆备矣”[3]。宴席有固定的价格，“曲中常价，一席四镮，见烛即倍”[4]。宴席上所需的音乐演奏也随时有乐人应召，有的乐人为方便起见而居于附近。乐人提供的音乐服务也有固定的市场价格，“亦有乐工聚居其侧，或呼召之，立至，每饮率以三锾，继烛即倍之”[5]。《北里志》所述虽为京城平康里的娼妓业的情况，但由此推测其他城市的娼妓经营情况及其带动相关的

---

① （宋）周密：《武林旧事》卷六《瓦子勾栏》，《丛书集成初编》3217，中华书局 1985 年版，第 126 页。

② （唐）段安节：《乐府杂录》，《丛书集成初编》1659，中华书局 1985 年版，第 27 页。

③ （唐）孙棨：《北里志》，古典文学出版社 1957 年版，第 22 页。

④ （唐）孙棨：《北里志》，古典文学出版社 1957 年版，第 29 页。

⑤ （唐）孙棨：《北里志》，古典文学出版社 1957 年版，第 26 页。

服务消费也大致如此，只是规模大小、繁荣程度不同而已。如扬州倡楼之盛，“夜市千灯照碧云，高楼红袖客纷纷”，在倡楼业的带动下，已形成具有扬州特色的夜市生活。在繁华热闹的夜市生活中，饮食娱乐等各类的消费必不可少，从而促进了城市经济的发展。

娼妓业作为城市中的行业，不仅与城市经济密切相关，而且自其成为一种行业后，对唐代城市文化生活亦产生极大影响。因为唐代娼妓提供的声色服务中，是以声为先，色次之。声即指歌舞娱乐表演，从娼、妓词义的演变中也可看出其最初提供的是与乐舞相关的娱乐，只是由于她们为女性，所以往往会伴有色情的服务。唐代的娼妓大多是以才艺见赏，她们的才艺在与士人才子交往中得以展现，并成为唐代城市文化重要组成部分。

“时靖恭坊有姬，字夜来，稚齿巧笑，歌舞绝伦，贵公子破产迎之。”[①] 重才艺是唐代娼妓的特色，才艺突出者才能有较高的身价。不仅如此，在唐代浓厚的诗歌环境影响下，娼妓为能与来访的士人才子相唱酬，也刻意研习诗句，以博取名声，增高自身价格。“又闻有军使高霞寓者欲聘倡妓，妓大夸曰：‘我诵得白学士长恨歌，岂同他哉！’由是增价。”[②] 只因会诵白居易的长恨歌，便身价大增。能赋诗，善于诗词的娼妓更是为时人所赏识，其诗为时人诵讽，著名者如成都妓薛涛，“西蜀乐籍有薛涛者，能篇咏，饶词辩”[③]，并创出写小诗的“薛涛笺”。其他如“长安名妓刘国容有姿色，能吟诗”，其所作诗“长安子弟多诵讽焉”。[④] 唐诗中保存着不少娼妓所作之诗，唐代诗人以娼妓为题写下许多与妓有关的诗歌，亦是众所周知。可见唐代娼妓与诗人文学有着密切的关联，在唐代文学中占有一定的地位。

娼妓居于城市之中，她们善于歌舞，倡楼妓馆是侠少、士子及商贾纵情欢乐的场所。因此，倡楼与酒楼常并称，成为城市休闲玩乐的代名词。“乘肥衣轻，会酒徒，征丝管，歌舞于倡楼，不复以治生为

---

① （唐）段成式：《酉阳杂俎》前集卷一二《语资》，中华书局 1981 年版，第 116 页。
② 《旧唐书》卷一六六《白居易传》，中华书局 1975 年版，第 4349 页。
③ （唐）范摅：《云溪友议》卷九，《丛书集成初编》2832，中华书局 1985 年版，第 55 页。
④ （五代）王仁裕撰，曾贻芬点校：《开元天宝遗事》卷上，中华书局 2006 年版，第 90 页。

意。”[①]“蜀主好为微行，酒肆、倡家靡所不到。”[②]她们是城市活跃的女性群体，她们中的佼佼者尤为士人所追慕。“有名娼娇陈者，姿艺俱美，为士子所奔走。”“杨娼者，长安里中之殊色也。……王公巨人享客，竞邀致席上。虽不饮者，必为之引满尽欢。长安诸儿，一造其室，殆至亡生破产而不悔。”[③]京城名妓因居于全国的政治文化中心，吸引各地到京的士人才子争相邀游。地方城市的娼妓亦具有地方特色，人们常慕名而往，如“杜舍人牧，恃才名，颇纵声色。尝自言有鉴别之能。闻吴郡有佳色，罢宛陵幕，往观焉”[④]。唐名诗人杜牧只因听说吴郡有佳色，便慕名前往，最终写下“十年一觉扬州梦，赢得青楼薄幸名”的诗句。娼妓群体的存在，刺激着城市娱乐消费，对城市文化生活有着一定的导向作用。抛开娼妓的社会身份和她们的内心辛酸不论，娼妓在城市生活中扮演着十分重要的角色，已成为城市生活中的一部分。

名妓、名娼所造成的名人效应对城市市民文化的形成具有一定程度的影响。“崔涯者，吴楚之狂生也。与张祜齐名。每题一诗于娼肆，无不诵之于衢路。誉之则车马继来，毁之则杯盘失错。”[⑤]这则材料一方面说明诗人对娼妓的毁誉所产生的效果，另一方面也反映了娼妓在城市文化生活中是坊市常常议论的话题。故民间也常流传着关于娼妓的诸多趣事，而被文人编入笔记，如：“史凤，宣城妓也，待客以等差。甚异者，有迷香洞，神鸡枕，锁莲灯。次则交红被，传香枕，八分羊。下列不相见，以闭门羹待之。使人致语曰：‘请公梦中来。’”“都下名妓楚莲者，国香无及，每出则蜂蝶相随慕其香。”[⑥]从这些异闻的记载可见，娼妓作为城市中的一个特殊的群体，不仅成为诗人吟咏的对象，也是文人收集趣闻的内容。

唐代士人才子与娼妓过往密切，娼妓的才和情使士子们流连忘返。娼妓职业虽是非利不合，然而她们怀着对爱情的追求，会对交往的士人

---

① （宋）李昉等编：《太平广记》卷一六《杜子春》，中华书局 1961 年版，第 109 页。
② 《资治通鉴》卷二七一《后梁纪》，中华书局 1956 年版，第 8874 页。
③ （宋）李昉等编：《太平广记》卷四九一《杨娼传》，中华书局 1961 年版，第 4032 页。
④ （宋）王谠撰，周勋初校证：《唐语林校证》卷七《补遗》，中华书局 1987 年版，第 624 页。
⑤ （唐）范摅：《云溪友议》卷五，《丛书集成初编》2832，中华书局 1985 年版，第 27 页。
⑥ （唐）冯贽：《云仙杂记》卷一、卷一〇，《丛书集成初编》2836，中华书局 1985 年版，第 6、73 页。

产生真挚的感情。但由于娼妓的法律及社会身份是低于一般女性的风声贱人，非良家子，士人对于她们即使有真的感情，也不可能将其迎娶归家。由此，唐代娼妓与士子之间常演绎出悲情的故事。元稹的《崔徽歌》便讲述了一位娼女因爱不得含恨而逝的故事。“崔徽，河中府娼也。裴敬中以兴元幕使蒲州，与徽相从累月，敬中便还。崔以不得从为恨，因而成疾。有丘夏善写人形，徽托写真寄敬中曰：‘崔徽一旦不及画中人，且为郎死。’发狂卒。”[①] 类似这样的娼妓与士子之间的故事在民间流传不断，不管是真情还是假意，娼妓与士子之间的纠葛逐渐成为唐人传奇小说中的体裁。唐传奇《李娃传》、《霍小玉传》中的李娃、霍小玉便是以娼妓为原型而塑造出来的妓与士子的爱情故事，只是一为喜剧一为悲剧。河中府娼崔徽的遭遇与传奇中的霍小玉是何其相似，《李娃传》的完满的喜剧结局只是作者一厢情愿的美好愿望，希望娼妓得到自己的爱情及婚姻，因为一般的舆论都是鄙薄寡情之人，如《霍小玉》中所说：“风流之士，共感玉之多情，豪侠之伦，皆怒生之薄行。”[②]

娼妓作为城市中的娱乐服务群体，与士人、王公贵族、商贾关系密切，她们所提供的乐舞娱乐消费成为城市文化消费的一部分，她们的生活方式是为适应城市文化生活而存在。她们是城市的一部分，是唐代城市文化的创造者之一。

本章小结

乐人属于技艺人，作为城市人口构成的一部分，主要为城市提供乐舞百戏等娱乐文化。

唐代乐人群体在唐前期主要是由官府乐人即乐户和音声人构成，服役于官府是他们的义务，但他们并非全天候地为官府和宫廷服务，他们亦有自己自由掌握的时间。他们可以利用自身的技艺在社会上赚取更多的生活物资，这是人之常情，身怀一技之长当然要尽量加以利用，而官

---

① （清）彭定求等编：《全唐诗》卷四二三元稹《崔徽歌》，中华书局1960年版，第4652页。
② （宋）李昉等编：《太平广记》卷四八七《霍小玉》，中华书局1961年版，第4009页。

府对乐人的这种行为并不予以干涉，实际上这也无法严格控制。乐户于上番后的空余时间为社会提供服务自南北朝以来皆然，他们最初仅为能给予丰厚物质报酬的官家豪门提供服务，但城市商品经济的发展，城市社会各种流动人员的增多，为乐人走向社会提供了广阔的市场空间，他们的服务对象由官家豪门转而为市民大众。反过来，乐人群体作为一个较为活跃的群体，他们在城市中的活动，也促使着民间娱乐活动的活跃以及庶民文化的兴起。

“乐”移风易俗的功用需通过乐的承载者乐人来体现，在实际的历史发展过程中对社会风俗产生极大影响的不是儒家所希望雅乐正声，而恰是儒家所反对的新声繁曲及散乐百戏。乐人在城市中的乐舞百戏活动对于城市的乐舞风尚有极大的推动作用，他们在城市娱乐生活中扮演着重要的角色，是城市娱乐文化大众化过程不可或缺的因素。城市居民乐舞百戏娱乐文化的繁荣与发展的主要原因应当归结为城市商品经济的发展，人口流动，打破了城市原来的格局。城市民众生活的文化娱乐需求与乐人所表演的散乐百戏相结合，促使城市娱乐向大众化方向发展。乐人在城市的活动一方面是适应社会的需求，另一方面他们的活动即乐舞百戏表演无疑对社会的风气潮流也起推动作用。

乐人从宫廷、私家走向城市坊市，宫墙内和庭园里的乐舞娱乐也由乐人群体带到了民间坊里。对于一般的乐人而言，他们所面向的服务对象则是中下层的官员、工商富家以及民间市井之家。国家大酺时所形成的戏场表演形式和前代寺庙的百戏演出带动了城市中日常戏场的形成，乐人们在大型戏场的表演刺激着城市民众的观看欲望，从而促使乐人的表演开始面向普通城市民众。对于下层普通民众来说，作为个体他们没有财力雇请乐人作娱乐表演，也没有太多的机会观赏到乐舞百戏的表演，戏场的出现则满足了普遍民众的这种需求，只要付出少量的费用便可观赏到原来只有在官府举办的大型演出上才可看到的各种乐戏。对于乐人来说，这种日常性的戏场可保证他们的经济收入，因此也乐于到戏场进行乐艺演出。城市戏场的普遍发展，是城市乐戏娱乐大众化和世俗化的反映，乐人把原来只属于宫廷和权豪贵戚所有的音乐歌舞百戏表演推播到民间社会，使之日渐成为普通的文娱内容，为一般大众观赏。同时也把民间社会出现的各种活泼的文娱内容带到宫廷，促使宫廷及上层社会的娱乐日益接近民间世俗社会。城市众多的乐人与人们观赏乐舞百戏的需求相结合，促使城市乐舞百戏的娱乐文化形式日益向大众化演变。

乐人对城市文化的影响的另一个表现是女性乐人中的娼妓，娼妓作为一种职业形成于唐代，其本身便是娱乐文化世俗化的表现。娼妓业不仅带动了城市相关经济的发展，而且她们与文人士子间的交往唱酬，也成为城市文化中重要的组成部分。

结 语

中国古代乐人是与城市关系十分密切的群体，乐人作为礼乐中“乐”的承载者，自先秦以来便为国家所需。他们附于国家管理机构为官府服务，中国古代城市起初都是政治中心的都邑，因此，乐人自上古以来一直是都邑人口的组成部分。对礼乐所需的音乐人员，国家设有相关的机构进行管理。西周时国家主要的司乐机构为大司乐，秦汉时期，国家礼乐机构是太常，其属官之一太乐掌管音乐及乐人。这种由太常统属乐人的体制一直为后世所承袭，基本上没有改变。汉太乐的音乐人员数额有制度上的规定，但因宫廷宴乐的需要常会突破制度上的限定，甚至在原来的音乐机构之外增设新的音乐娱乐机构，如汉武帝时所设的乐府，以及后来的鼓吹、清商。然而这些新增的音乐部门最终还是归于太常，至唐代太常负责乐事的部门主要是太乐和鼓吹。从汉至唐掌管国家祭祀、朝会庆典所用雅乐的音乐部门太乐一直得到重视，鼓吹主要负责军乐及卤簿仪仗，它们是国家礼乐的一部分。唐玄宗时新的音乐机构——教坊设置，是乐舞新声在唐代的反映，也是宫廷娱乐需求增加的结果。此后教坊的发展日渐超过太常，五代宋初太常名虽存，但祭祀所用乐人却需从其他部门，如教坊抽调，反映了雅乐的衰落和世俗音乐的兴盛。正因如此，唐代东西两京不仅聚集了官府机构的乐人，两京作为政治经济文化中心，其繁荣也似磁石般吸引各地方城市的乐人。

唐中期以后，官府音乐管理机构除了中央的太常、教坊外，由于地方藩镇势力的兴起，军镇也仿照中央的教坊而设置了乐营机构，其建制大体如教坊。州县地方官府对乐人管理制度也开始显现，但并不是对乐人另立户籍，而是在唐前期州县音声人管理基础上进一步加强，即在户籍上注明其职业，犹如工匠、商人一般。这些地方的乐伎在唐中后期以后已不需到中央轮番服役，但随着地方乐舞的发展，他们则必须继续为地方的官府宴饮等官方活动服务。

乐人的身份地位以官府音乐机构的音乐人员为主线，在历史的发展中呈现出身份逐渐低落的过程。西周时期乐人在国家政教中占有极为重要的作用，他们以“乐德”、“乐语”、“乐舞”教国子。春秋以降，乐师乐人在国家政治生活中的作用日趋式微，乐人渐渐成为向君主提供娱乐服务的艺人，其身份经历了由高到低的变化。两汉时期太常所掌管的乐人主要是从各地征召而来，此时期为官府服务的乐人虽隶属于国家的相关机构，但在汉代的户籍制度中并没有列为专门户籍。职业的特点，使乐人本身具有极大的依附性。

汉以后，官府乐人身份再次发生变化。最初表现在军队中的乐人“鼓吹”，因其隶属于军队，和百工一样有与士卒身份相类的户口。军中鼓吹的管理方式被移植至国家礼乐机构，太常属下的太乐伎脱离地方郡县户籍的管理，成为籍在太常的乐伎户，其服役方式主要是为官府提供音乐技艺的演奏。至北魏时，进一步发展为以罪犯配为乐户的规定，史籍上首次出现“乐户”的称呼。关于魏晋南北朝时期“乐户”身份地位在法律上如何规定，从现存的文献中无法得知，但在《唐律疏议》中有具体的规定，因唐前期的社会是对魏晋南北朝的继承，故《唐律疏议》中对乐户的规定可以看作是对魏晋南北朝以来乐户的继承和总结。

魏晋南北朝时期，太常乐户的出现并不是一种单独的现象，它只是这时期社会依附关系加强的一个表现，是国家与私人争夺人口的结果。汉末魏晋以来，大量人口流入私门，对从事农作的农业人口，国家尚要加紧控制，使之成为国家的依附民。有技艺的音乐人本身就具有一定的依附性，加上在动荡的环境下乐人更为难得。因此在人身依附关系加强的社会环境下，和其他有技术的工匠一样，不可避免地成为提供专门服役的乐户、百工户，变成国家的特殊依附民。“面对依附民合法化及其‘皆无课役’难以逆转的历史趋势，为了确保奴役和剥削，封建政府除了千方百计控制编户外，进而模仿地主控制依附民的模式，控制了一批官府依附民，数量较大的有屯田民、士家、吏户。他们的户籍不与编户混杂，往往有自成体系的管理系统，以户为生产单位。”[①] 乐户正是这类官府依附民的一种。

乐户身份地位比一般编户齐民低，人身处于半自由状态，也是汉末以来士庶贵贱意识在下层民众里的反映。“战国秦汉时期贫富之分比较显著的话，魏晋南北朝时期则贵贱之分比较显著。一部分编户民演化为高贵的贵族，大部分编户则分化为身份等级繁多的各种民户。这大部分编户民，除一部分仍属于郡县作编户民外，一部分则被分派为负担各种职役的民户。”“又以其对国家职役性质门类的不同，而分为各种户，而门户又反映他们的身份等级。每一个人都生活在各种不同的身份等级层里。”[②] 乐户及其他各种公私依附户便是属于这种低于庶民的国家依附民，这也是编户齐民身份低落的一个表现。士族以“婚宦”来保持门第高贵，从而影响其他各层次等级不同的阶层也在同一层次内联姻。对乐户这类的门户在法律上的规定即从“婚姻绝于士庶”、职业“百世不替”方面进行限制。

北朝有以罪犯配没为乐户的律令，既是胡族政权对魏晋以来身份等级制度的承认，同时也渗入了胡族在进入中原地区时，将掳掠来的人口进行军事编制的因素，参与制定律令的汉族儒士也参考了汉魏以来“犯罪其重者，妻子以补兵”以及“罚作”的法律条例。三者结合，便形成这种将犯罪分别配以不同类别劳作的律法，配为乐户只是其中的一类，所谓“缘坐配没为工乐杂户”是也。并将这种配没与身份等级制度结合，造成世袭不替的国家专业服役户。北朝在法律上对乐户作出制度规定可以说是魏晋以来乐伎户低贱的身份地位的法律化和固定化，《唐律疏议》是对南北朝律令的继承，其中对太常乐户的有关规定则是对前代乐户身份地位的继承和总结。

乐户是伴随着汉以来人身依附关系渐趋加强的社会发展趋势出现的，是魏晋南北朝依附关系强劲这样一个特殊时代的产物。当社会趋势发生变化时，它也随之变化。南北朝后期出现国家放免各种半自由的人

---

① 蒋福亚：《对魏晋南北朝社会经济史中若干问题的认识》，见《魏晋南北朝社会经济史》，天津古籍出版社 2005 年版，第 5 页。

② 何兹全：《中国古代社会》，北京师范大学出版社 2001 年版，第 467、475 页。

户，乐户的放免即是其中之一。其实南北朝后期依附关系出现松弛也正是透过国家放免各种人户的信息反映出来。但一种社会趋势的变化并非一朝一夕所能完成，它往往要经过很长的历史时段的演变发展。表现在乐户群体上，从半自由状态走向最终的自由民身份也经过了长时间的演变，这体现在承南北朝放免乐户的余绪，经隋唐之际战争的影响，在唐初出现了一类身份等同于百姓，但又不完全自由的“太常音声人”，仍保留了些许贱民的痕迹。“太常音声人”是对得到放免的前代乐户的指称，用意在于区别唐以来所配没的太常乐人。他们身份相当于编户齐民，仅在职业的选择上受到限制。这主要归因于乐人作为一种技艺人，“音律伎艺，积习所成”，习得音乐须经过培训，故官府把他们固着于原来的职业，以保证官府所需。所以“太常音声人”可看作是乐户群体向自由民转化过程中的一种过渡。唐前期的社会仍然是南北朝格局的继承，在制度文物上多因循南北朝，但在继承中亦有变化，“太常音声人”正是唐继承前代乐户制度中的变化。

唐代对隶于官府的乐人的服役、培训及使用有着制度上的规定。唐代的太常乐人和音声人除了一小部分是长上外，基本上是分番服役，上番期间不仅供役，也要进行一定的乐曲培训，以保持和提高乐人队伍的音乐水平。在均田制时代，音声人可授田。音声人和散乐如“有故及不任供奉”也可以纳资代役。为官府服务的乐人承担官府的一切乐事活动，主要有四个方面：祭祀和各种朝廷庆典、军事用乐、各种宴会上的娱乐表演、出行的仪仗导从。

中唐以后，作为太常乐户主要来源的官户已渐减少，以至消失。从而使太常乐人的补充没有了官方制度上的保证，当乐人出现短缺时，只能寻求其他途径或方式解决，从民间亦即州县居民征召便成为较为可行的方法。原来太常乐人可免杂差役的规定使得州县居民在各种杂役繁重的情况下也乐于挂籍太常，从而使之成为人们避役之所，同时也表明原来身份低贱的太常乐人开始发生了极大的变化，他们的补充来源不再是官户奴婢，而是来自民间的编户百姓。户籍管理上不再是以户为单位隶于太常，而是以个体为太常等音乐机构服务。

乐人的这种变化，还有其他重要的原因，归纳起来有以下几点：一是中唐以后赋税制度的改革，“户无土著，以现居为簿”的规定为各种浮客落籍各地州县提供法律依据，这同样也适用于脱离太常籍的乐人。二是安史之乱后，长安数度遭受战火的影响，中唐政治局势的变动，地方藩镇势力的兴起，影响着中央太常对乐户的管理。原来分散于各州县的音声人、乐人轮番到太常服役的制度遭到破坏，太常乐人多由京畿附近的州县居民挂籍充数正是这种状况的反映。三是隋唐诸帝对音乐歌舞的酷爱，在社会上形成一股崇尚乐舞的风气，上层社会的这种喜好对民间的风气起着十分重要的导向作用。玄宗时教坊的设置便是乐舞兴盛的反映，同时这也促使官府对乐伎人员的管理方法发生变化，即由以户为单位隶于官府向以个体服务于官府转化。官府、宫廷的娱乐活动频繁，需要大量从民间征召乐舞人员，也使原来官府乐人的身份日益混杂。四是城市经济的发展，促使乐人由主要为宫廷官府服务转向为城市民众服务。唐代城市经济的繁荣，刺激了城市民众娱乐文化消费的发展，乐舞百戏的大众化刺激着从事这一职业的乐人增多。

由唐入宋，官府乐人转为平民的过程完成。不仅表现在官府乐人从民间征募，还反映在“户”的变化。“唐代制度上的各种户都对政府负有某种义务，地位都是低下的。”“由于两税法的施行，课户这个名称就消失了，随着徭役制度转变为纳税制度，官户、杂户那种官方贱民也逐渐地消失了。”“唐代的官户是向政府官衙提供徭役的官方贱民，而宋代的官户与此截然相反，是指免除徭役的官员之家这一特权阶级。”[①] 乐户这一称呼也不见于宋人的文献记载，音声人这一过渡性称呼在宋以后也淡出人们的记忆。官府所需乐人从民间百姓补充，其身份向自由民转化，这与社会的发展趋势基本一致。自南北朝后期人身依附关系开始松弛，至唐这种趋势并没有发生逆转，而是继续松动着。这种趋势的变化是通过方方面面反映出来的，官府乐户的变化既是这种趋势发展的结果也可以说是一种表现，同时也体现了社会经济发展、社会观念变化对人们身份地位的影响。

为官府提供音乐服务的乐人，其法律身份大致经历了这样一种过

---

① 〔日〕宫崎市定：《从部曲走向佃户》，见《日本学者研究中国史论著》（五代宋元卷），中华书局 1992 年版，第 39—40 页。

程：两汉时期官府乐人主要从民间征召，身份相当于编户齐民；至魏晋南北朝身份跌落，成为地位低于齐民、不完全自由的国家依附民户；北魏时形成将罪犯配为乐户的制度；隋唐以后，官府乐人身份开始得到提升，逐渐向平民靠拢；至五代宋初，官府乐人主要从州县居民中招募，身份又回到与民同等。

乐户之称虽然不见于宋代史籍，但宋朝官府机构中仍存在着乐籍制度，并掌握着一批乐人，一旦有缺，便从民间招募。官府对乐人的人身控制减轻，但乐舞职业本身所具有的依附性，决定了乐人依然对官府存在着一定的依附关系。另一方面，官府乐人身份虽然得到提高，但也仅限于与一般百姓平等，在任官入仕上，统治层重申了乐人只能在本司内升迁的制度规定。在观念层面上，士大夫仍视乐人为一种低贱职业，这与魏晋以来的观念一致，没有多大变化，甚至更为贱视。

乐户向自由民转化是社会发展的结果，因为宋以后原有的身份制正在走向消灭，那些半自由民获得了解放，皇帝之下的社会万民趋于平等。[①] 但乐户对这种变化也并非被动接受，他们也在自觉或不自觉中为改变自身的地位而努力着。如果从社会学的分层理论分析，不同层次的群体也存在着流动，处于下层的群体也有向高层上升的可能。北齐乐人曹妙达封王，隋乐户赵行枢通过行贿权臣得以为折冲郎将，唐文宗时霍朝霞、尉迟璋分别被授予润州司马和光州长史，后唐庄宗时的乐人甚至把持朝政，这些都是乐人改变自身地位中比较突出的例子。更多的乐人则是通过累积勋品从而得以依令除簿，玄宗时所颁布的“音声人得五品已上勋，依令应除簿者，非因征讨得勋不在除簿之列”充分说明这种情况的严重，以至于下敕禁阻。历史的发展是由多种合力造成的，乐户自身的斗争也可算作推动他们走向自由民身份的一股力量。

官府乐人为宫廷及官府提供服务，这为他们能在政治上活动营造了机会。他们利用接近上层社会的便利，为自己谋求种种利益，并力图在政治舞台上有所表现，对统治者的劝谏和对时政的干预便是这种情况的反映。如果说乐人身份提高，向平民看齐是整个乐人群体向上的流动，

---

① 〔日〕宫崎市定：《从部曲走向佃户》，见《日本学者研究中国史论著》（五代宋元卷），中华书局 1992 年版，第 56 页。

部分官府乐人在政治上的活动可看作是乐人个体向上的流动，这种流动并不局限于达到平民的阶层，而是尽其所能地向上提升到更高的阶层。社会各阶层的流动便是在整体流动与个体流动结合下进行，而隋唐五代时期各社会阶层的流动变化为乐人个体在政治上的种种活动提供了一种时代的机遇。

乐户虽然在宋代史籍文献中不再出现，但到明代，“乐户”一词又见于文献，“凡名隶乐籍之人为乐户。明代的乐籍，包括京师教坊司供奉皇室乐舞之人和官府管辖之官妓”。这可能与明“人户以籍与断”有关。[①] 明朝实行户役法，即“以户为编制单位，依封建国家的不同需要将全国的人户分编为若干不同的役种，为每一役种设立一役籍，驱使他们去承担各种差役”[②]。这种役籍是世籍，父死子继，世代相承。严禁“脱免及变乱版籍”和“诈冒脱免避重就轻”。这是元以来人身依附再次强化的表现。明代乐户也是这种社会环境下的产物，《明律•户律》载：“凡军民驿灶医卜工乐诸色人户，并以籍为定。”在各种户的排列上，乐户居于最末位。魏晋南北朝及隋唐的“乐户”与明清的“乐户”既有区别也有一定的联系，正如项阳所说的唐代“在籍为乐户者，其身份与初始阶段的北魏时期以及后来的明清时代均表现出一定的差异性”[③]。五代宋以后官府乐人由原来以官户奴婢为其主要补充来源转为从民间征募，但官府管理乐人的乐籍制度仍是存在的，虽然法律上没有规定官府之乐人必须世代相袭，但音乐技艺像工匠一样较为容易形成家族职业。另一方面，乐人所从事的是一种服务性很强的职业，主要通过乐艺表演取悦他人来获得钱物，这在古代社会，是极受人贱视的。所以乐人的社会地位并没有得到太大的提高，反而因为职业的特点，益受歧视。

乐人中的女性在唐代发展成为别具时代特色的女性乐妓群体，她们中的一部分因人身隶属的差异而有不同的称呼，如宫妓和官妓等。唐代城市社会经济的繁荣则促使城市娼妓业的形成。

---

① 张正明：《明代的乐户》，见《明史研究》第1辑，1991年版，第208页。

② 白寿彝主编：《中国通史》第九卷《明时期上》，上海人民出版社1999年版，第619页。

③ 项阳：《山西乐户研究》，文物出版社2001年版，第5—6页。

乐人在社会结构中的身份受到社会整体的影响，经历了历史性的变化，唐代乐人作为城市人口的构成部分，对城市的影响突出表现在推动了唐代城市世俗娱乐文化的形成。乐人与其他的城市人口不同之处，在于他们是乐舞百戏的表演者，他们的乐舞百戏表演与城市乐艺文化的发展有密切的关联。唐代既是乐人身份发生变化的时期，也是乐人从唐以前主要为官府服务开始面向城市普通民众演出的时期。伴随着城市经济的繁荣发展，城市民众的娱乐文化需求也相应增长。为满足城市普通民众的娱乐消遣的需要，乐人把原属于宫廷上层社会的乐舞百戏带给了城市民间社会，城市民间兴起的新鲜活泼的乐艺形式也影响着上层宫廷乐舞，宫廷乐舞与民间乐艺的交融促进了唐代乐舞百戏的兴盛。乐舞百戏的兴盛与城市民众娱乐需要的结合促使城市乐艺娱乐向大众化与世俗化发展，在这一过程中乐人起着关键的作用。唐代城市戏场的出现便是这一趋势的反映，戏场汇聚了各类乐艺人员的演出，从而推动城市世俗娱乐文化的发展以及乐舞百戏等艺术形式的演变和分化。唐代乐人在戏场的乐舞百戏的表演引导着当时城市的娱乐文化的趋向，成为城市世俗文化形成和发展的促进因素之一，此外戏场也是宋代城市娱乐文化场所瓦子勾栏的前身。

参考文献

一、中文著作

《十三经注疏》，北京大学出版社 2000 年版。

（汉）司马迁：《史记》，中华书局 1959 年版。

（汉）班固：《汉书》，中华书局 1962 年版。

（晋）陈寿：《三国志》，中华书局 1959 年版。

（南朝宋）范晔：《后汉书》，中华书局 1965 年版。

（南朝梁）萧统编：《文选》，中华书局 1977 年版。

（南朝梁）沈约：《宋书》，中华书局 1974 年版。

（南朝梁）萧子显：《南齐书》，中华书局 1972 年版。

（北魏）杨衒之撰，周祖谟释注：《洛阳伽蓝记校释》，中华书局 1963 年版。

（北齐）魏收：《魏书》，中华书局 1974 年版。

（唐）姚思廉：《梁书》，中华书局 1973 年版。

（唐）房玄龄等：《晋书》，中华书局 1974 年版。

（唐）姚思廉：《陈书》，中华书局 1972 年版。

（唐）李百药：《北齐书》，中华书局 1972 年版。

（唐）令狐德棻等：《周书》，中华书局 1971 年版。

（唐）李延寿：《南史》，中华书局 1975 年版。

（唐）李延寿：《北史》，中华书局 1974 年版。

（唐）魏徵、令狐德棻等：《隋书》，中华书局 1973 年版。

（唐）李林甫等撰，陈仲夫点校：《唐六典》，中华书局 1992 年版。

（唐）杜佑：《通典》，中华书局 1988 年版。

（唐）长孙无忌等：《唐律疏议》，中华书局 1983 年版。

（唐）刘肃撰，许德楠、李鼎霞点校：《大唐新语》，中华书局1984年版。

（唐）裴庭裕撰，田廷柱点校：《东观奏记》，中华书局1994年版。

（唐）郑处诲撰，田廷柱点校：《明皇杂录》，中华书局1994年版。

（唐）张鷟撰，赵守俨点校：《朝野佥载》，中华书局1979年版。

（唐）刘餗撰，程毅中点校：《隋唐嘉话》，中华书局1979年版。

（唐）薛用弱：《集异记》，中华书局1980年版。

（唐）李肇：《唐国史补》，上海古籍出版社1979年版。

（唐）赵璘：《因话录》，上海古籍出版社1979年版。

（唐）段成式撰，方南生点校：《酉阳杂俎》，中华书局1981年版。

（唐）崔令钦：《教坊记》，《丛书集成初编》2733，中华书局1985年版。

（唐）孙棨：《北里志》，古典文学出版社1957年版。

（唐）段安节：《乐府杂录》，《丛书集成初编》1659，中华书局1985年版。

（唐）南卓：《羯鼓录》，上海古籍出版社1988年版。

（唐）范摅：《云溪友议》，《丛书集成初编》2832，中华书局1985年版。

（唐）封演撰，赵贞信校注：《封氏闻见记校注》，中华书局2005年版。

（唐）高彦休：《阙史》，《丛书集成初编》2839，中华书局1985年版。

〔日〕圆仁著，白化文、李鼎霞、许德楠修订校注，周一良审阅：《入唐求法巡礼行记校注》，花山文艺出版社1992年版。

（五代）刘昫等：《旧唐书》，中华书局1975年版。

（五代）王仁裕撰，曾贻芬点校：《安禄山事迹·开元天宝遗事》，中华书局2006年版。

（五代）王定保：《唐摭言》，上海古籍出版社1978年版。

（五代）孙光宪撰，贾二强点校：《北梦琐言》，中华书局2002年版。

（宋）欧阳修、宋祁：《新唐书》，中华书局1975年版。

（宋）薛居正等：《旧五代史》，中华书局1976年版。

（宋）欧阳修：《新五代史》，中华书局1974年版。

（宋）司马光：《资治通鉴》，中华书局1956年版。

（宋）王溥：《唐会要》，上海古籍出版社2006年版。

（宋）宋敏求编：《唐大诏令集》，学林出版社1992年版。

（宋）王溥：《五代会要》，上海古籍出版社1978年版。

（宋）郑樵：《通志》，中华书局 1987 年版。

（宋）王钦若等编：《册府元龟》，中华书局 1960 年版。

（宋）李昉等编：《太平广记》，中华书局 1961 年版。

（宋）李昉等编：《文苑英华》，中华书局 1966 年版。

（宋）李昉等：《太平御览》，中华书局影印本 1960 年版。

（宋）钱易撰，黄寿成点校：《南部新书》，中华书局 2002 年版。

（宋）王谠撰，周勋初点校：《唐语林校证》，中华书局 1987 年版。

（宋）郭茂倩编：《乐府诗集》，中华书局 1979 年版。

（宋）王辟之撰，吕友仁点校：《渑水燕谈录》，中华书局 1981 年版。

（宋）郑文宝：《南唐近事》，《丛书集成初编》3856，中华书局 1985 年版。

（宋）陈师道撰，李伟国点校：《后山谈丛》，中华书局 2007 年版。

（宋）陈旸：《乐书》，光绪二年丙子菊坡精社年版。

（宋）刘斧：《青琐高议》，上海古籍出版社 1983 年版。

（宋）赵升编，王瑞来点校：《朝野类要》，中华书局 2007 年版。

（宋）朱彧撰，李伟国点校：《萍洲可谈》，中华书局 2007 年版。

（宋）张舜民：《画墁录》，《丛书集成初编》2858，中华书局 1985 年版。

（宋）王曾：《王文正公笔录》，《丛书集成初编》3891，中华书局 1985 年版。

（宋）周密：《武林旧事》，《丛书集成初编》3217，中华书局 1985 年版。

（宋）叶适：《叶适集》，中华书局 1961 年版。

（宋）孟元老撰，伊永文笺注：《东京梦华录笺注》，中华书局 2006 年版。

（宋）赵彦卫撰，傅根清点校：《云麓漫钞》，中华书局 1996 年版。

（宋）江少虞：《宋朝事实类苑》，上海古籍出版社 1981 年版。

（宋）曾慥编纂，王汝寿校注：《类说》，福建人民出版社 1996 年版。

（宋）胡仔：《苕溪渔隐丛话》，人民文学出版社 1962 年版。

（元）脱脱等：《宋史》，中华书局 1977 年版。

（清）王先慎撰，钟哲点校：《韩非子集解》，中华书局 1998 年版。

（清）徐元诰撰，王树民、沈长云点校：《国语集解》，中华书局2002年版。

（清）陈立撰，吴则虞点校：《白虎通疏证》，中华书局1994年版。

（清）董诰等编：《全唐文》，中华书局影印本1983年版。

（清）彭定求等编：《全唐诗》，中华书局1960年版。

（清）俞正燮撰，于石、马君骅、诸伟奇校点：《俞正燮全集》，黄山书社2005年版。

（清）徐松撰，张穆校补：《唐两京城坊考》，中华书局1985年版。

《唐五代笔记小说大观》，上海古籍出版社2000年版。

朱易安等编：《全宋笔记》，大象出版社2003年版。

国家文物局古文献研究室、新疆维吾尔自治区博物馆、武汉大学历史系编：《吐鲁番出土文书》，文物出版社1990年版。

唐耕耦、陆宏基：《敦煌社会经济文献真迹释录》，全国图书文献缩微复制中心1990年版。

周绍良、赵超编：《唐代墓志汇编续集》，上海古籍出版社2001年版。

天一阁博物馆、中国社会科学院历史研究所编：《天一阁藏明钞本天圣令校证（附唐令复原研究）》，中华书局2006年版。

白寿彝主编：《中国通史》（明时期上），上海人民出版社1999年版。

陈寅恪：《隋唐制度渊源略论稿》，中华书局1963年版。

陈寅恪：《金明馆丛稿初编》，上海古籍出版社1980年版。

冻国栋：《中国人口史二卷》，复旦大学出版社2000年版。

冻国栋：《中国中古经济与社会史论》，湖北教育出版社2005年版。

董乃宾、程蔷：《唐帝国的精神文明》，中国社会科学出版社1996年版。

冯尔康：《中国宗族史》，上海人民出版社2009年版。

谷更有、林文勋：《唐宋乡村社会力量与基层控制》，云南大学出版社2005年版。

高敏：《魏晋南北朝经济社会史探讨》，人民出版社1987年版。

高世瑜：《唐代妇女》，三秦出版社1988年版。

关也维：《唐代音乐史》，中央民族大学出版社2006年版。

韩国磐：《隋唐五代史论集》，生活•读书•新知三联书店1979年版。

胡如雷：《隋唐五代社会经济史论稿》，中国社会科学出版社1996年版。

黄现璠：《唐代社会概略》，商务印书馆1936年版。

何兹全：《读史集》，上海人民出版社1982年版。

何兹全：《中国古代社会》，北京师范大学出版社2001年版。

蒋福亚：《魏晋南北朝社会经济史》，天津古籍出版社2005年版。

姜伯勤：《唐五代敦煌寺户制度》，中华书局1987年版。

姜伯勤：《敦煌艺术宗教与礼乐文明》，中国社会科学出版社1996年版。

李诚斌：《唐代文化》，中国社会科学出版社2002年版。

李季平：《唐代奴婢制度》，上海人民出版社1986年版。

李天石：《中国中古良贱身份制度研究》，南京师范大学出版社2004年版。

卢向前主编：《唐宋变革论》，黄山书社2006年版。

罗香林：《唐代文化史研究》，上海书店1992年版。

刘再生：《中国古代音乐史简述》，人民音乐出版社1989年版。

毛汉光：《中国中古社会史论》，上海书店出版社2002年版。

蒙思明：《元代社会阶级制度》，中华书局1980年版。

乔健：《乐户：田野调查与历史追踪》，江西人民出版社2002年版。

任半塘：《唐戏弄》，上海古籍出版社1984年版。

谭帆：《优伶史》，上海文艺出版社1995年版。

田余庆：《秦汉魏晋史探微》，中华书局2004年版。

唐长孺：《魏晋南北朝史论丛》，河北教育出版社2002年版。

唐长孺：《唐长孺文存》，上海古籍出版社2006年版。

王昌奴：《中国娼妓史》，上海书店1992年版。

王国维：《宋元戏曲史》，百花文艺出版社2002年版。

王国维：《王国维戏曲论文集》，中国戏剧出版社1984年版。

王克芬：《中国舞蹈史》（隋唐五代部分），文化艺术出版社1987年版。

王永平：《唐代游艺》，西北大学出版社 1995 年版。

王威海：《中国户籍制度——历史与政治的分析》，上海人民出版社 2006 年版。

王运熙：《乐府诗论述》，上海古籍出版社 1996 年版。

吴宗国：《中国中古史论集》，天津古籍出版社 2003 年版。

王曾瑜：《宋朝阶级结构》，河北教育出版社 1996 年版。

王昆吾：《隋唐五代燕乐杂言歌辞研究》，中华书局 1996 年版。

萧国亮：《中国娼妓史》，文津出版社 1997 年版。

修海林：《中国古代音乐教育》，上海教育出版社 1997 年版。

项阳：《山西乐户研究》，文物出版社 2001 年版。

张弓：《汉唐佛寺文化史》，中国社会科学出版社 1997 年版。

朱瑞熙：《宋代社会研究》，中州书画社 1983 年版。

郑学檬：《中国赋役制度史》，厦门大学出版社 1994 年版。

郑志敏：《细说唐妓》，文津出版社 1998 年版。

张泽咸：《唐代工商业》，中国社会科学出版社 1995 年版。

张泽咸：《唐代社会阶级结构》，中州古籍出版社 1996 年版。

张泽咸：《唐代工商业》，中国社会科学出版社 1995 年版。

余华青：《中国宦官制度史》，上海人民出版社 2006 年版。

阎步克：《乐师与史官》，生活·读书·新知三联书店 2001 年版。

姚平：《唐代妇女的生命历程》，上海古籍出版社 2004 年版。

杨华：《先秦礼乐文化》，湖北教育出版社 1997 年版。

杨宽：《中国古代都城制度史研究》，上海古籍出版社 1993 年版。

杨荫浏：《中国古代音乐史稿》，人民音乐出版社 1981 年版。

二、论文

曹文柱：《东晋南朝时期的几种国家依附民》，《北京师范大学研究生论文集》，北京师范大学 1983 年。

迟乃鹏：《杜甫〈观公孙大娘弟子舞剑器行〉诗序“梨园二伎坊”考》，《杜甫研究学刊》1995 年第 3 期。

迟乃鹏：《唐梨园考辨》，《四川师范学院学报》1997年第4期。

陈宁英：《唐代律令中的贱民略论》，《中南民族学院学报》1998年第3期。

陈四海、马欢：《梨园考》，《宁夏大学学报》（人文社会科学版）2005年第6期。

段浩然：《〈北里志〉中的三曲》，《西北大学学报》1981年第2期。

戴显群：《唐五代优伶的社会地位及其相关的问题》，《福建师范大学学报》（哲学社会科学版）1993年第2期。

封野：《唐代市井艺妓兴盛的社会原因》，《安庆师院社会科学学报》1998年第4期。

高飞燕：《唐代有关乐工小说的符号阐释》，《上海大学学报》2001年第4期。

关书敏：《唐代教坊妇女生活简述》，《西南师范学院学报》1983年第4期。

高世瑜：《唐代的官妓》，《史学月刊》1987年第5期。

耿占军：《汉唐时期乐舞与百戏的管理机构的设置》，《唐都学刊》1999年第4期。

蒋福亚：《魏晋之际依附民的合法化》，《北京师范学院学报》1987年第4期。

康瑞军：《和雇制度及其在宋代宫廷音乐中的作用》，《音乐艺术》2007年第2期。

李昌集：《唐代宫廷乐人考略》，《中国韵文学刊》2004年第3期。

卢开万：《隋唐五代的乐工乐户》，《魏晋南北朝隋唐史资料十二辑》，武汉大学出版社1993年版。

李伯重：《〈唐律疏议〉中所见的社会等级》，《云南社会科学》1988年第6期。

李尤白：《梨园考论》，《人文杂志》1982年第5期。

李志生：《唐代非良人群体通婚探析》，载荣新江主编：《唐研究》第八卷，北京大学出版社2002年版。

李正宇：《归义军乐营的结构与配置》，《敦煌研究》2000年第3期。

李正宇：《沙州归义军乐营及其职事》，季羡林：《敦煌吐鲁番研究》第五卷，北京大学出版社 2000 年版。

穆渭生：《唐代贱民的等级与法律地位》，《陕西教育学院学报》1996 年第 1 期。

宁欣：《由唐入宋都市人口结构及外来、流动人口数量变化浅论》，《中国文化研究》2002 年第 2 期。

乜小红：《唐五代敦煌音声人试探》，《敦煌研究》2003 年第 3 期。

柏红秀、王定勇：《唐代第一任教坊使考》，《中国戏曲学院学报》2005 年第 5 期。

柏红秀、王定勇：《关于教坊的三个问题》，《盐城师范学院学报》（人文社会科学版）2005 年第 1 期。

柏红秀：《唐代仗内教坊考》，《中国戏曲学院学报》2006 年第 3 期。

柏红秀：《略论中唐诗人与乐人》，《盐城师范学院学报》（人文社会科学版）2006 年第 2 期。

邱晨音：《唐代长安教坊小记》，《中国历史地理论丛》1991 年第 3 期。

王海英：《隋唐时代乐舞机构》，《华南师范大学学报》2001 年第 4 期。

武建国：《唐代的贱民》，《贵州文史丛刊》1984 年第 3 期。

王建华：《中国古代文人和妓女》，《大理师专学报》2000 年第 3 期。

孙卫国：《中国古代音乐教育机构及其历史功用》，《交响——西安音乐学院学报》2001 年第 3 期。

苏孝聪：《试论唐代妇女的才华、情操、命运》，《唐都学刊》1992 年第 2 期。

项阳：《乐籍制度的畸变期考述》，《天津音乐学院学报》2001 年第 4 期。

项阳：《乐户与宗教的关系》，《音乐艺术》2002 年第 2 期。

项阳：《雅乐、礼乐和鼓吹乐》，《中央音乐学院学报》2010 年第 1 期。

杨国学：《西凉伎琐议》，《社科纵横》1999 年第 2 期。

杨中一：《唐代的贱民》，《食货》1936 年第 4 期。

左汉林：《唐代梨园弟子的产生与沿革考述》，《青海师范大学学报》2004 年第 4 期。

章继光：《唐代地方妓伶与诗歌》，《求索》1993 年第 2 期。

张维训：《略论杂户“贱民”等级的消亡 》，《江西社会科学》1982 年第 4 期。

张维训：《略论杂户的形成和演变》，《中国史研究》1983 年第 1 期。

张正明：《明代的乐户》，《明史研究》1991 年第 1 期。

三、译著

刘文俊主编，索介然译：《日本学者研究中国史论著选译》（五代宋元卷），北京大学出版社 1992 年版。

〔日〕滨口重国：《唐王朝的贱人制度》，京都同朋舍 1966 年版。

〔日〕岸边成雄著，梁在平、黄志炯译：《唐代音乐史的研究》，台北中华书局 1973 年版。

〔日〕池田温著，龚泽铣译：《中国古代籍帐研究》，中华书局 1984 年版。

〔英〕安东尼·吉登斯著，赵旭东等译：《社会学》，北京大学出版社 2003 年版。